—— 乡村振兴特色优势产业培育工程

中国核桃产业
发展蓝皮书

（2022）

中国乡村发展志愿服务促进会 组织编写

中国出版集团有限公司
研究出版社

图书在版编目 (CIP) 数据

中国核桃产业发展蓝皮书（2022）/ 中国乡村发展志愿服务
促进会组织编写. -- 北京：研究出版社，2023.6
ISBN 978-7-5199-1498-1

Ⅰ.①中… Ⅱ.①中… Ⅲ.①核桃 – 果树业 – 产业发
展 – 研究报告 – 中国 Ⅳ.①F326.13

中国国家版本馆CIP数据核字(2023)第093593号

出 品 人：赵卜慧
出版统筹：丁　波
责任编辑：寇颖丹
助理编辑：何雨格

中国核桃产业发展蓝皮书（2022）

ZHONGGUO HETAO CHANYE FAZHAN LANPI SHU (2022)
中国乡村发展志愿服务促进会　组织编写
研究出版社 出版发行
（100006　北京市东城区灯市口大街100号华腾商务楼）
北京中科印刷有限公司印刷　　新华书店经销
2023年6月第1版　2023年6月第1次印刷
开本：710毫米×1000毫米　1/16　印张：16.25
字数：239千字
ISBN 978-7-5199-1498-1　定价：79.00元
电话（010）64217619　64217652（发行部）

乡村振兴特色优势产业培育工程丛书
编委会

本书编写人员

主　　编：王　强

副 主 编：陈永浩　安　骏　郭　芹

编写人员：（按姓氏笔画排序）

马晓杰　万雪琴　石爱民　宁德鲁　齐建勋

朱振宝　孙　翔　杨　洁　张俊佩　张跃进

张　强　张赟齐　吴吉生　何　慧　是志浩

胡　晖　郝艳宾　耿阳阳　鲁海龙　焦　博

本书评审专家

（按姓氏笔画排序）

王瑞元　冯纪福　何东平　闵志东　张建国

编写说明

习近平总书记十分关心乡村特色优势产业的发展，作出一系列重要指示。2022年7月，习近平总书记在新疆考察时指出："要加快经济高质量发展，培育壮大特色优势产业，增强吸纳就业能力。"2022年10月，习近平总书记在陕西考察时强调："产业振兴是乡村振兴的重中之重，要坚持精准发力，立足特色资源，关注市场需求，发展优势产业，促进一二三产业融合发展，更多更好惠及农村农民。"2023年4月，习近平总书记在广东考察时要求："发展特色产业是实现乡村振兴的一条重要途径，要着力做好'土特产'文章，以产业振兴促进乡村全面振兴。"党的二十大报告指出："发展乡村特色产业，拓宽农民增收致富渠道。巩固拓展脱贫攻坚成果，增强脱贫地区和脱贫群众内生发展动力。"

为认真贯彻落实习近平总书记的重要指示和党的二十大精神，中国乡村发展志愿服务促进会认真总结脱贫攻坚期间产业扶贫经验，启动实施"乡村特色优势产业培育工程"，选择油茶、油橄榄、核桃、杂交构树、酿酒葡萄，青藏高原青稞、牦牛，新疆南疆核桃、红枣9个特色优势产业进行重点培育。这9个产业，经过多年的发展，都具备了加快发展的基础和条件。不失时机地采取措施，促进高质量发展，不仅是必要的，而且是可行的。发展木本油料，向山地要油料，加快补齐粮棉油中"油"的短板，是国之大者。发展杂交构树，向构树要蛋白，加快补齐肉蛋奶中"奶"的短板，是国之大者。发展青藏高原青稞、牦牛和新疆南疆核桃、红枣，加快发展西北地区葡萄酒产业，是脱贫地区巩固拓展脱贫攻坚成果和实现乡村产业振兴的需要，也是增加农民特别是脱贫群众收入的重要措施。中国乡村发展志愿服务促进会将动员和聚合社会力量，通过培育重点企业、强化科技支撑、扩大市场销售、对接金融资源、发布蓝皮书等工作，服务和促进9个特色优势产业加快发展。

发布蓝皮书是培育工程的一项重要内容，也是一项新的工作，旨在普及产业知识，反映产业状况，推广良种良法，介绍全产业链开发的经验做法，营造产业发展的社会氛围，促进实现高质量发展。我们衷心希望，本丛书的出版发行，能够在这些方面尽绵薄之力。丛书编写过程中，得到了各方面的大力支持。我们诚挚感谢所有参加蓝皮书编写的人员，感谢在百忙之中参加评审的专家，感谢为丛书出版提供支持的出版社和各位编辑。由于是第一次组织特色优势产业蓝皮书的编写，缺乏相关经验和参考，加之水平有限，疏漏谬误在所难免，欢迎广大读者批评指正。

丛书编委会

2023年6月

代　序

乡村振兴特色优势产业培育工程实施方案

中国乡村发展志愿服务促进会

2022年7月11日

民族要复兴,乡村必振兴。脱贫攻坚任务胜利完成以后,"三农"工作重心历史性转到全面推进乡村振兴。为贯彻落实习近平总书记关于粮食安全的重要指示精神,落实《国家乡村振兴局 民政部关于印发〈社会组织助力乡村振兴专项行动方案〉的通知》(国乡振发〔2022〕5号)要求,中国乡村发展志愿服务促进会(以下简称促进会)认真总结脱贫攻坚期间产业扶贫经验,选择油茶、油橄榄、核桃、酿酒葡萄、杂交构树,青藏高原青稞、牦牛,新疆南疆核桃、红枣9个特色优势产业进行重点培育,编制《乡村振兴特色优势产业培育工程实施方案》(以下简称《实施方案》)。

一、总体要求

(一)指导思想

以习近平新时代中国特色社会主义思想为指导,全面贯彻习近平总书记关于"三农"工作的重要论述,立足新发展阶段,贯彻新发展理念,构建新发展格局,落实高质量发展要求。按照乡村要振兴、产业必先行的理念,坚持"大食物观"，立足不与粮争地，坚守18亿亩耕地红线，本着向山地要油料、向构树要蛋白的思路，加快补齐粮棉油中"油"的短板、肉蛋奶中"奶"的短板，持续推进乡村振兴特色优势产业培育工程。立足帮助优质农产品出村进城，不断丰富市民的"米袋子""菜篮子""果盘子""油瓶子"，鼓起脱贫地区人民群众的"钱袋子"。立足推动农业高质高效、乡村宜居宜业、农民富裕富足，为全面推进乡村振兴、加快农业农村现代化提供有力支撑。

（二）基本原则

——坚持政策引导，龙头带动。以政策支持为前提，积极为产业发展和参与企业争取政策支持。尊重市场规律，发挥市场主体作用，择优扶持龙头企业做大做强，充分发挥龙头企业的示范带动作用。

——坚持突出重点，分类实施。突出深度脱贫地区，遴选基础条件好、带动能力强的企业，进行重点培育。按照"分产业、分区域、分重点"原则，积极推进全产业链发展。

——坚持科技支撑，金融助力。加强对特色优势产业发展的科研攻关、科技赋能作用，促进科研成果及时转化。对接金融政策，促进企业不断增强研发能力、生产能力、销售能力。

——坚持行业指导，社会参与。充分发挥行业协会指导、沟通、协调、监督作用，帮助企业加快发展，实施行业规范自律。充分调动社会各方广泛参与，"各炒一盘菜，共办一桌席"，共同助力产业发展。

——坚持高质量发展，增收富民。坚持"绿水青山就是金山银山"理念，帮助企业转变生产方式，按照高质量发展要求，促进产业发展、企业增效、农民增收、生态增值。

（三）主要目标

对标对表国家"十四五"规划和2035年远景目标纲要，设定到2025年、2035年两个阶段目标。

——到2025年，布局特色优势产业培育工程，先行试点，以点带面，实现突破性进展，取得明显成效。完成9个特色优势产业种养适生区的划定，推广"良种良法"，建设一批生产基地。培育一批龙头企业、专业合作社和家庭农场等市场主体，建立重点帮扶企业库，发挥引领带动作用。聘请一批知名专家，建立专家库，做好科技支撑服务工作。培养一批生产、销售和管理人才，增强市场主体内生动力，促进形成联农带农富农的帮扶机制。

——到2035年，特色优势产业培育工程形成产业规模，实现高质量发展。品种和产品研发取得重大突破，拥有多个高产优质品种和市场占有率高的产品。种养规模与市场需求相适应，加工技术不断创新，产品质量明显提升，销售盈利能力不断拓展，品牌影响力明显增强。拥有一批品种和产品研发专家，一批产业发展领军人才和产业致富带头人，一批社会化服务专业人才。市场主体发展壮大，实现一批企业上市。联农带农富农帮扶机制更加稳固，为共同富裕添砖加瓦，作出积极贡献。

二、重点工作

围绕特色优势产业培育工程目标，以"培育重点企业、建立专家库、实施消费帮、搭建资金池、发布蓝皮书"为抓手，根据帮扶地区自然禀赋和产业基础条件，做好五项重点工作。

（一）培育重点企业

围绕中西部地区，特别是三区三州和乡村振兴重点帮扶县，按照全产业链发展的思路遴选一批产业基础好、发展潜力大、创新能力强的企业，建立重点帮扶企业库，作为重点进行培育。对有条件的龙头企业，按照上市公司要求和现代企业制度，从政策对接、金融支持、消费帮扶等方面进行重点培育，条件成熟的推荐上市。

（二）强化科技支撑

遴选一批品种研发、产品开发、技术推广、工艺研究等方面的专家，建立专家库，有针对性地对制约产业发展的"卡脖子"技术难题进行联合攻关。为企业量身研发、培育种子种苗，用"良种良法"助力企业扩大种养规模。加强产品研发攻关，提高产品品质和市场竞争力。充分发挥企业家在技术创新中的重要作用，鼓励企业加大研发投入，承接和转化科研单位研究成果，搞好技术设备更新改造，强化科技赋能作用。

（三）扩大市场销售

帮助企业进行帮扶产品认定认证，给帮扶地区产品提供"身份证"，引导销售。利用促进会"帮扶网""三馆一柜"等平台和载体，采取线上线下多种方式销售。通过专题研讨、案例推介等形式，开展活动营销。通过每年发布蓝皮书活动，帮助企业扩大影响，唱响品牌，进行品牌销售。

（四）对接金融资源

帮助企业对接国有金融机构、民营投资机构，引导多类资金对特色优势产业培育工程进行投资、贷款，支持发展。积极与有关产业资本合作，按照国家政策规定，推进设立特色优势产业发展基金，支持相关产业发展。利用国家有关上市绿色通道，帮扶企业上市融资。

（五）发布蓝皮书

组织专家编写分产业的特色优势产业发展蓝皮书。做好产业发展资料收集、整理、分析工作，加强国内外发展情况对比分析，在总结分析和深入研究的基础上，按照蓝皮书的基本要求组织编写，每年6月前对外发布上一年度产业发展蓝皮书。

三、保障措施

（一）组建项目组

促进会成立项目组，制定《实施方案》并组织实施。项目组动员组织专家、企业家和有关单位，分别成立9个项目工作组，制定产业发展实施方案并组织实施。做好产业发展年度总结，编写好分产业特色优势产业发展蓝皮书。

（二）争取政策支持

帮助重点龙头企业对接国家有关产业政策、产业发展项目。协调相关部门，加大帮扶工作力度，争取将脱贫地区重点龙头企业的产业发展规划纳入国家有关部门和有关地区的专项发展规划并给予支持。争取各类金融机构对重点帮扶龙头企业给予贷款、融资优惠,助力重点帮扶企业加快发展。

(三)坚持典型引领

选择一批资源禀赋好、发展潜力大、市场前景广的种养基地作为示范种养典型,选择一批加工能力精深、技术先进、效益良好的龙头企业作为产品加工示范典型,选择一批增收增效、联农带农富农机制好的市场主体作为联农带农富农典型。通过典型示范,引领特色优势产业培育工程加快发展。

(四)搞好社会动员

建立激励机制,让热心参与特色优势产业发展的单位和个人政治上有荣誉、事业上有发展、社会上受尊重、经济上有效益。加强宣传工作,充分运用电视、网络等多种媒体,加大舆论宣传推广力度,营造助力特色优势产业培育工程的良好社会氛围。招募志愿者,创造条件让志愿者积极参与特色优势产业培育工程。

(五)加强协调促进

充分利用促进会在脱贫攻坚阶段取得的产业发展经验和社会影响力,协调脱贫地区龙头企业对接产业政策,动员产业专家参与企业技术升级和产品研发,衔接金融资源帮助企业解决资金难题。发挥行业协会的积极作用,按照公开、透明、规范要求,帮助企业规范运行,自我约束,健康发展。

四、组织实施

(一)规范运行

在促进会的统一领导下,项目组和项目工作组根据职责分工,努力推进9个特色优势产业培育工程实施。项目组要根据产业特点组织制定专家库、重点帮扶企业库的建设与管理办法、产业发展培育项目管理办法,包括金融支持、消费帮扶、评估评价等办法,做好项目具体实施工作。

(二)宣传发动

以全媒体宣传为主,充分发挥新媒体优势,不断为特色优势产业培育工程实施营造良好的政策环境、舆论环境、市场环境,让企业家专心生产经营。宣传动员社会各方力量，为特色优势产业培育工程建言献策。

（三）评估评价

发动市场主体进行自我评价，通过第三方调查等办法进行社会评价。特色优势产业培育工程项目组组织有关专家、行业协会、企业代表，对9个特色优势产业发展情况、市场主体进行专项评价。在此基础上，进行评估评价，形成特色优势产业发展年度评价报告。

CONTENTS | 目录

第一章
核桃产业基本现状 / 001

第二章

核桃产业市场情况分析 / 053

第三章

核桃产业科技创新发展分析 / 101

第四章
核桃产业典型发展模式与代表性企业分析 / 139

第五章
核桃产业发展预测及投资机会分析 / 187

核桃产业基本现状

第一节　核桃产业基本情况

在我国，核桃又称胡桃、羌桃、万岁子、长寿果等，是最古老而广域的经济林树种之一，我国作为核桃科植物原产地之一，核桃的栽培历史悠久。核桃科植物在我国有7属27种，其中核桃属（*Juglans*，又称胡桃属）、山核桃属（*Carya*）以及喙核桃属（*Annamocarya*）部分种的坚果因具有极高的食用价值而被广泛栽培利用。我国现有核桃属植物9个种，其中原产于我国的有5个种，即核桃（*J. regia L.*）、核桃楸（*J. mandshurica Maxim*）、野核桃（*J. cathayensis Dode*）、泡核桃（*J. sigillata Dode*）和麻核桃（*J. hopeiensis Hu*）。山核桃属植物有6个种，原产于我国的有山核桃（*C. cathayensis Sargent*）、大别山山核桃（*C. dabieshanensis M.C.Liu&Z.J.Li*）、湖南山核桃（*C. hunanensis Cheng&R.H.Chang*）、贵州山核桃（*C. kweichowensis Kuang&Lu*）、越南山核桃（*C. tonkinensis Lecomte*）5个种，长山核桃［*C. illinoensis*（Wangenh）K. Koch，又名薄壳山核桃］为引进种。喙核桃属植物有1个种。核桃属中的核桃、泡核桃和山核桃属中的山核桃、长山核桃，构成了我国食用核桃的主体。其中，核桃属中的核桃和泡核桃在我国分布和栽培面积最广，栽培历史悠久，是我国两个主要的栽培种，泡核桃（深纹核桃）还是我国的独有种。本蓝皮书所介绍的核桃产业以核桃属中的食用核桃为主。

一、核桃产业发展历史沿革

（一）核桃种植历史演变

1949年以前，我国核桃处于实生育苗和类野生状态，发展缓慢，产量在5万吨左右，仅有少量的出口。20世纪50年代，核桃总产量增加到10万吨。60年代，受"文化大革命"的影响，全国核桃年产量下降到4万~5万吨。"文化大革命"结束后的70年代后期，核桃年总产量恢复到7万~8万吨，1978年达到10万吨。

进入80年代，在国家政策的影响和市场的带动下，核桃种植面积和产量逐年增加，我国核桃产业的发展日益繁荣。90年代以后，特别是1990年林业部公布了组织鉴定的首批16个早实核桃新品种，结束了中国缺乏核桃品种的历史，开启了中国以独立自主选育良种、嫁接繁育、建园生产为核心，产业快速发展的新局面。

进入21世纪，根据国家产业发展规划，全国核桃主产省区结合本地区的资源禀赋，陆续制定出台了相关政策措施，推动我国核桃产业进入了迅猛发展的时期。例如，2005年，新疆维吾尔自治区党委、政府先后两次出台《关于进一步加快特色林果业发展的意见》等文件，自治区财政每年投入资金5000万元用于发展包括核桃在内的林果业，加上地（州）、县投入，全疆每年用于发展核桃为主的林果业资金超过亿元。2008年，云南省委、省政府出台了《加快核桃产业发展的意见》，仅2008—2009年财政就投入了2.7亿元用于核桃产业，并明确以后每年省财政投入核桃产业专项资金1.3亿元，每年安排专项工作经费1000万元，用于核桃生产技术指导、检查验收等工作。2010年，陕西省政府发布了《加快推进核桃等干杂果经济林产业发展的意见》，把核桃作为五大干果之首加以重点扶持。

2007—2016年的10年间，中国核桃栽培面积以每年10%的速度递增。2013年，核桃生产情况：全国核桃种植面积1万亩以上的县有300多个，其中10万亩以上的重点县有131个。2016年以后，全国核桃产量在400万吨左右。随着国家乡村振兴战略的实施和扶贫产业投入加大、退耕还林及综合经营管理技术的实施，我国核桃的种植面积每年的增加幅度开始放缓，但产量提升空间较大。2017年，全国核桃种植总面积约0.81亿亩，总产量为417.1万吨；2021年，我国核桃种植总面积约1.12亿亩，总产量为540.35万吨。

20世纪90年代以前，我国核桃生产缺乏品种，大多采用的是直接播种或实生繁育，散栽或连片种植。零星栽植的核桃种类多，产量低，品质良莠不齐。种子繁育的主要问题是后代为实生杂合体，品质优少劣多，差异大，导致核桃生产的效益差。一些集中连片的核桃园，由于没有因地制宜、适地适品种适技术,管理粗放或者疏于管理,导致形成"小老树",成为低产低效园。20世纪90年代以后,我国审定了首批自主知识产权的品种并实施嫁接繁育,核桃园的质量和坚果品质提升明显,特别是进入21世纪,退耕还林工程、脱贫致富和乡村振兴战略的实施,大面积品种化、集约化和标准化核桃园的营建和园艺化栽培管理技术的推广,极大促进了我国核桃产业的发展。

（二）核桃营养与经济价值

1.核桃的营养价值

核桃是一种集脂肪、蛋白质、维生素、纤维素、糖类五大营养要素于一体的优良坚果类食品,膳食营养价值丰富,是世界公认的优良营养保健食品,我国誉之为"长寿果""万岁果",欧洲称之为"大力士食品"。美国加利福尼亚州核桃委员会称之为"21世纪超级食品"。

（1）核桃仁

核桃仁中含有丰富的脂肪、蛋白质、碳水化合物等营养成分。核桃仁中丰富的维生素E可使细胞免受自由基的氧化损害而有美容的功效。此外,亚油酸也有良好的美容效果,亚油酸能促进皮肤发育和增加皮肤营养,也有利于毛发健康。当人体缺乏亚油酸时,皮肤会显得干燥、肥厚,因此,核桃仁是理想的肌肤美容剂。核桃油中的油酸、亚油酸也是人体头发的组成部分,有利于黑色素的形成,常吃核桃仁可以使头发乌黑亮泽。充足的亚油酸和亚麻酸还能净化血液,清除脑血管壁内中的杂质,提高脑细胞的血液供应量,保证脑细胞所需的充足养料和氧,提高大脑的生理功能。核桃仁中不饱和脂肪酸的不饱和双键具有与其他物质相结合的能力,它能捕捉血液中的胆固醇并将其排出体外,从而降低血液中的胆固醇,起到预防高血压、心血管等疾病的功效。核桃仁中的锌还可抵消镉引起的高血压。核桃仁中所含的丙酮酸能阻止黏蛋白、钙离子与非结合型胆红素的结合,并能使胆结石溶解和排泄。核桃仁中所含的锌和锰还是组成脑垂体、胰腺、性腺的关键成分,有加强心肌功能的作用。核桃仁中的磷脂可以增强细胞活力、促进骨髓造血、提高脑神经的功能、加强机体抗病能力乃至延年益寿,故人们把核桃称为"长寿果"。

（2）青皮

核桃青皮是传统中药材青龙衣，其中的化学成分醌类、酚类和黄酮化合物，具有抑菌、镇痛、抗肿瘤等功能。核桃青皮中的抗氧化剂能够消除影响健康的自由基，有助于防止衰老，治疗心血管疾病、神经系统疾病和癌症。核桃青皮除应用于疾病治疗研究外，在植物化肥、农药、重金属吸附等方面也有良好的效果，其研究被认为有广阔的应用价值。

（3）雄花序

核桃雄花序营养丰富全面，尤其是蛋白质、无机元素、维生素C、维生素E及氨基酸含量较高，核桃雄花序K/Na约508，在维持机体酸碱平衡方面有重要作用；钾、铁、锰、锌、锡及β-胡萝卜素等可参与人体蛋白质、碳水化合物、脂肪代谢等过程，在维持细胞正常功能、清除自由基、抗氧化、增强免疫及抗感染、抗衰老等方面有重要作用。

2. 核桃的经济价值

（1）食品价值

自古民间就有食用核桃仁的传统，人们认为其有产妇保健、促进身体发育、健脑益智、延年益寿等功效，并制成多种核桃食品、药膳和菜肴。

我国南北各地以核桃仁为主料的食品有很多，如琥珀核桃仁、速溶核桃粉、糖水核桃罐头、甜香核桃、核桃精、银香核桃、咖喱核桃、雪衣核桃、核桃酪、奶油桃仁饼、核桃布丁盏等。以核桃仁为主（辅）料的菜肴也有很多，如酱爆核桃、五香核桃、糖醋核桃、椒盐桃仁、油氽核桃仁、核桃泥、桃仁果酱煎饼卷、椒麻鲜核桃、核桃巧克力冻、核桃派、核桃蛋糕等，各地形成各具特色的核桃保健食谱。以核桃仁为主料的药膳也有不少，如人参胡桃汤、乌发汤、阿胶核桃、核桃仁粥、核桃五味子蜜糊、凤髓汤、黄酒核桃泥汤、润肺仁饼、莲子锅蒸、枸杞桃仁羊肾汤。

（2）药用价值

核桃的药用价值是我国多年来研究的热点之一。据古代医书《千金方》记载："凡欲治疗，先以食疗，既食疗不愈，后乃用药尔。"其他许多医药名著中都有关于核桃食疗和食补的记载与论述。利用核桃预防和治疗疾病，不但为历代医药学家所推崇，也是现代医学研究的热点。

我国中医书籍记载，核桃仁有通经脉、润血管、补气养血、润燥化痰、益命门、利三焦、温肺润肠等功用，常服核桃仁可使皮肤细腻光润。我国古代和中世纪的欧洲，曾用核桃治疗秃发、牙痛、狂犬病、皮癣、精神痴呆和大脑麻痹症等。

核桃枝条制剂能增强肾上腺皮质的作用，提高内分泌等体液的调节能力。核桃枝条制取液或者加龙葵全草制成的核葵注射液，对宫颈癌、甲状腺癌等疾病有不同程度的疗效。核桃叶片提取物有杀菌消炎、愈合伤口、治疗皮肤类疾病等作用。核桃根皮制剂为温和的泻剂，可用于治疗慢性便秘。核桃树皮单独熬水可治瘙痒，若与枫杨树叶熬成汁，可治疗肾囊风等。其果实青皮在中医验方中称为"青龙衣"，内含胡桃醌、鞣质、没食子酸、生物碱和萘醌等，对一些皮肤类及胃神经疾病有疗效。

（3）油用价值

核桃仁中含有70%左右的优质脂肪，核桃油被列为高级食用油，被称为植物油中的"油王"。核桃油中的脂肪酸主要是不饱和的油酸、亚油酸和亚麻酸，占其脂肪酸总量的90%以上。亚油酸和亚麻酸是人体必需的两种脂肪酸，容易消化吸收，对维持人体健康、调节生理机能有重要作用。

（4）生态价值

核桃壳主要用于生物活性炭的制备，核桃壳活性炭在水污染和大气污染控制方面的应用，有效推动了农林废弃物资源化利用，同时可有效防止环境污染。在石油工业中，改性制备核桃壳经过一定程度的升温可自发对石油烃进行吸附。核桃树干高大挺立，树冠枝繁叶茂，多呈半圆形，具有较强的灰尘拦截、吸收二氧化碳、净化空气能力，也可用作行道树或观赏树种。此外，核桃树的根系发达，分布深广，能够固土防洪，防止侵蚀冲刷，保持水土。

（5）工业价值

核桃含油量高达60%以上，是制作生物液体燃料的潜在树种。核桃木材质地坚硬，纹理细致，伸缩性小，抗冲击力强，是航空、交通和军事工业的重要原料。因其质坚、纹细、富弹性、易磨光，也可制作乐器和枪托。

核桃的树皮、叶片和果实青皮含有大量的单宁物质，可提炼鞣酸制取栲胶，用于染料、制革、纺织等行业。枝、叶、坚果内横隔还是传统的中药材。果壳可烧制成优质的活性炭，是制造防毒面具的优质材料。用核桃壳生产的抗聚剂代替木材生产的抗聚剂，可用于合成橡胶工业，可以减少木材的消耗和对森林的破坏。

（6）工艺价值

核桃木色泽淡雅，花纹美丽，质地细韧，经打磨后光泽宜人，且可染色，是制作高级家具、橱柜、工艺品、雕刻品、军工用材、高档商品包装箱及乐器的优良材料。利用麻核桃、铁核桃、核桃楸等坚果制成各种饰品、雕刻件、贴片、挂件等文玩工艺品，颇受消费者欢迎，为核桃的开发利用、增加农民收入、丰富市民生活，开辟出新的空间。

（三）核桃产业链的形成与延伸

从1959年到1962年，新疆先后两次引进早实和高产核桃种质，并在全国各地选育了许多优良品种。

自1979年起，国家核桃科研协作小组开展早实核桃优良品种选育工作，带动了全国范围内的核桃优良品种研究选育工作开展。1988年，我国出台了核桃高产优质核桃标准，为核桃生产标准化提供了依据，标志着我国核桃产业发展进入了新的阶段。1999年，绿岭庄园成立，其是当时较大的核桃生产基地，是集优质薄皮核桃品种繁育种植、研发加工和销售服务于一体的全产业链现代化大型企业。21世纪以来，随着核桃产业的迅猛发展，涌现出如六个核桃、三只松鼠、洽洽食品、摩尔农庄、绿岭果业、浙疆果业等一批核桃产品加工企业，极大地拉动了我国核桃产业发展，为产业链的形成、产业的可持续健康发展奠定了坚实的基础。

国家林业和草原局组织编制了《林草产业发展规划（2021—2025）》《全国经济林发展规划（2021—2030年）》，并积极协调各相关部门落实《关于科

学利用林地资源 促进木本粮油和林下经济高质量发展的意见》。在此过程中，我国对核桃全产业链发展进行整体布局，进一步加大和优化核桃科研、育种、生产、加工、品牌等全产业链的政策支持，促进核桃产业的健康可持续发展。

（四）核桃作为油料作物的战略地位

核桃作为我国四大木本油料树种之一，种植广泛，适应性强，全国26个省（区、市）均有分布。2021年，全国种植面积约为1.12亿亩，总产量为540.35万吨。

核桃种植不占用农田，可利用田间地头和荒山、荒滩、荒沟、荒坡、荒丘等闲置土地。因此，在农村发展核桃种植产业，发展空间很大。

从2003年起，中共中央、国务院发布了一系列鼓励发展木本油料林的政策，如在《中共中央 国务院关于加快林业发展的决定》（中发〔2003〕9号）中指出，要"努力建设好用材林、经济林、薪炭林和花卉等商品林基地"。

2008年《中共中央 国务院关于全面推进集体林权制度改革的意见》（中发〔2008〕10号）指出："对森林防火、病虫害防治、林木良种、沼气建设给予补贴，对森林抚育、木本粮油、生物质能源林、珍贵树种及大径材培育给予扶持。"《国务院关于印发〈国家粮食安全中长期规划纲要〉的通知》（国发〔2008〕24号）提出："合理利用山区资源，大力发展木本粮油产业，建设一批名、特、优、新木本粮油生产基地。积极培育和引进优良品种，加快提高油茶、油橄榄、核桃、板栗等木本粮油品种的品质和单产水平。积极引导和推进木本粮油产业化，促进木本粮油产品的精深加工，增加木本粮油供给。"

2009—2012年，中央一号文件连年提到支持适宜地区发展核桃等木本油料产业。2014年《国务院办公厅关于加快木本油料产业发展的意见》（国办发〔2014〕68号）提出，力争到2020年建成800个油茶、核桃、油用牡丹等木本油料重点县，建立一批标准化、集约化、规模化、产业化示范基地，木本油料种植面积从现有的1.2亿亩发展到2亿亩，年产木本食用油150万吨左右。

2014年5月26日，国家林业局会同国家发展和改革委员会和财政部，联合印发了《全国优势特色经济林发展布局规划（2013—2020年）》，将优先纳入规划范围的30个树种,分为优势经济林和特色经济林两类。其中,优势经济林包括油茶、核桃、板栗、枣、仁用杏5个树种,确定的优势区域为804个重点基地县,占规划所有县的74.8%。国家一系列政策和措施,极大地推动了核桃产业发展,使我国核桃产量以超过世界核桃年平均增长率3个百分点的速度增长。

2015年1月,国务院办公厅印发《关于加快木本油料产业发展的意见》,突出加快以核桃、油茶为主体的木本油料产业发展,大力增加健康优质食用植物油供给,切实维护国家粮油安全。可见,核桃在我国当前林业经济中的重要地位。

随着传统坚果消费市场逐渐饱和,新增产能重点转向油用,核桃成了增加我国食用油供给的重要渠道。财政部发布的《关于整合和统筹资金支持木本油料产业发展的意见》明确指出,为促进油茶、核桃、油橄榄等木本油料产业发展,提高我国食用植物油生产能力,决定整合和统筹资金支持木本油料产业发展。政府对我国核桃产业发展的认识已上升到国家食用植物油供应安全的战略高度。有了政策的支持和引导,我国核桃产业未来的发展一定会朝着产业化、规模化的方向迈进。

2020年,国家林业和草原局会同国家发展改革委等联合印发《关于科学利用林地资源促进木本粮油和林下经济高质量发展的意见》,对木本油料发展进行了全面布局和政策设计。

二、核桃产业现状

(一)核桃种植情况

1. 核桃种植区域分布

核桃在我国云南、新疆等20多个省(区、市)都有种植,2020年全国核桃种植面积为1.17亿亩,总产量479.59万吨(见表1-1)。其中,云南以产量约150.27万吨、面积4849.67万亩位居产量和面积双第一,其产量和面积分别占全国的31.33%和41.33%;新疆以115.41万吨的产量和619.38万亩的栽培面积位居产量第二和面积第五,其产量和面积分别占全国的24.06%和5.28%;四川以约60.58

万吨排名产量第三，以1856.58万亩排名面积第二，其产量和面积分别占全国的12.63%和15.82%；陕西的产量和面积分别大约为44.35万吨和1144.15万亩，分别排名第四和第三，占全国的9.25%和9.75%。这四个核桃生产大省（区、市）的核桃产量合计占全国的77.27%，栽培面积占全国的72.18%。此外，栽培面积和产量较大的省（市）还有河南、河北、山西、山东、甘肃、湖北、贵州、重庆、安徽、浙江、辽宁、北京等。

表1-1　2020年我国各省（区、市）核桃产量与种植面积

省（区、市）	产量（吨）	种植面积（万亩）	省（区、市）	产量（吨）	种植面积（万亩）
云南	1502706	4849.67	辽宁	11710	31.94
新疆	1154114	619.38	北京	10447	21.22
四川	605797	1856.58	湖南	7398	11.10
陕西	443457	1144.15	吉林	7068	5.35
河南	164077	332.00	广西	4295	221.12
河北	159673	226.58	天津	4103	3.04
山西	158311	791.36	宁夏	2025	4.18
山东	149786	192.60	西藏	1629	9.47
甘肃	128433	418.46	青海	1300	14.93
湖北	104242	227.84	江苏	1120	7.59
贵州	87892	389.98	黑龙江	532	2.48
重庆	30883	106.32	江西	159	0.35
安徽	27561	135.39	福建	—	0.26
浙江	27221	109.99	合计	4795939	11733.30

*数据来源：《中国林业和草原统计年鉴（2020）》。

2. 核桃品种与栽培模式情况

全国各地育成的核桃品种有200多个，但在生产中应用最多的还是早期选育的品种，后期选育的品种由于苗木繁育的滞后性，在一定程度上错过了快速发展的黄金期。在我国核桃产业快速发展阶段，由于良种较少、良种苗木准备不足，导致许多实生苗和品种混杂苗大量流入市场。虽然这些实生园或品

种混杂的核桃园在后来进行了良种改接,但品种混杂、实生单株多的核桃园仍大量存在。

我国大部分核桃产区的新建核桃园以纯园栽培为主,也有林农间作模式。在纯园栽培中,株行距大多为(3~6)米×(4~8)米,由于配套技术未及时跟上,许多密植园未按密植技术要求管理,尤其在整形修剪方面,导致树形紊乱、果园郁闭等现象普遍存在,从而导致产量低、品质参差不齐、效益低。在良种良法配套、技术管理较好的核桃园,基本能实现优质丰产和较高的收益。

3. 核桃土肥水管理情况

在我国核桃快速发展阶段,受传统观念(核桃适应性强,不需太多管理)影响,对核桃良种尤其是早实核桃良种(抗性相对晚实核桃弱)认知不足,许多核桃园建在立地和肥水条件较差的地块,加之后期投入不足、管理不到位,致使核桃园普遍存在肥力不足问题。在土壤管理中,仍以清耕为主,为了减少人工投入,除草剂有较多使用;随着技术的推广和观念的转变,园内生草得到一定的应用并日益受到种植者重视。在肥水管理方面,受投入成本较高、核桃价格下降等因素影响,施有机肥的核桃园越来越少,一般结合浇水施入适量或少量化肥,甚至不施;灌水一般采取漫灌方式,管理较好的核桃园也采用滴灌等节水灌溉,配备肥水一体化设施。

4. 核桃病虫害防控情况

目前,已知的核桃病害有30多种,虫害有120余种。病害主要有腐烂病、枯梢病、黑斑病、褐斑病、炭疽病、白粉病等,其中危害最大的是黑斑病、褐斑病和炭疽病。在虫害方面,危害严重的有核桃举肢蛾、天牛等,近年美国白蛾已在多地出现。在核桃病虫害防治上,虽然有适地适树、保持树体通风和透光、及时清理病枝病果以减少病害感染源等农业防治,有利用杀虫灯、粘虫板、糖醋液、树干缠草绳和树干涂粘虫环带等物理防治,但大部分核桃园仍以喷施化学农药的化学防治为主。近年来,随着政策管理和环保意识的增强,低毒、低残留的化学农药、生物农药、微生物菌剂越来越多地应用于核桃病虫害的防控。

5. 核桃果实采收与坚果品质评价情况

目前，我国核桃采收除少数果园采用机械或机械辅助采收外，大部分核桃园仍采用人工采收，使得规模较大、人员不足的果园采收期过长，在一定程度上也影响果实品质及其一致性。在核桃脱青皮和清洗环节，机械化率相对较高，而在干燥环节大多仍以自然晾晒为主，有少部分采用机械干燥或烘房干燥。自然晾晒受天气因素影响较大，尤其是连续阴雨天极易造成种仁颜色变深甚至霉变，从而影响坚果品质。

核桃坚果品质主要通过果形、壳面的光滑和洁净度，三径、单果重、壳厚、出仁率，缝合线紧密度，取仁难易、仁色、仁的饱满度，风味及蛋白质、脂肪等营养成分含量等进行综合评价。目前，生产中应用的核桃良种，在管理水平较好的情况下，坚果的优质果率可达到80%。导致坚果品质低劣的主要原因有：第一，品种混杂，坚果整齐度差；第二，因疏于管理，果园郁闭、通风透光不良、病虫害严重，导致坚果品质下降，个别严重果园优质果率甚至低于10%；第三，未适时采收、采后处理不及时也会较大程度上影响坚果品质。

6. 核桃农艺农机融合发展情况

随着机械化和科技水平的不断提高，核桃的农艺农机融合得到了长足发展。在核桃生产的各环节，都有不同程度的农艺农机的融合发展。尤其是果园管理的通用机械设备，在核桃生产中得到了较好应用，如喷药用的打药机、除草用的割灌机、土壤管理使用的旋耕机、处理修剪枝条的碎枝机等。相对而言，核桃专用机械的研发、应用不足，尤其是在核桃的整形修剪和采收方面。

受核桃栽培方式、经营方式、研发投入等多种因素所限，我国核桃的机械化修剪尚处于试验、研发起始应用阶段，在人工修剪上虽有电动修枝剪（锯）的助力、多功能作业平台的实验性应用，但自动化、智能化程度高和适用性强的成套修剪设备仍待研发。在核桃采收及采后处理机械方面，目前已逐步从试验研发走向生产应用，如采收机、核桃脱皮清洗机等，极大地提高了工作效率。

总之，核桃农艺农机融合虽然取得较大发展，但距生产全过程的机械化仍有较大距离。尤其是适合中国国情的核桃专属机械，其性能、智能化程度、适用性仍需进一步提高。

（二）核桃加工与利用情况

核桃、扁桃、腰果及榛子并称为"世界四大坚果"。核桃仁蛋白质含量15%~20%、脂肪60%~65%、碳水化合物10%，含有丰富的维生素E、植物甾醇、角鲨烯等营养素，以及人体必需的钙、磷、铁等多种矿物质。我国核桃主要以初加工为主，少量榨油，深加工转化能力和科技含量不高，难以实现核桃产品的多层次加工增值和产业技术升级，因此制约了核桃产业的高质量发展。初加工制品有带壳核桃和核桃仁，深加工产品主要有核桃休闲食品、核桃油、核桃粉、核桃饮料、核桃乳等，副产物高值化产品有活性炭、染色剂、袋泡饮料等。据《中国林业和草原年鉴》数据，截至2022年10月，全国从事核桃贮藏加工的企业超过22552家，从地区分布来看，云南、山西、陕西位列前三。

1. 核桃坚果、核桃仁及其加工制品

国内市场对核桃及其加工制品的需求日益增长，核桃已经成为很多县区的支柱产业，但我国的核桃加工技术力量薄弱，产业发展速度相对缓慢，加工大多停留在初加工阶段。初加工产品单一，主要为带壳核桃、核桃仁等，产品附加值较低。国内外核桃初加工一般分为两个环节，第一个环节为核桃脱青皮清洗加工，主要工艺路线为：原料、分级、脱青皮、青皮分离、清洗、分拣、烘干、贮藏等。我国传统核桃去青皮、清洗等工作基本靠人工，由于核桃采收期较集中，常采用堆沤脱皮和药剂脱皮的手段，核桃仁易发热变色，对于表面颜色不好的核桃，再进行漂白处理，不仅影响核桃外观质量，还严重影响核桃的内在品质。而核桃脱青皮及初加工设备（见表1-2）的使用初步实现了核桃及核桃仁商品化、连续化、规模化生产，降低了核桃碎果率，提高了青皮脱净率。随着技术的进步，各地因气候条件、品种及产业规模的差异，形成了适宜当地的核桃脱青皮相关标准及工艺规范（见表1-3）。第二个环节为核桃破壳取仁加工，核桃仁经过分级后可直接作为商品出售，也可采用热水、静置等方法去内皮作为琥珀核桃、枣夹核桃、核桃油等深加工产品的高品质原料。

表1-2　核桃初加工主要设备性能

设备名称	主要性能指标要求	备注
核桃脱青皮机	脱净率≥88%，壳厚≥1.5毫米厚的条件下破果率6%、损失率≤2%、吨耗电≤1度、噪声≤80分贝	注意标准设备与非标设备的区别
核桃壳果清洗机	洗净率≥90%、破损率≤1%	试用购买和加强达产性能验收
核桃壳果干燥机	机内温度从5℃升至40℃所用的时间≤60分钟，空载或负载运行时内部各处的风速应为0.7~1米/秒，各处温差≤2℃，噪声≤85分贝	空气能干燥和冷库干燥兼用
核桃壳果分级机	辊式分级精度≥90%、破损率≤5%、噪声≤80分贝、平均无故障工作时间≥600小时	栅条滚筒式分级精度98%、破损率≤0.2%；另有轨道式、级数≥5
核桃破壳机	破壳率≥95%、半仁率≥60%、高路仁率≥85%、壳仁分离率≥70%、吨耗电≤2千瓦时/吨、噪声≤85分贝	规格型号较多，试用购买和加强达产性能验收
壳仁混料分级机	有振动筛孔式、滚筒式、带式分级机	—
核桃壳仁分选机	通过风量的调节，1/2壳仁混料的壳仁分离率可达90%、1/4的可达95%、1/8的可达85%、1/16的约为70%	建议试用购买和加强达产性能验收
色选机	选净率≥99%、剔除率≥80%、误选率≤75%、空载噪声≤80分贝	建议试用购买和加强达产性能验收
核桃仁脱衣	高压自来水冲洗纯物理脱皮，脱净率≥98%、损耗≤6%	建议试用购买和加强达产性能验收
真空充氮包装机	XINGDUO550全自动外抽式真空机包装机、LF1080B连续式真空抽气—充气包装机（20厘米/秒）	制氮机需注意自控氮纯度和湿度
冷库	需带除湿装置	可实现干燥、冷藏兼用

表1-3　核桃脱青皮相关标准

标准	自然堆沤脱青皮	乙烯利脱青皮	机械脱青皮
林业行业标准	—	壳厚≤1.1毫米的可在0.3%~0.5%乙烯利溶液中浸泡约半分钟，装入网袋堆放在阴凉通风处，厚度100~130厘米，防雨淋湿，2~3天后手工脱青皮	采用转筛式、滚筒式脱皮机等机械进行脱青皮

续表

标准	自然堆沤脱青皮	乙烯利脱青皮	机械脱青皮
贵州地方标准	阴凉处或室内按50厘米厚堆积，盖10厘米厚保温保湿覆盖物，当青皮离壳或开裂达50%以上，用棍敲击脱皮，未脱皮的青果可再堆沤	把经过药剂处理的青果码成垛，高度不超过2米，垛间距60厘米。温度2℃~31℃，相对湿度80%~90%。其他同上	采收后的1~2天内
河南地方标准	采后堆放阴凉处，厚度50厘米左右，用薄膜覆盖堆沤3~5天，当青皮离壳或开裂达50%以上时即可用棍敲击脱皮，对未脱皮者可再堆沤，直到全部脱皮为止	采后在0.3%~0.5%乙烯利溶液中浸蘸30秒左右，再按50厘米厚堆放在阴凉处或室内，加盖薄膜2天左右可离皮	未涉及
陕西地方标准	成熟的核桃堆放1~2天，未完全成熟的堆放3~5天。然后通过切削、划破、挤压、搓碾、刷磨、清洗等方式去除核桃青皮及残留物	—	机械安全、性能应符合JB/T 12027—2014《核桃青皮脱皮机》要求
山西地方标准	阴凉处或室内按50厘米左右的厚度堆积，盖10厘米左右厚的保温保湿覆盖物。当青皮离壳或开裂达50%以上，用棍敲击即可脱皮，未脱皮的青果可再堆沤至全部脱皮为止	在0.3%~0.5%的乙烯利水溶液中浸泡0.5分钟，或随堆积随喷洒，果堆上加盖一层厚10厘米左右的保温保湿覆盖物，湿度80%~90%，温度29℃~31℃，2~3天可脱青皮	核桃采收后的1~2天内，可采用脱皮机进行脱青皮
新疆地方标准	人工撞击、敲击和口袋内脚踩法。在阳光下按50厘米厚堆放，覆盖塑料布堆沤4~6天后人工或机械脱青皮	0.3%~0.5%乙烯利溶液浸泡5分钟，按50厘米厚堆放阴凉处或室内，湿度80%~90%，温度30℃，3~5天后人工或机械脱青皮	钢丝刷或毛刷脱青皮、刀片切割脱青皮、滚笼式脱青皮
大理地方标准	阴凉处或通风室内，按50厘米左右的厚度堆成堆，覆盖青蒿、杂草或麻袋等透气物，促进皮与核脱离。切忌在阳光下暴晒或受雨淋	未涉及	鼓励有条件的加工企业、农户采用机械脱皮

2. 核桃油

核桃油具有较高的营养价值和广泛的用途。核桃出仁率一般为40%~60%，核桃仁含油率为60%~70%，不饱和脂肪酸含量高，其中亚油酸含量为44%~72%，另外还富含植物甾醇、维生素等（见表1—4、表1—5）。核桃品种不同、压榨工艺不同，都会影响核桃出油率和油的品质。2018年，我国核桃油产量为3.07万吨，约为核桃产量的0.65%，近几年核桃油产业发展较快，核桃油生产企业增多，产能不断提高，核桃油产量增速高于核桃产量增速。目前，国外榨油的核桃品种主要为法国山核桃，我国榨油使用的核桃仁多为普通核桃仁、野生山核桃仁等。国外榨核桃油多采用去壳去衣冷榨、低温初榨法，二次过滤或微滤，且多采用避光或轻喷包装，食品级氮气和液氮双氮保鲜等。我国核桃制油工艺主要有传统的机械压榨、预榨—浸出工艺、水剂法提取、超临界二氧化碳萃取等，生产者一般根据产品特性选择合适的制取方法，在保证核桃油天然品质的同时又避免核桃蛋白的变性。前两者为生产中常用的工艺，操作过程简单、效率高。另外，国内外主要采用充惰性气体、低温避光、改进加工工艺、添加抗氧化剂、改进包装方式（轻便锡罐、非气溶胶喷雾）等方法防止核桃油的氧化。核桃油除主要作营养保健油直接食用外，还可在制作糕点和营养食品时当作添加剂用。在工业方面，它是一种干性油，干燥成膜后，颜色不会发黄，可用于制造上等油漆及绘画颜料。此外，市场上也出现如核桃油药物制剂及保健品、核桃油化妆品、按摩油等新兴产品，这些产品的出现也将带动核桃油市场得到一定增长。

表1-4　核桃油脂肪酸组成

种类	含量	功能作用
棕榈酸	0.24%~10.0%	润肤、保湿作用，软化舒缓皮肤，修复皮肤屏障，改善干燥、脱屑、牛皮癣、湿疹等
硬脂酸	0.06%~6.0%	表面活性剂；润肤、润滑等
油酸	6.1%~37.39%	软化血管，避免血管硬化、心脑血管类疾病的发生；降低体内胆固醇；加速新陈代谢
亚油酸	44.00%~72.00%	一种必需脂肪酸；可降低血液中的胆固醇、降低血脂、软化血管、降低血压、促进微循环、防止人体血清胆固醇在血管壁沉积
α-亚麻酸	3.93%~25.00%	一种必需脂肪酸；促进胆固醇的转化和排泄，降低血液黏度，改善血液循环，保持血管弹性，防治动脉硬化和心脑血管疾病，调节血压和胆固醇，防止性功能退化
饱和脂肪酸	≤10%	—
不饱和脂肪酸	≥90%	调节血脂，清理血栓，免疫调节，保护视网膜，提高视力，补脑健脑，改善关节炎症状，减轻疼痛

表1-5　核桃油微量营养元素组成

种类		含量	功能作用
植物甾醇	总量	540~2558毫克/千克	较强抗炎作用；用于预防治疗冠状动脉粥样硬化类的心脏病；促进新陈代谢、抑制炎症
	菜油甾醇	16.3~142.4毫克/千克	
	豆甾醇	0.3~83.3毫克/千克	
	β-谷甾醇	454~1821毫克/千克	
	Δ5-燕麦甾醇	0~582.2毫克/千克	
	其他少量甾醇	0~422.5毫克/千克	
维生素	生育酚总量	211.1~850.8毫克/千克	人体内最主要的生物自由基清除剂和抗氧化剂之一
	α-生育酚	0.3~92.4毫克/千克	
	β-生育酚	0~8.2毫克/千克	
	γ-生育酚	206.9~676.5毫克/千克	
	δ-生育酚	3.2~106.7毫克/千克	
	叶醌	15微克/100克	脂溶性维生素，能结合钙并影响凝血过程
矿物元素	磷元素	17.3毫克/千克	存在于骨骼、牙齿中的矿物质
	铜元素	0.008~0.017毫克/千克	促进心脏健康；维持骨骼、神经和免疫系统功能
	铁元素	0.17~0.34毫克/千克	人体生理过程中必需元素，是血红蛋白的主要原料之一；输送氧和贮氧；合成肌红蛋白和很多重要酶类
总酚（植物单宁）		4.10~468.38毫克/（没食子酸/千克）	抗心脑血管疾病、抗氧化、抗肿瘤、抗菌、抗病毒、抗炎、抗骨质疏松、治疗肥胖和防治糖尿病等
色素	类胡萝卜素	0.52~7.30毫克/千克	抗氧化活性，预防衰老、心脑血管疾病、肿瘤和白内障等；抗癌作用；增强机体的免疫功能
	叶绿素	0.19~12.9毫克/千克	清除自由基，防止自由基对机体过氧化损伤，延缓衰老；体内分解转变成维生素A调节免疫等

3. 核桃蛋白及其制品

核桃饼粕是核桃仁提取油脂后的副产品，其蛋白质含量在50%左右，大多被用作饲料或肥料，导致其附加值低。为提高核桃粕综合利用和经济价值，核桃蛋白粉、核桃浓缩蛋白、核桃分离蛋白、核桃多肽、核桃乳等核桃饼粕蛋白高值化产品的开发利用备受行业关注。核桃蛋白粉蛋白含量小于60%，通常采用喷雾干燥和超微粉碎技术生产，前者速溶性和流动性较好，冲调时能迅速溶解，并且不易出现分层现象，而后者溶解力和分散性较强，更易被人体消化吸收，具有广阔的发展前景。核桃浓缩蛋白的蛋白含量高于70%，一般采用乙醇从粕中浸提、酸浸出及湿热方法制备，其中酸浸出法获得的蛋白浓缩物溶解度最高，色泽和风味比蛋白粉好。分离蛋白是精制程度最高的蛋白产品，其蛋白含量高于90%，主要采用碱性浸提方法制备，并且在干燥步骤之前对蛋白进行中和，可获得分散性较好的蛋白质分离物。核桃多肽主要采用酶法和发酵法制备，但是最终的水解物由不同分子量的活性肽、大分子蛋白、不溶性底物和可溶性杂质组成，在实际研究和生产中，可以通过膜分离和色谱技术获得活性成分含量较高、活性肽纯度较高的核桃多肽。核桃乳一般分为用未脱脂的核桃仁加工的全脂核桃乳、去除部分或全部油脂后的核桃蛋白制成的半脱脂和全脱脂核桃乳。其中，全脂核桃乳因其含油量较高容易分层，半脱脂或全脱脂核桃乳因油脂含量较低比较稳定。核桃乳生产的主要技术难点是需要添加稳定剂、乳化剂和增稠剂来增加乳液的稳定性。

4. 核桃副产物

我国核桃资源丰富，核桃加工副产物具有一定的营养、保健、药用、环保等价值，对其进行开发，前景非常广阔。随着核桃产业的快速发展，核桃加工副产物的回收利用成为一项需求。核桃青皮、核桃壳、核桃仁的综合利用逐渐成为人们研究的热点，最大限度地利用副产物资源，提升核桃产品的附加值，是目前对核桃副产物进行开发利用的研究重点。同时，通过核桃加工副产物的综合利用，可以大大提高经济效益，也符合我国可持续发展的要求。扩大副产物的应用领域和生产能力是今后核桃产业的主要发展方向，根据生产经验，1千克的核桃干果可产生约3.4千克的核桃青皮。2020年，中国核桃产量达479.59万吨，据此推算核桃青皮产量达1837.19万吨，核桃青皮中含有多种活性物质，在医药和农药领域都得到了广泛应用。核桃青皮中发挥药理作用的有效活性成分为胡桃醌、粗萘醌、鞣花酸、核桃多糖及多酚类物质，其中总醌含量36.76

毫克/100克，总酚含量8.97毫克/100克，总糖含量86.82毫克/100克。核桃青皮中的成分有杀虫、抑菌等作用，具有较好的农药活性，可以开发为植物农药杀虫剂、抑菌剂等。以核桃青皮为原料提取的色素安全无毒且成本较低，在工业上具有广阔的应用前景。同时，核桃青皮可以作为各类成分的提取原料，如从核桃青皮中提取蒽醌类色素，提取率达2.6毫克/克；核桃醌提取率可达836.45微克/克；黄酮类化合物总提取率高达86.73%，纯度接近40%。核桃青皮市场前景广阔，但是目前对核桃青皮的产业化应用还很薄弱，扩大核桃青皮产业化应用范围将是未来的主要研究方向。

2021年，核桃壳产量约为240万吨，核桃壳主要成分为木质素、纤维素、半纤维素等，还富含酚酸类、黄酮类、苷类等多种活性成分。核桃壳可以制备活性炭且可作为生产其他物质的生物原料。以核桃壳为原料制备得到的活性炭具有比表面积高、活化得率高、微孔率高的优点，其不同的制备方法可用于制造不同功能的活性炭，主要有无机酸活化法、强碱活化法和金属盐活化法等。此外，核桃壳也可以作为原料提取多种所需化学物质，如色素、黄酮类和多糖等，其中色素提取率达到7.25%，总黄酮提取率为3.61毫克/克。核桃壳目前加工市场广阔，是具有前景的一大副产物。核桃分心木是指核桃的果核内的木质隔膜，一个核桃分心木的重量约占整个核桃的5%，2021年核桃分心木产量约为24万吨。核桃分心木中含有多种化学成分，如黄酮、酚类、糖类、生物碱等。核桃分心木作为一种传统中药材，有着较高的药用及研究开发价值，现在已被开发为中药饮片、袋泡饮料等。

（三）核桃进出口贸易情况

1. 核桃进口贸易情况

近年来，受外贸利润带动，核桃仁进口贸易增长明显。2017年核桃仁进口量约为1.8万吨，是2016年出口量的4.7倍；2018年为3.2万吨，比上年增加77.8%。贸易伙伴国总体稳定，进口量受双边贸易不确定性因素影响较大，主要进口国是美国，受贸易摩擦影响，2018—2019年进口量减少约17%。

2. 核桃出口贸易情况

据联合国贸易数据库统计，2008—2016年中国核桃仁出口量维持在1万吨以下，不到总消费量的1%。2017年，核桃坚果出口量为0.73万吨，出口额高达2.06亿元，而核桃仁及仁类产品出口量为1.06万吨，出口额高达5.06亿元。至2021年，核桃坚果出口量为10.43万吨，出口额达到15.31亿元，核桃仁及仁类产品出口量为4.99万吨，出口额为14.77亿元。国内核桃仁主要出口地为欧洲、日本和吉尔吉斯斯坦，带壳核桃主要销往巴基斯坦和吉尔吉斯斯坦。

（四）世界核桃产业基本情况

1. 世界核桃生产布局

（1）核桃的分布

核桃大多数自然分布或种植于北半球的温带及亚热带地区，亚洲主要包括西亚（伊朗、阿富汗）、中亚和东亚地区、喜马拉雅山脉地区（印度北部、尼泊尔、不丹）；欧洲的分布区为巴尔干半岛、伊比利亚半岛、阿尔卑斯山脉地区、中东欧地区；北美洲主要分布在美国和墨西哥。由于其显著的营养和经济价值，被列入联合国粮农组织（FAO）的优先植物名单中，被引入更多的地区，包括南美洲的阿根廷和智利、大洋洲的澳大利亚和新西兰、北非的摩洛哥和埃及。

核桃喜欢充足的阳光，全年日照时数维持在2000小时以上，能保证果实正常发育。生长环境需要深厚而肥沃的土壤，最适土壤酸碱度为6.5~7.5，含盐量在0.25%以下，其对水分状况较为敏感，土壤过干或过湿均不利于核桃的生长与结果。在各国山地栽培或分布中，核桃垂直分布的海拔较大，在伊朗垂直分布可达海拔1400米，土耳其分布上限为2000米，中国核桃栽培最高处为西藏拉孜（海拔4200米），最低点则在新疆吐鲁番盆地（海平面30米以下）。

（2）核桃种植面积及产量

核桃种植遍及全球五大洲的50多个国家和地区，为了更好地衡量全球核桃产业规模的变化，采用了FAO的统计数据（FAO，2022）：全球核桃种植面积和产量均存在年际波动（见图1-1、图1-2），1961年全球核桃种植面积为16.13万公顷（241.95万亩），2020年全球达到102.14万公顷（1532.10万亩）。1961—

2001年全球核桃产量保持稳定增长（约3%），达132.64万吨；2001—2011年全球核桃产量增速较快（约9%），达320.88万吨；2020年全球核桃产量创新高，达332.40万吨。由于统计口径差异，数据与中国统计年鉴有一定差距，但总体反映了世界核桃产量的变化趋势。近5年的全球核桃产量分布格局显示：亚洲约占55%，美洲约占30%，欧洲约占10%。2020年产量达万吨以上的国家有23个，其中中国、美国、伊朗、土耳其、墨西哥、智利和乌克兰为七大主产国，产量均达到10万吨以上。

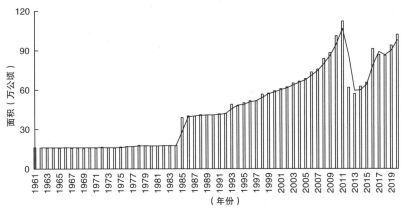

图1-1　全球1961—2019年核桃种植面积

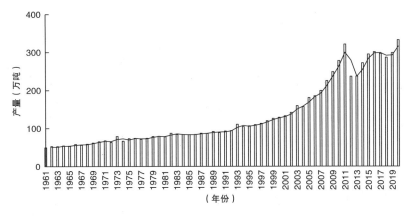

图1-2　全球1961—2019年的核桃年产量

（3）核桃选育及主栽品种

核桃选育一直以丰产和优质为主要目标，与产量和籽粒质量相关的性状指标包括侧枝结果、坚果干质量、坚果大小、出仁率、壳厚和抗病性等均得到了许多的关注。由于全球气候变化，展叶晚、早熟和抗寒等性状也逐渐被纳入育种目标中。良种选育是核桃产业发展的关键，各主产国一直在结合自身产业发展需求提出适合阶段性发展且兼具一定特色的育种目标，并逐步实现市场化。

加利福尼亚州是美国核桃种植的主产地，俄勒冈州和华盛顿州也有部分种植。自20世纪70年代美国开始了大规模的品种改良，陆续选育出'Chandler'等品种，实现了良种化栽植。目前，美国在生产上应用的约有40个品种，'Chandler''Hartley''Payne''Serr''Vina''Howard'和'Franquette'是主栽品种，其他栽培品种还包括'Tulare''Eureka''Ashley''Sunland''Chico''Tehama''Amigo''Pedro'和'Cisco'。美国较早发布世界上首个红瓤核桃品种'Robert Livermore'，其核仁皮色鲜红，已被引入我国；最新发布的品种还包括'Ivanhoe''Solano''Durham'等。

欧洲核桃传统主产国中，土耳其目前主栽的自主品种有'Yalova''Şebin''Bilecik''Kaplan 86''Gul Tekin 1''Şen 1''Kaman 1''Sütyemez 1''Maraş 18''Oğuzlar 77'。为了培育展叶晚、侧枝结果、早实和优质的核桃新品种，2008年土耳其启动了新一轮核桃育种计划，以期从自主品种和国外品种的杂交种中筛选出优良品系用于产业，最近的育种计划里增加了抗病指标。法国的栽培品种从上百个精减到现在主栽的7个左右，如'Franquette''Fernor''Fernette''Lara''Chandler''Serr''Pedro'等。希腊种植的品种有'Hartley''Gustine''Pedro'，最近通过杂交育种得到新品种'Ourania'和'Leto'。罗马尼亚的主栽品种有'Sibisel precoce''Sibisel 44''Orastia''Geoagiu 65''Germisara'。意大利种植的品种有'Franquette''Marbo''Enreke''Vina''Serrento''Lopoc''Parisiana'。匈牙利通过当地优系和国外品种'Pedro'杂交，选育出5个新品种'Milotai bőtermő''Milotaikései''Milotai intenzív''Bonifác''Alsószentiváni kései'。

伊朗的核桃育种计划从1983年开始启动，通过引进国外商业品种，并对后代进行筛选。2010年发布2个新品种'Jamal'和'Damavand'，2019年在杂交株和第二批优株中筛选出'Persia''Caspian''Chaldoran''Alvand'等4个新品种。除了品种选育,伊朗的砧木计划也在进行中,旨在寻找符合育种目标的无性系砧木。

2. 世界核桃贸易

根据FAO数据,1961—2021年,世界核桃的出口贸易量(见图1-3)整体呈增长较快的趋势,带壳核桃的出口量从4.2万吨增加到44.2万吨,增加了近10倍;核桃仁的出口量从0.56万吨增加到38.99万吨,增加了68倍。1960—1991年,带壳核桃的年出口量要远远高于核桃仁的年出口量;1992—2004年,带壳核桃的年出口量增幅较小,年际间存在小幅波动,而核桃仁的年出口量增速更高,其年出口量略小于带壳核桃的年出口量;2005—2008年,带壳核桃的年出口量小于核桃仁的年出口量,市场对核桃仁的需求旺盛;2009—2021年,带壳核桃的年出口量高于核桃仁的年出口量,但年际波动较大,核桃仁年出口量增速稍快于核桃年出口量,增速较平稳。

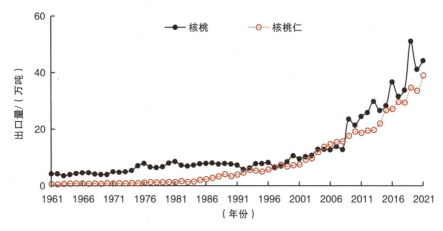

图1-3 全球1961—2021年核桃和核桃仁出口贸易总量

近5年来,世界核桃年均出口贸易总量约为73.7万吨,其中带壳核桃的年出口量约为40.4万吨,占出口总量的54.8%,核桃仁的年出口量约为33.3万吨,占出口总量的45.2%。2021年主要的带壳核桃出口国(出口量超过5000吨)有9个,占全球当年带壳核桃出口总量的份额排序为:美国、中国、智利、阿联酋、法国、墨西哥、土耳其、吉尔吉斯斯坦、乌克兰（见图1-4）。2021年主要的核桃仁出口国（出口量超过5000吨）有10个，占全球当年核桃仁出口总量的份额排序为：墨西哥、中国、智利、乌克兰、德国、美国、摩尔多瓦、荷兰、土耳其、罗马尼亚（见图1-5）。

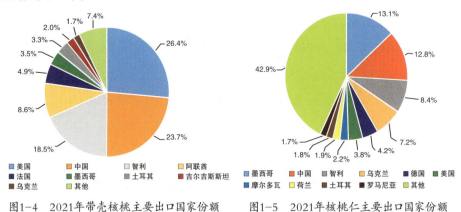

图1-4　2021年带壳核桃主要出口国家份额　　图1-5　2021年核桃仁主要出口国家份额

近5年来，世界核桃年均进口贸易总量约为62.7万吨，其中带壳核桃的年进口量约为35.5万吨，占进口总量的56.7%，核桃仁的年进口量约为27.2万吨，占进口总量的43.3%。2021年主要的带壳核桃进口国（进口量超过1万吨）有13个，占全球当年带壳核桃进口总量的份额排序为：土耳其、阿联酋、意大利、印度、伊朗、哈萨克斯坦、摩洛哥、巴基斯坦、伊拉克、越南、西班牙、德国和吉尔吉斯斯坦（见图1-6）。2021年主要的核桃仁进口国（出口量超过1万吨）有9个，占全球当年核桃仁进口总量的份额排序为：德国、日本、西班牙、韩国、荷兰、加拿大、法国、哈萨克斯坦和英国（见图1-7）。

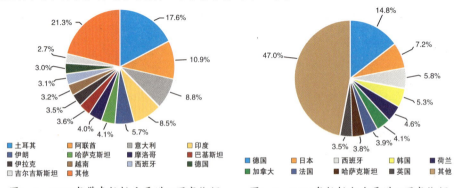

图1-6　2021年带壳核桃主要进口国家份额　　图1-7　2021年核桃仁主要进口国家份额

2021年全球带壳核桃的贸易出口额为12.1亿美元，主要集中在美国出口3.8亿美元、中国出口2.4亿美元、智利出口2.3亿美元，分别占出口总额的31.6%、19.6%、19.1%；2021年全球核桃仁的贸易出口额为24.5亿美元，其中美国出口8.7亿美元、墨西哥出口5.1亿美元、智利出口2.4亿美元、中国出口2.3亿美元、德国出口1.2亿美元、乌克兰出口1.1亿美元，分别占出口总额的35.4%、20.6%、9.7%、9.4%、4.9%、4.3%。美洲和亚洲是全球核桃最为重要的出口市场，美国、中国、智利和墨西哥是全球核桃主要出口贸易国。

2021年全球带壳核桃的贸易进口额为10.8亿美元，进口额较多的国家略为分散，其中土耳、意大利等10个国家的带壳核桃进口总额占全球带壳核桃进口总额的76.3%；2021年全球核桃仁的贸易进口额为17.8亿美元，其中进口额较大的10个国家分别为：德国、日本、西班牙、韩国、荷兰、加拿大、法国、哈萨克斯坦、英国等，这10个国家的核桃仁进口总额占全球核桃仁进口总额的58.1%。欧洲和亚洲是全球核桃最为重要的进口市场，德国、意大利、西班牙、日本、阿联酋和韩国是全球核桃主要进口贸易国。

3. 核桃关联产业

核桃树体高大，树姿挺拔秀丽，枝繁叶茂，浑身都是宝，是集经济、生态和园林绿化等多项功能于一身的树种。核桃木材色泽淡雅，花纹美观，质地细韧，不翘不裂，是制造高档家具和军工用品的优良材料，果实的各个部分在不同行业也都有着广泛的应用。核桃的生态效应表现在核桃叶具有较强的拦截烟尘、吸收二氧化硫和净化空气的能力；核桃树根系发达，分布深而广，可固持水土、涵养水源。

核桃果实由青皮、种壳、内种皮、核桃仁和分心木组成，果实的不同部分有着各自的用途。青皮和枝叶的内含物提取后可用于生物制药和化工行业，其含有的单宁物质还可用于印染、制革和纺织等行业；核桃壳常用于金属表面、玻璃纤维、木材、塑料和石材等的喷砂清理，或加工成不同颗粒应用于石油行业（堵漏剂）、清洁行业（水质净化剂）和美容行业（牙膏、化妆品等的添加剂）；内种皮含有大量多酚类物质，具有医用价值，其提取物也可用于调香行业；核仁广泛应用于食品行业,特别是饮料行业。核桃的市场根据行业应用可主要分为传统市场、食品行业、医药行业、化工行业、美容行业、调香行业和金属矿业7个不同的类别。

4. 世界核桃产业技术现状

美国加州管理良好的核桃种植园均产可达0.28吨/亩,伊朗为0.17吨/亩、中国为0.15吨/亩、印度仅为0.056吨/亩。产量差距很大程度上是由于缺乏技术和管理,包括繁殖方式、品种、施肥、灌溉和病虫害防治等。此外,缺乏技术也会影响核桃的收获、清洁、储存和包装。

美国已普遍建立叶片营养诊断分析服务站,核桃园灌溉（喷灌、滴灌或微喷灌）等设备齐全且自动化程度高,实现了水、肥、土的一体化管理。核桃园在土壤管理、灌溉、施肥、修剪、喷药、采摘、加工等各个环节均已实现了机械化,生产力大幅提高,加州的核桃产业成为全球核桃集约化经营的典范。美国还从品种、栽培、采收、运输、贮藏保鲜、加工及质量安全等环节制定并形成了标准化体系,从而保障了核桃产品的品质,使美国核桃在全球核桃产业竞争中占据主导地位。伊朗核桃的种植范围较广,经过多年的品种筛选,选出'Jamal'和'Damavand'进行主推。伊朗核桃单产较低的主因是核桃大多种植在荒漠地带,水肥条件较差,日常管护（修剪、施肥、灌溉、病虫害防治等）不足,且没有采用机械化采收,每年核桃产量损失高达30%。土耳其是重要的核桃生产大国,种质资源丰富,新建核桃园均实现了标准化核桃生产,由于栽培技术（授粉品种配置、修剪技术和滴灌应用等）的改进以及科学化管理,核桃产量逐年增加。智利核桃的品质较好,有果肉香,苦涩味轻,出仁率也高于加州核桃。由于得天独厚的自然环境,智利核桃的病虫害较少,且受益于关税政策和成熟期差异（南半球3—4月为收获季节）,智利核桃具有很大的市场空间,享有较大的市场优势。

三、核桃产业发展与乡村振兴

乡村振兴战略坚持农业、农村优先发展,旨在加快推进农业、农村现代化,是党的十九大作出的重大决策部署,是关系全面建设社会主义现代化国家的全局性、历史性任务,总要求是产业兴旺、生态宜居、乡风文明、治理有效、生活富裕。近年来,我国核桃产业在优化产业结构、助力脱贫攻坚、带动地方经济、改善生态环境、繁荣乡村文化等方面发挥了重要作用,有力助推乡村振兴。

(一)促进产业兴旺

我国多地把发展核桃产业作为实施乡村振兴战略、实现农民共同富裕的重要产业来抓。各级政府倾力扶持,持续推进,在机制创新、投入保障等方面加大力度,发挥导向作用,使核桃产业基础不断巩固,产值规模接连攀升,增收效益持续释放。

在云南,云南省委、省政府高度重视核桃产业发展,始终坚持把发展核桃产业作为实现绿色发展、培育高原特色现代农业产业、解决"三农"问题和推进脱贫攻坚步伐的重要举措。2016年,云南省委、省政府把核桃产业作为云南高原特色现代农业"产业兴省"的突破口。2018年,又将核桃产业列为云南"绿色食品牌"八大重点产业之一,核桃产业得到前所未有的发展,主要体现在以下四个方面。一是核桃种植面积、产量、产值显著增加。截至2021年底,全省核桃种植面积为4300万亩,产量为160万吨,产值为450亿元,均居全国第一,全省有116个县开展核桃种植。二是核桃产业经营主体不断增长壮大。2021年,全省涉及核桃的企业达4470户,占全省木本油料企业总数的82.4%,其中国家级龙头企业2户,省级龙头企业56户,农民专业合作社5311户,其中省级示范社94家。三是产地加工发展迅速。2018年以来,省级每年投入1500多万元,支持核桃初加工机械一体化示范推广,已建成初加工生产线200多条,每吨核桃干果可降本增效2000多元。2022年,云南省财政安排乡村振兴衔接资金5000万元,用于支持核桃初加工生产线、收储贷款贴息、冷链仓储物流设施建设等补助。四是以核桃为主的木本油料出口持续增长。

在新疆,林果业在区域经济发展中具有独特优势和较强的发展基础,新疆维吾尔自治区党委和政府把林果产业确立为农村经济发展的支柱性产业之一。2019年，新疆林果种植面积超过217.25万亩，林果种植面积约占全国林果种植面积的13%，林果业收入占全疆农民人均纯收入的25%左右，南疆部分县市占比45%以上，是全国林果主产区。2016—2020年，温宿县核桃种植面积、挂果面积、年产量均稳步提高，呈现出良好发展态势。2020年，温宿县核桃种植总面积为78万亩，占林果总面积的62%；核桃总产量为19.14万吨，占林果业总产量的34%。温宿县政府把握发展契机，以核桃林场万亩薄皮核桃高科技示范园区为依托，借助新疆维吾尔自治区的"提质增效项目"和"核桃产业集群项目"资金，全力打造集生态、节水、旅游观光为一体的万亩薄皮核桃生产基地。政府鼓励、引导龙头企业发展农产品精深加工，以促进农产品综合开发利用，延长产业链、提升附加值。目前温宿县从事精深加工的合作社有3家、企业有7家，年加工核桃约为1.7万吨，具备核桃烘干房的合作社有22家，核桃烘干房有221间，一次可烘干量为2~180吨不等，全县24小时可同时烘干核桃680吨以上。温宿县努力发展核桃产业集群建设，大力开展核桃加工能力提升工程，主要引进核桃粉加工、核桃油压榨及核桃青皮微量元素提取设备，对核桃加工能力、工艺优化、设备提升等进行多方面改造，有效推进了当地核桃产业发展。

在四川省广元市，市委、市政府把以核桃为主的木本油料产业确定为全市农业五大特色"百亿产业"之一，成为全市广大林农脱贫致富奔小康的重要抓手。近年来，全市按照"生态建设产业化、产业发展生态化"思路，大力推进核桃产业快速发展。全市现有核桃重点乡镇60余个，其中，万亩以上的核桃乡镇就有15个。截至2020年底，广元市已建成核桃产业基地208万亩，占四川省核桃总面积的20%，核桃产量为12.00万吨，成为四川省主要的核桃产区。

（二）联农带农富农

核桃产业是植根于一产的种植业，与农业、农村、农民有着天然的联系。核桃产业高效、有序发展关系到种植户的切身利益，对于提高农民收入、促进农村致富、助力脱贫攻坚、推动乡村振兴发挥着举足轻重的作用。核桃产业升级和一、二、三产业融合发展，同样惠及农村、农民，联农、带农、富农是核桃产业发展的必然结果和应达到的实效。

2020年底，云南省历史性地解决了困扰云南千百年的绝对贫困问题，核桃产业作为云南省的重要支柱产业，为云南省取得脱贫攻坚胜利和农民收入的增加作出了突出贡献，发挥了推进经济增长方式由"外部输血"到"内部造血"的转变、促进贫困地区经济发展、加快脱贫工作进程的重要作用。以云南省漾濞县为例，漾濞县核桃种植面积为106.95万亩，占大理州核桃栽种面积的10.5%，年产量近5.1万吨，年加工核桃干果超过3万吨。2017年，漾濞县入选首批"全国木本油料特色区域示范县"，全县辖9个乡镇65个村民委员会607个村民小组，种植核桃的农户占全县总农户数的90%。人均拥有核桃种植面积10亩以上，人均拥有核桃树100余株，人均核桃年收入约6000元，占到农村居民人均可支配收入的60%，农村常住居民人均可支配收入9937元，增长9.5%，70%的农户依靠核桃产业脱贫致富。

重庆城口县地处大巴山腹地，是中国核桃之乡，核桃产业为农民增收致富发挥着重要作用，40多万亩核桃树撑起10亿元以上的年产值，为2万多户农户铺就了"靠山栽树、靠树致富"的增收之路。为了推动核桃实现丰收丰产，城口县在种植技术推广上下功夫。一方面，组织科技人员到福建、山东等地考察学习先进经验，并在全县举办核桃栽培、整形、嫁接等实用技术培训；另一方面，县里出台产业扶持办法，对从事核桃产业的林农、大户、企业实行奖补，并不断加强与科研院所和高校的合作，加大核桃产业科技投入。目前，城口县已建成核桃高产示范园24个，总面积6800亩，全县核桃资源总量超过30万亩，年产量超过8000吨。重庆渝鲁林业公司作为县辖销量较大的企业，采用"公司+科技+核桃协会+农民合作社+大户+农户"的运营模式，将8000余户农户纳入产业链，订单面积达到3万余亩。目前，城口县核桃产业已覆盖22个乡镇（街道），80个行政村，2万多户农户通过种核桃、卖核桃实现增收致富，农户户均增收3000元以上。

山西省灵石县通过"专业合作社+基地+农户"的模式，把发展核桃产业作为实施乡村振兴战略、实现农民共同富裕的主要支柱产业来抓，县域核桃产业基础不断巩固，产值规模接连攀升，增收效益持续释放。全县核桃林总面积

30.2万亩,挂果林16万亩,初步建成遍布10个乡镇的三条百里核桃走廊,发展核桃种植合作社165个,总经营面积约10万亩,申请绿色食品、无公害农产品基地认证12.65万亩,并成功申报地理标志产品。建成核桃加工企业5个,发展核桃为主的农产品营销电商平台10个,建成核桃产业农民技术培训实训基地3个,每年完成技术培训3000人次以上,组建13支140人的核桃专业技术服务队。通过种植优质高产核桃品种、专家种植技术指导、科学管护、采用机具与人工结合的采收方式。2022年,山西灵石县每亩核桃可产干果200千克,全县核桃产量突破1.2万吨,每亩可收入2000元左右,带动农民人均年增收1500元,让核桃产业真正成为灵石县人民群众致富奔小康、贫困群众脱贫增收的支柱产业。该县核桃产业对农民增收致富的拉动效应还将进一步放大,核桃产业已成为灵石县农村经济的主导产业、农民增收的托底产业。

（三）带动地方经济

核桃产业发展在带动地方经济方面发挥了重要作用,以云南和陕西为例。

1.云南

2020年,云南核桃产量148万吨,占全国的1/3;产值412亿元,约占全国的1/4,其中,一产约占50%、二产30%、三产20%。全省129个县（市、区）中,90%以上的县（市、区）都种植核桃,大理、临沧、楚雄、保山为四大产区,种植面积占全省的70%左右。

其中,楚雄州大姚县坚持组织化分工,构建产业链条,形成"网格化"管理模式和产供销一体化经营方式,实现"单家独户零星卖"向"集中力量闯市场"转变。截至2022年末,大姚县核桃销售收入达8.04亿元,出口核桃原果285吨、核桃仁274吨,创汇1329万元,全县核桃产业综合产值24.7亿元。全县共有核桃油加工企业1户、小作坊加工站12户,高标准建成核桃油、罐装车间全自动生产线1条,全县核桃油加工产能达1500吨,核桃需求量达6000吨以上,年产量达450吨,产值达1900余万元。成功举办2022年楚雄州"核桃之星"青年电商人才培育行动系列活动,目前入驻大姚县电子商务孵化园的核桃电商为41户,年网销核桃6000余吨,销售额达9000余万元。2020年,在全省率先实施核桃价格保险试点工作，连续3年开展"彝王果源"古树核桃果权认养、认购活动，为核桃电商营销全面赋能。核桃康养小镇、三台核桃森林公园、核桃森林康养示范基地、核桃民宿、核桃半山酒店等建设成效显著，核桃产业发展有效带动了地方经济发展。

2. 陕西

陕西省商洛市核桃种植历史悠久，先后荣获"中国核桃之都""陕西省核桃产业发展强市""中国特色农产品优势区"等称号。商洛市核桃种植分布广泛，遍及7县（市、区），覆盖98%农户。截至2020年底，栽植面积23.2万公顷（348.6万亩），总产量16.1万吨，面积和产量均居陕西省市级首位，综合产值50亿元。陕西省陇县位于陕西省西陲，山地资源丰富，全县耕地面积53.05万亩，宜林山坡地27.13余万亩。近年来，陇县栽植优质核桃24万亩，建成千亩核桃示范园29个、500亩示范园70个。核桃收入占农民人均纯收入的12%，规模和效益均居全省第二；全县7万余人参与核桃生产加工，带动了当地经济发展。

（四）促进生态改善

核桃除了作为经济林果品带来经济效益外，还具有绿化美化和生态屏障的作用。核桃是极具观赏价值的乡土树种，可用于行道树及园林景点配置种植，产生的挥发性馨香气体具有杀菌、驱虫、净化空气的作用，是医院、疗养区理想的绿化树种。在生态方面，核桃林生长的适应性极强，不与粮棉争地，在我国一些较为恶劣的地理环境下栽培核桃林，有固碳释氧、涵养水源、保持水土等生态功能，对改善生态环境起到重要作用。

在"生态建设产业化，产业发展生态化"理念和发展思路的指引下，核桃产业在"绿水青山就是金山银山"的发展实践中备受瞩目。甘肃省逐渐形成陇南山地产业带、陇南丘陵产业区、陇东黄土高原产区和陇西南产区的发展格局，为大力发展当地的核桃产业提供了有力保障，在有效促进农民收入增加的同时，也促进了乡村振兴和生态文明的建设步伐。

贵州地处云贵高原，境内平均海拔1100米左右，全省9个市（州）均有核桃种植，全省90%以上面积是山地丘陵，为核桃产业发展提供了广阔空间。贵州是国家内陆开放型经济试验区之一、西南重要陆路交通枢纽，是"一带一路"西部重要的陆海连接线，同时贵州又是"两江"上游重要的生态安全屏障，发展绿色、生态的产业是必然的。核桃产业是绿色、安全、生态的产业，对贵州省发挥生态安全屏障作用提供了重要支撑。

广西核桃主要分布在云贵高原的南部边缘地带，广西河池是广西喀斯特地貌面积最大的地区，石漠化现象突出，也是核桃的原本分布地区。河池市喀斯特岩溶地貌出现的面积占辖区面积的65.74%，占广西喀斯特地貌总面积的24.34%，特殊的地形地貌，石漠化较重，土地贫瘠、零星破碎，决定了粮食产量不足的状况。核桃耐旱、耐瘠薄，抵抗恶劣生态环境能力强，栽培投入少，是石漠化治理的优势树种，核桃产业作为石漠化治理和扶贫产业开发相结合的特色农业主导产业在当地发挥了重要作用，独特的地理气候条件有利于形成产品独特的风味和品质。广西核桃产量的90%以上来自河池市，核桃产业为当地群众脱贫和恢复生态环境发挥了重要作用。

在新疆，地处塔克拉玛干沙漠西北边缘的新疆生产建设兵团第一师三团，属暖温带大陆性干旱荒漠气候，是一个典型的沙区绿洲农业团场。过去自然灾害频繁，生态比较脆弱，境内沙漠、沙丘多，但种植的8万亩薄皮核桃发挥了三团得天独厚的自然优势，在多年的努力下，昔日风沙弥漫的三团如今条田林、果树林茂密，环境优美，风灾危害明显下降，有效地遏制了周边沙漠的推进。使区域内小气候得到改善，生物多样性得到保护和发展，种植薄皮核桃获生态经济"双赢"。

在云南省漾濞县，核桃产业有力推动生态建设，促进人与自然和谐发展。通过发展核桃产业，全县森林覆盖率达83.97%。其中，苍山西镇光明村作为全县的万亩核桃基地，成为大理白族自治州乃至云南省知名的核桃生态村，被农业农村部授予"中国美丽田园景观——果园景观"称号。全县呈现"山头绿树成林，山腰金果满园，山脚碧水环绕，处处核桃飘香"的景象。

（五）繁荣乡村文化，助力乡村治理

核桃自古以来都有着长寿果的美誉，还因核桃中"核"谐音似"和""合"，象征着平安幸福、和睦康泰而被称为"吉祥之物"。核桃有着丰富而又精彩的物质和精神文化内涵，山核桃来自山川峡谷，在诗人笔下核桃树枝叶繁茂、朴素淡雅，淳朴的外观以及坚毅的品格使得核桃被用来以贤者之姿标榜育人，核桃的文化价值正逐步被发掘。

在甘肃成县索池镇李家山村有两棵300多年树龄的老核桃树，历经300年沧海桑田的变迁和岁月的冲刷，它仍然枝繁叶茂，年年硕果累累，带给当地群众丰收的希望。成县作为甘肃南部重要的核桃种质资源富集区，核桃栽培历史悠久，存在着不同年份的核桃大树资源，这成为成县珍贵的核桃文化和自然财富。针对老树核桃的品牌优势，村委班子带领广大群众通过电商等渠道打出了特色的产业品牌，提高老树核桃的价值和收益，为促农增收添加了新的活力，谱写了李家山村迈向乡村振兴的新篇章。

在云南省大姚县三台乡，人们挖掘核桃的观赏性，充分利用树枝干多变有力，富于线条韵律感的特色，结合不同季节核桃抽芽、展叶和结果的时令特点，开发休闲农业，满足欣赏需求，还可以起到净化空气、创造美好生活的成效。2021年，该乡建设1.5千米核桃林观光栈道，将核桃同民宿、美食、文化、旅游紧密结合并融入彝族文化和乡村民俗文化，美丽乡村建设生机勃勃，展现发展新风貌。

在云南省漾濞县，核桃产业发展带动了家庭增收，促进了家庭和谐，全县社会治安良好，新人、新事、新风尚不断涌现。城乡之间更加和谐，每逢核桃收获、加工时节，坝区群众纷纷前往山区打工，既弥补了山区季节性劳动力不足的问题，又解决了坝区群众增收的问题。通过发展核桃产业，山区群众的生活发生了质的飞跃，推动了城乡共同繁荣。

第二节　核桃产业存在的问题分析

一、核桃种植存在的问题分析

（一）核桃品种选育与选择

目前，全国各地育成的核桃品种以优质丰产为主要目标，虽然抗性、加工特性、特异性状等受到关注，但具有优质丰产的多抗型品种、加工专用型品种等仍然缺乏。鲜食核桃市场不断扩大，而口感香甜、易取鲜仁、种皮涩味淡或易脱种皮的鲜食专用品种较少。随着核桃加工量的不断增加和对加工品质的严格要求，具有某一或综合优良加工特性的品种需求也愈发迫切，如"高油品种""高亚麻酸含量品种"等。由于市场的多样化需求，一些优异、特异的特色或特有品种在一定范围内也有较大需求，如优质丰产的"红瓤核桃"，适于炒货或烘烤加工、极易取仁的"花生"核桃，等等。

在种植品种选择上，由于在我国核桃快速发展阶段，许多地区由于本地良种较少、苗木准备不足，大量引种和引进外地核桃及苗林。未进行必要的科学区域试验和科学指导，未做到适地适品种栽培，导致许多低产低效园产生。

（二）核桃栽培模式与整形修剪

我国大部分核桃产区的新建核桃园以纯园栽培为主，株行距大多为（3~6）米×（4~8）米，按传统栽培方式管理，密度普遍偏大。由于配套技术未及时跟上，许多密植园未按密植技术要求进行整形修剪等管理，许多以自然生长为主，导致树形紊乱、果园郁闭、病虫害较重、产量低、品质参差不齐、效益低。在整形修剪方面，虽按树形修剪，但普遍存在大枝留枝量大、行间空间小甚至郁闭等问题，不利于园内的机械化作业。

（三）核桃土肥水管理

受传统观念影响，许多核桃种植者认为核桃不需要太多管理，对核桃良种尤其是早实核桃良种（抗性相对晚实核桃弱）认知不足，许多核桃园建在了立地和肥水条件较差的地块,加之后期投入不足、管理不到位,致使核桃园普遍存在肥力不足的问题。在具体土肥水管理措施方面存在的问题主要包括:①施肥、灌水时间随农作物管理进行,不能保证核桃的正常需求。②施肥位置较浅,易造成核桃根系向地面方向生长。③施有机肥的核桃园越来越少,一般结合浇水施入适量或少量化肥,甚至不施化肥,导致土壤肥力普遍较差。④灌水一般采取漫灌方式,水利用率较低。⑤受投入成本影响,在管理中除草剂使用较多。

(四)核桃病虫害防控

目前,危害核桃的病害主要有腐烂病、黑斑病、褐斑病、炭疽病等,危害严重的虫害有核桃举枝蛾等。近年来,美国白蛾在多地出现,且有蔓延之势。在核桃病虫害防治上,由于病害的隐蔽性和滞后性,存在重虫害防治、轻病害防治的现象。在防治方法上,大部分核桃园仍以喷施化学农药为主,从而给环境和生态造成了一定的危害。

(五)核桃果实采收与采后处理

目前,我国大部分核桃园仍采用人工采收,由于人工采收效率低、采收期过长,加之采收过程中的品种相互混杂,都会影响坚果品质的一致性。核桃的干燥大多仍以自然晾晒为主,由于自然晾晒受天气因素影响较大,尤其是连续阴雨天极易造成种仁颜色变深甚至霉变,从而影响坚果品质。

(六)核桃农艺农机融合技术与装备

核桃的农艺农机融合在核桃生产的各环节虽有不同程度的发展,如喷药用的打药机、除草用的割灌机、土壤管理使用的旋耕机、处理修剪枝条的碎枝机等,但其性能、自动化和智能化程度及适用性仍待进一步提高。而且核桃的整形修剪和采收等专用机械的研发、应用更为不足。在修剪上,虽有电动修枝剪(锯)等先进工具助力、多功能作业平台的实验性应用,但仍以人工为主,自动化、智能化程度高且适用性强的成套修剪装备仍待深入研发。总之,核桃农艺农机融合发展虽然取得了较大进步,但距生产全过程的机械化和智能化仍有较大距离。

二、核桃加工与利用存在的问题分析

（一）核桃初加工存在的问题（坚果、核桃仁及其仁类产品）

1. 核桃坚果初加工存在的问题

在核桃初加工中，核桃的脱青皮及清洗环节至关重要，如加工方式不当，会直接影响核桃壳果的内在品质和外观质量，进而造成核桃商品价值和使用价值的降低。为了实现核桃青皮的快速脱落并提升脱皮效率，通常会在手工或机械脱皮前采后堆沤和化学药剂（一般使用乙烯利）喷洒后堆沤处理。但乙烯利具有一定的毒性，不仅会对环境造成危害，导致水体污染，人体吸入后还可能出现呼吸困难，甚至呼吸停止的情况。如何在提高生产率的同时，保证产品生产的安全可靠，将是核桃坚果初加工绿色健康发展的必由之路。

2. 核桃仁及其产品初加工存在的问题

核桃仁初加工存在干燥技术落后的问题，脱青皮后的核桃含水率约为30%~45%，须尽快干燥至8%以下，否则核桃仁极易变质。我国传统的核桃干燥方式以自然晾晒为主，但不能满足规模化生产的要求，且干燥过程易受环境影响，产品质量不稳定。常见的核桃干燥技术有微波、远红外、电热、热泵干燥等，从能效角度考虑热泵干燥的应用潜力最大。但现阶段变温干燥及湿度控制等相关关键技术尚未成熟，热泵干燥核桃仁技术生产技术标准及规范尚未制定，亟待提升干燥能效、降低干燥成本，创制核桃仁干燥关键技术。

此外，我国核桃仁初加工产品存在品质不稳定问题，由于我国核桃品种多，品种之间的理化及营养特性差异大，且缺乏专用的核桃初加工品种，使得初加工企业收购的核桃原料品质参差不齐。加之完整的核桃初加工质量控制体系尚未建立，导致批次间产品品质差异大。

（二）核桃精深加工存在的问题（油氧化、蛋白溶解性等）

1. 油脂氧化问题

由于核桃油中多不饱和脂肪酸含量高，加工或贮藏过程中易发生氧化变质，氧化导致的过氧化物积累会使油脂产生"哈喇"味，严重降低油的感官品质和货架期。目前针对核桃油氧化问题的控制措施有添加抗氧化剂、粉末油脂微胶囊技术、低温储存、充氮储存等。其中抗氧化剂根据来源可分为两类：人工合成抗氧化剂和天然抗氧化剂，人工合成氧化剂抗氧化效率高，但安全性问题使其在食品中的应用受限。而天然抗氧化剂因其绿色、安全、来源广、更亲和人体等特点备受关注，但相较于人工合成抗氧化剂，其成本高、抗氧化效果较低，在核桃油抗氧化中的应用有待进一步拓展。尽管微胶囊技术可以一定程度延缓油脂氧化、延长油脂货架期，但是在粉末油脂制备过程中的热处理会加速油脂氧化。另外，粉末油脂表面油的存在增大了油脂与空气的接触面积，导致过氧化值升高，也会加速油脂的氧化。效果佳、成本低、安全可靠的核桃油脂抗氧化技术亟待创建。

2. 核桃精深加工中蛋白溶解性问题

核桃蛋白主要由谷蛋白组成，其溶解性低，致使核桃蛋白在实际应用到植物蛋白饮料等产业中存在难以溶解、体系稳定性差等问题。此外，由于核桃仁内皮脱取技术体系尚不完善，现阶段核桃蛋白粉中仍有内皮残留，内皮中含有的酚类和单宁类物质能够与蛋白质共价结合，从而进一步导致蛋白质的溶解性变差。因此，在提高核桃仁内皮脱除率的同时对核桃蛋白进行改性，才能有效提高核桃蛋白的溶解性。蛋白质的改性方式主要有化学改性、物理改性和生物改性三种，化学改性反应简单、效果显著。但会引入其他强酸、强碱类化学物质，并且改性反应可能会产生有毒物质，因此在食用蛋白质改性领域应用受限。物理改性是通过高压均质等手段改变蛋白质的高级结构来达到改善功能性质的目的，具有操作简单、安全性高等优点，缺点是其改性程度较低、溶解性提升幅度有限。生物改性即酶解改性，具有安全、快速、条件温和等优点，对蛋白质的功能性质有明显的改善作用，尤其适合食品蛋白质的改性，但如何避免改性后产品苦味增强仍是需要解决的技术问题。

（三）核桃副产物综合利用存在的问题（青皮、壳、分心木等）

1. 核桃青皮综合利用存在的问题

核桃青皮占果实质量的1/2以上，含有大量生物活性物质，而作为核桃生产中的主要副产物，存在一直未得到充分开发与利用的问题。每年有数百万吨的核桃青皮被投放到自然环境中，其中只有少部分核桃青皮入药使用，导致核桃青皮大量堆积造成巨大的浪费和严重的污染。核桃青皮含有维生素、多糖、黄酮类、醌类、多酚类、二芳基庚烷类化合物，具有优异的抗肿瘤、抗氧化、抗病毒和抑菌活性，表现出优异的药理作用。同时，核桃青皮色素作为众多植物色素中的一种，具有色率高，色素提取容易，成本低廉、性质稳定等优势。有研究表明，通过蒽醌色素染色实验发现，核桃青皮色素通过密封冷藏的方法来保存可使其上色效果最佳，与市面上的氧化型染发剂相比，相同的染色条件下，核桃青皮染液对头发损伤小，且具有优良的抗紫外线性能。如何加快青皮综合利用关键技术研发、突破相关技术工业化转化，是未来青皮综合利用需要重点考虑的问题。

2. 核桃壳综合利用存在的问题

2020年，我国核桃产量达到479.59万吨，按核桃壳质量占核桃总质量的30%计算，2020年核桃壳产量约143.7万吨。但现阶段核桃壳大多数被当作燃料焚烧，在对环境造成严重污染的同时，也产生了极大的资源浪费。核桃壳作为一种天然植物，是制备活性炭的重要原材料，富含木质素和多糖（如纤维素和半纤维素），并且包含多种对重金属离子具有强亲和力的官能团。因此，具有优异的吸附性能，对水中有害物质的有效去除以及提高染料的上染率和稳定性均效果显著。活性炭的制备主要包括物理法和化学法两大类，其中均涉及碳化和活化两个工艺过程。物理活化法工艺特点是活化温度高（一般在900℃左右），但设备成本较高，并不适合产业化生产，而化学活化法的工艺特点是活化温度低（一般在400℃~600℃），对产品的孔隙结构的调整相对容易。另外，核桃壳化学成分丰富，主要有氨基酸、多糖、皂苷、黄酮和香豆素等，具有降脂、抗肿瘤、抗氧化、抗菌等作用，可应用于临床治疗中。碳化后的核桃壳对细菌、病毒具有较强的吸附、固定、抑制排出能力，可用于治疗严重腹泻等疾病。虽然近年来我国在食品、化工、医学等领域对于核桃壳利用的研究逐渐增多，但如何建立医用活性炭等高附加值产品的生产关键技术仍未破题。

3. 核桃分心木综合利用存在的问题

核桃分心木属于核桃果实的木质隔膜，呈薄片状，多弯曲体、质脆、体轻、易折断。目前分心木的研究多集中于黄酮成分的分离提取及其生理活性，但作用机制尚未明确；当前研究表明，总提取物的作用强于单体物质，而各物质间可能有协同作用或发挥主要作用的单体物质尚未被纯化出来；文献中记载的分心木用于治疗肾虚遗精、遗尿等疾病的作用机制还有待进一步的研究证明。如何在明确目标有效功能活性物质的同时建立适宜的功能活性提取技术仍有待攻克。此外，分心木在核桃取仁后的分离技术仍未建立，实验室手工小批量的分离无法满足大批量生产的需求。同时现阶段没有针对分心木产品质量的国家标准，并且在产品开发方面的研究较少，多停留在实验室阶段。

三、核桃进出口贸易存在的问题分析

（一）核桃进口存在的问题

我国是全球核桃消费量最高的国家，国内的产量基本能满足国内需求，产销率接近100%。我国的核桃坚果以及核桃仁类成品进口国家主要来自吉尔吉斯斯坦、美国、摩尔多瓦、印度、乌兹别克斯坦、乌克兰和日本这7个国家。虽然每年有大量的核桃进口，但总体的进口量相比于国内的产销规模要低很多，国内市场基本保持供需平衡。不过近年来随着国内核桃产量的增加，核桃进口量总体呈下降趋势。

（二）核桃出口存在的问题

我国核桃的种植成本较高，平均成本达到552元/亩。一方面是由于我国核桃种植大省多分布于山地和丘陵地，如云南、四川、山西、河北等省，地形的限制使得核桃种植过程难以实现机械化操作；另一方面，上述限制也增加了管理难度，使得种植过程中人工成本很高，劳动力成本约为480元/亩。而美国在核桃种植、修枝、采摘等环节均可以实现机械化，大大降低了种植成本，使得我国核桃产品在国际市场上的价格比较优势很弱，十分不利于中国核桃产品的出口。

为了提高我国核桃的进出口竞争力，近年来，我国政府和一些企业采取了一系列措施，如加强质量控制、改善产品设计和包装、扩大营销范围等。随着国内核桃种植集约化水平以及产业发展总体水平的提高，2019年，我国核桃出口保持了较高的增长率，核桃出口总额是2018年的2.27倍。

第三节 核桃产业周期性分析

近年来，我国核桃产业发展较快，作为特色优势农产品，核桃在增加农民收益、产业扶贫、生态建设等方面发挥了重要作用。国内外市场对核桃的需求为我国核桃产业提供了广阔的发展空间，同时也对核桃产品及质量安全提出了更高的要求。在当前核桃产业发展热情高涨的形势下，如何引导我国核桃产业走上持续健康发展之路，需要业内人士认真思考，冷静对待。

一、从核桃产业发展历程看核桃产业周期性

中国核桃产业历经70多年的发展过程，经过1959—1962年内地两次引入新疆核桃早实和丰产优良种质，并以此为亲本选育出许多优良品种和品系在全国推广种植。1978—1989年，全国核桃科研协作组选育出16个早实优良新品种和品系，结束了中国没有核桃新品种的历史。此后，各地掀起了良种选育工作热潮，其中辽宁、山西、陕西、北京、河北等省（市）先后选育推广一批早实优良品种，使中国核桃产业步入新的发展阶段。

改革开放40多年来，我国核桃的发展大致经历了发展初期、低谷期、恢复期、热潮期、理性发展期5个主要阶段。中华人民共和国成立后到20世纪70年代末为发展初期，中国核桃生产以实生苗繁殖为主，产量低，总产量在10万吨以下，70年代末种植面积和产量都大幅下降，产量一度跌至5万吨，进入低谷期。1980—1990年，进入恢复发展期，通过杂交育种、引种驯化等方式，评定出我国首批早实核桃新品种16个，引进国外核桃优良品种20多个，并在全国积

极推广新品种，1990年种植面积为102万亩，总产量为14.96万吨。20世纪90年代后期，随着优良品种普及率和管理技术显著提高，核桃产业进入了发展热潮期，1991年种植面积为112.8万亩，首次超过美国的109.015万亩，成为世界核桃第一种植大国。但我国核桃总产量为15.16万吨，而美国总产量为23.50万吨。1995年，真正成为世界核桃生产第一大国。据FAO统计数据显示，1991—2014年，我国核桃收获面积增长了4.86倍和9.57倍，年增长率分别达到7.99%和9.57%，成为世界核桃发展最快的国家之一。而在2018—2019年，由于中国核桃主产省云南、陕西、山西、河南、河北、甘肃等遭受了严重的"倒春寒"危害，产量分别减少三至八成，有的产区甚至绝产绝收。让人感到欣慰的是，以上省份的核桃质量未受明显影响，果实饱满、整体水平仍显乐观。

尽管核桃的种植遍及我国20多个省（区、市），但50%以上的栽种面积由山地构成，这也导致每公顷平均产量仅0.75吨左右。品种方面，我国虽核桃品种多达400多个，但缺少区域主栽品种，造成坚果品质良莠不齐，与美国的'Chandler''Hartley'等主栽品种相比，竞争力明显不足。栽培技术方面，重栽轻管，粗放经营，山区多数靠天收获，加之近些年青壮劳动力进城务工，生产季节用工荒，坚果价格持续走低，很多核桃园已经弃管。这与中国全球核桃生产第一大国的地位不相匹配。因此，尽快明确区域主栽品种及配套栽培技术，是核桃产业健康可持续发展的必经之路。国家"十三五"和"十四五"重点研发计划项目，已经开始研究筛选区域主栽品种及配套精准栽培技术，核桃种植者也非常重视优良品种的选择和栽培管理技术的应用，经营者也越来越清楚优质产品是获得更大效益的前提，消费者也更加喜欢产地清楚、绿色无公害、有机认证、多元化的核桃食品。随着市场成熟和消费多元需求，核桃产业开始进入理性发展的轨道。

中国是全球最大的核桃种植国，而且还在扩大种植规模，具备了引领未来和主导世界核桃种植、加工与市场的坚实基础。由于核桃适应性强，分布广泛，全国20多个省（区、市）都有栽培，应用核桃品种多达200多个。据《中国林业和草原统计年鉴》2021年数据，全国核桃总产量为540.35万吨，其中，云南、新疆、四川三个省（自治区）核桃产量合计占比68.18%，产量占全国总产量的一半以上。目前，已形成临安山核桃、朝天核桃等16个频繁登上全国农产品区域公用品牌百强榜的"农产品区域公用品牌"，品牌价值在0.4亿~32.38亿元，在绿色无公害化、有机化市场需求的驱动下，近年来，品牌价值整体呈正增长态势。与此同时，在全国核桃经营主体小、散、弱的大背景下，有影响力的"企业自主品牌"少且价值相对较低。

中国核桃产业发展迅猛，战略地位已经显现。1984年前，我国核桃产量在10万吨以下，平均年产量仅有7万吨左右。到2007年产量达63万吨，2007—2011年，增速最快，产量年均增加45%。2010年，我国的核桃年产量为128万吨，到2017年，核桃年产量已经达到417万吨，2018年因自然灾害产量有所降低，2019年产量上升至468万吨。近几年来，核桃的年产量一直稳步上升，2021年已经达到540.35万吨。目前，我国核桃总产量已经遥遥领先其他国家和地区，占全球产量的一半以上，完全能够满足现行条件下的国内消费需求。

二、品种多元化和专用品种筛选对核桃产业周期性的影响

20世纪90年代之前，我国核桃生产缺少苗木品种，种苗生产主要是种子繁殖，子代苗木产生性状分离而不能保持母本优良性状，种性退化严重，产业发展中表现产量不高、结果性能差、品质下降，直接影响了核桃经济效益。1989年，我国首批16个早实核桃新品种进行了审定。90年代开始，通过嫁接繁殖培育苗木，核桃的优良性状得以保持，但当时传统嫁接方法使得嫁接苗成活率不稳定、繁育时间较长、嫁接苗成本高，又因良种接穗供应不足，导致良种繁育效率较低，核桃良种的推广速度受到限制，市场占有率始终保持较低水平。进入21世纪，嫁接技术、控制条件和配套材料都趋于成熟，为核桃嫁接方法改良提供了更多途径，特别是北方室外方块芽接技术，使嫁接成活率达到90%以上，极大地促进了核桃良种推广。核桃的产量稳定，品质明显改善，对中国核桃产业健康可持续发展和提升市场竞争力发挥着重要作用。

20世纪50年代至今，无论是没有核桃品种的实生繁殖阶段，还是第一批16

个早实核桃新品种的审定，直到200余个核桃良种在全国不同区域大面积推广应用至今，核桃产品80%以上，都是以核桃坚果、核桃仁及初级加工产品的形式，在市场上流通，只有少量的核桃坚果被压榨成核桃油。2021年，全国统计核桃油的产量仅有约3.3万吨。

随着科技进步，人们生活水平的提高，核桃消费多元化的市场需求，为育种者提供了多元化育种的思考和行动。例如，鲜食、文玩及特色品种的选育成功，极大满足了不同消费者的愿望。鲜食核桃品种的优先选择，一类是专用于鲜食的品种（如'宁林鲜''中核4号'），其壳薄如纸，切开青皮后核壳即可轻松用手撕开，方便食用；另一类为彩色核桃品种资源（如红仁核桃）。这些类型作鲜食应用时有两大优势：一是外观优势，核仁为红色时，核仁颜色与绿色果肉形成明显对比，可以彰显喜庆氛围；二是红色核仁有较多的花青素含量，具有抗氧化、抗癌、保护视力、预防心血管疾病及抗衰老功能，在人类健康中发挥了重要作用。

以西安鲜食核桃为例，根据2019年《西安统计年鉴》，主要种植区分布在秦岭北麓周至、灞桥和临潼等区县的坡塬地区和浅山区。2007—2011年实施"大绿二期"工程中，在全市建设了19.5万亩核桃生态经济林，此后全市核桃种植面积持续扩大，2018年核桃种植面积达到33.3万亩。但核桃总产量在2000—2018年则呈现快速增加之后逐渐下降的趋势，2015年全市核桃总产量达到峰值2.4万吨，之后逐年下降，到2018年为1.32万吨。

文玩核桃主要分成3大类：东北主产的核桃楸、云贵川等地的铁核桃和京津冀晋一带的麻核桃（核桃楸与核桃天然杂交种）。文玩核桃产地主要集中在北京、天津、河北，甚至有的是集中到某几棵树上。文玩核桃的发展有几个阶段性表现，刚兴起在2003年，核桃手串开始流行于各个小摊市，但是核桃还没有走入正规市场。2005年前为缓步上升阶段，2005—2008年为加速发展阶段，到了2008年之后，开拓了很多古文玩市场，就此在北京乃至全国拉开了文玩核桃走向兴盛的序幕。2008—2011年，文玩核桃的价值接近峰顶，2011—2013年为高位盘整，而2013年至今文玩核桃市场下滑。

核桃专用砧木品种是针对"早实品种早衰"这一产业难题，突破核桃远缘杂交不亲和及胚败育等技术瓶颈，利用杂种优势，创建了魁核桃×核桃、北加州黑核桃×核桃等核桃属亲缘关系最远的种间杂交育种体系，选育出'中宁奇''中宁异''中宁强''中宁盛'等，其具有生长势超亲优势显著、嫁接亲和力高、抗病性强、能够显著提高接穗的生长势等特点。应用杂交砧木和加工专用品种，创建了机械化、轻简化果材兼用优质高效栽培模式，建立小株距大行距、干高1.5～2.0米的果材兼用种植新模式，采用机械化、轻简化经营管理技术，兼顾了短期、中期和长期经济收益，实现了经济效益最大化，并在主产区试验示范，取得了显著的经济效益。

三、核桃产业链延伸对核桃产业周期性的影响

与其他产业发展的全产业链类似，核桃产业发展与全产业链的关系非常密切，核桃产业发展全产业链应包括位于产业链前端的核桃栽培管理、中端的核桃加工利用以及后端的市场销售等环节。此外，对核桃产业链提升策略开展分析，明确专用品种、栽培技术、产业基地是核桃产业发展的重要根基，是提高核桃市场竞争力的重要物质基础；加工利用技术是提升产品附加值、创造产业价值的重要手段，市场和流通是产品转化为价值的关键纽带，是催生核桃全产业链不断延伸的动力源泉。

前面已经围绕品种多元化和专用品种筛选对核桃产业周期性影响，即产业链前端作了阐述，这里仅就核桃产业链的中端和后端开展讨论。

（一）中游分析

近年来，随着国内坚果休闲食品市场的发展，核桃作为我国产量最大的坚果，需求量也随之增长，核桃良好的市场发展前景，使越来越多的企业进入核桃种植领域，有力推动了核桃产业的快速发展。《中国林业和草原统计年鉴》近10年的数据表明，核桃产量的出口量越来越大，我国的核桃销售情况也逐渐向好，出口量要远远高于进口量。

核桃及休闲食品市场需求主要集中在华东、华南、华北等经济较为发达的

地区，分别占比21.3%、17.6%和15.4%。这些地区分布着较多的一、二线城市，城市人口相对密集，居民的人均收入较高，有较强的购买能力和购买欲望，核桃以及核桃休闲食品市场需求量较大。华东、西部、华南的核桃产品市场份额位列全国前三，分别为21.30%、18.10%和17.60%。

近年来，随着国内核桃种植区域扩大和品质提升，核桃出口量出现明显增长。从2015年我国核桃出口量仅为0.55万吨，到2020年出口量增长为9.56万吨。随着"一带一路"倡议不断深化，中欧班列逐步常态化运营，我国核桃向中亚、西亚等国出口更加便捷。同时由于国内市场核桃产量提升过快导致价格明显下降，出口竞争力得到提升。中国核桃出口的国家和地区有近20个，主要有英国、日本、越南、德国、加拿大等。核桃出口的国家以欧洲和东亚国家为主，出口美国核桃数量比重较小，仅占核桃出口量的0.1%左右。

（二）下游分析

目前，中国核桃产品的流通渠道多种多样，主要流通渠道是通过城乡集贸市场、批发市场、产销一体化企业、超市等零售商店、果业协会、网络平台等，由生产者到消费者手中。其中，城乡集贸市场是当前核桃流通的主要渠道之一，以零售为主，产品分别来自果农、批发市场等。另外，连锁超市也已经成为核桃销售的重要渠道。随着市场主体作用的逐步增强，产销一体化成了新的生产流通形式，核桃产区的各种协会、合作社如雨后春笋般涌现。随着居民可支配收入的增长及消费观念的转变，健康安全、方便快捷的休闲食品受到青睐，休闲食品行业呈现出上升发展的态势。据统计，2017—2020年，我国休闲食品行业市场规模从9191亿元增长至12984亿元，年复合增长率达12.21%。

2020年，国内核桃软饮料市场价格有所波动，市场规模首次出现下滑。根据Euromonitor（欧睿信息咨询公司）数据显示，2020年软饮料市场规模为5735.49亿元，同比下降5.3%。但后来软饮料市场开始回暖，到2022年已经达到6038亿元。中国核桃的传统消费主要是生食、油用和用于制作糕点的辅料等。近年来，在传统的消费核桃干果的基础上出现了核桃鲜食的新趋势，主要表现为餐桌菜用及鲜食零吃的形式。其他多种新的核桃消费产品不断增多，如饮用制品核桃乳、核桃粉等，但有些加工产品的销售还不够理想。核桃产品消费的人群主要以中老年人和高消费人群为主，青少年和普通消费群体的消费比重相对较小，随着社会进步和人们物质生活水平的提高，核桃产品正逐渐受到社会大众的青睐。

从20世纪80年代初，国家放开果品购销价格后，种植果树便成为果农的"伊甸园"，致使中国果业持续保持了强劲的发展势头。核桃因受产业特性和市场需求的多重影响，市场上坚果价格不断攀升，从20世纪50年代的0.5元/千克，已上升到2022年的25元/千克左右，约增50倍，其产品价格和效益仍在稳步上升。同时近年来还通过对核桃废弃物的综合利用，围绕"核桃—核桃壳—活性炭"产业链，开拓废物资源到循环利用价值，延伸产业链。

第四节　核桃产业政策及发展环境分析

一、国家层面对核桃产业的促进政策

近年来，我国核桃产业快速发展，得到国家相关促进政策的有力推动。"十二五"期间，国家林业局重点发展包括核桃在内的6个战略性干果产业。2014年6月，国家发展改革委、财政部和国家林业局联合印发了《全国优势特色经济林发展布局规划（2013—2020年）》，在全国优先规划和重点扶持以核桃、油茶、板栗等为主体的优势特色经济林产业。2014年12月，国务院办公厅印发《关于加快木本油料产业发展的意见》，突出加快以核桃、油茶为主体的木本油料产业发展，以大力增加健康优质食用植物油供给，切实维护国家粮油安全。《中华人民共和国国民经济和社会发展第十四个五年规划和2035年远景目标纲要》强调了要保障油类农产品供给安全。可见核桃在我国当前林业经济中的重要地位。

粮食安全是"国之大者"，其中油料安全是重要一环。目前，我国每年仍有3000多万吨的食用油缺口。我国食用油不能完全依靠在耕地上种植油料作物来解决，也不能指望依靠国际市场来解决。木本粮油不与农争地、不与人争粮，充分利用荒山荒地发展木本油料产业，能有效缓解粮油供需矛盾和进口压力。2022年全国两会期间，习近平总书记在参加政协农业界、社会福利和社会保障界委员联组会时强调，要在保护好生态环境的前提下，从耕地资源向整个国土资源拓展，并提出"大食物观"思想，指出我们要向森林要食物，大力发展木本粮油。有关部门制定木本食用油产业发展规划，提出发展目标，明确保障措施，对木本油料种植、加工、科研、销售等全产业链进行科学谋划，深挖产业链上下游各环节的潜力，提升资源利用效率。

二、各级政府层面对核桃产业的促进政策

我国核桃资源丰富，20多个省（区、市）均有栽培，随着核桃产业的逐步发展，各级政府也陆续出台了相关政策推动产业的发展。以新疆和云南为例，各级政府都高度重视并支持核桃产业，为核桃产业发展提供了重要动力。

云南省委、省政府高度重视云南核桃产业发展，于2017年9月出台《云南省核桃产业发展行动方案》，将核桃产业列入云南省八大重点产业。云南省核桃产业发展相关政策如表1-6所示。

表1-6　云南省核桃产业发展相关政策

时间	发布部门	政策名称	内容
2017年9月	云南省人民政府办公厅	《云南省核桃产业发展行动方案》	提出到2020年，云南核桃产业化水平显著提升，农民收入持续增加，基本建成具有云南优势和特色鲜明的核桃产业体系、组织经营体系和技术服务支撑体系，实现产业发展由传统数量增长型向现代质量效益型转变
2019年12月	云南省人民政府办公厅	《关于加快乡村产业发展促进农民就业的实施意见》	深度开发核桃产业，稳定发展澳洲坚果产业

续表

时间	发布部门	政策名称	内容
2020年12月	云南省林草局	《关于着力打造具有国内外市场强劲竞争力核桃产业体系的意见》（征求意见稿）	到2025年，全省核桃基地面积稳定在4500万亩左右，力争产量达300万吨、产值达1000亿元以上，标准化初加工率达到80%以上。引培国家级龙头企业3~5户、省级龙头企业50户以上；到2035年，核桃一、二、三产业深度融合，产业规模进一步扩大，优质核桃产品产量显著增加，产业结构更加优化，服务水平全面提升，建成具有国内外市场强劲竞争力的核桃产业体系，成为支撑云南经济社会发展的支柱产业，成为全国核桃综合效益显著的省份
2021年4月	云南省林草局	《云南省核桃产业提质增效三年行动方案（2021—2023年）》	到2023年，云南省核桃产业逐渐实现由"大"向"强"转变，核桃种植面积稳定在4300万亩左右，核桃干果产量240万吨以上，核桃产业综合产值达811亿元；打造优质产业基地1000万亩，培育核桃优质高效示范基地100个，建成综合产值30亿元以上的核桃主产县（市、区）5个，全省核桃果、仁初加工网络架构基本完成，力争把核桃产业打造成为支撑云南山区经济社会发展的重要产业
2021年10月	云南省林草局	《关于加快推进林草产业高质量发展的意见》（征求意见稿）	打造世界一流的云南深纹核桃品牌。到2025年，全省完成提质增效1000万亩，标准化初加工率达80%以上，深加工利用率达20%以上

核桃是新疆最具特色的传统林果树种之一，栽培广泛，历史悠久，种质资源丰富。近年来，新疆核桃产业相关政策如表1-7所示。

表1-7 新疆维吾尔自治区核桃产业发展相关政策

时间	发布部门	政策名称	内容
2018年5月	新疆维吾尔自治区人民政府办公厅	《关于加快推进农业供给侧结构性改革大力发展粮食产业经济的实施意见》	加快发展核桃油、红花杆油、胡麻油、葡萄籽油、香茄籽油、玉米胚芽油、杏仁油等特色小品种食用油，满足高端市场需求
2019年11月	新疆维吾尔自治区人民政府	《关于加快推进农业机械化和农机装备业转型升级的实施意见》	以红枣、核桃、葡萄等果品为主，因地制宜推广移栽、修剪、开沟施肥、中耕松土、高效植保、埋藤与开墩（葡萄）、微灌等成熟机械化技术
2020年6月	新疆维吾尔自治区农业农村厅	《2020—2025年自治区推进农产品地理标志品牌建设意见》	重点登记"库尔勒香梨""阿克苏苹果""叶城核桃""温宿核桃"等特色优势产品，打造农产品地理标志"金"字招牌

续表

时间	发布部门	政策名称	内容
2021年2月	新疆维吾尔自治区第十三届人民代表大会第四次会议	《新疆维吾尔自治区国民经济和社会发展第十四个五年规划和2035年远景目标纲要》	做强林果产业,突出绿色化、优质化、特色化、品牌化,推动林果业标准化生产、市场化经营、产加销一体化发展,做优做精红枣、核桃、巴旦木等品种,支持南疆建设。批林果产品加工物流园和交易市场,增加优质高端特色果品供给。"十四五"末,全区林果面积稳定在2200万亩左右,果品产量达到1200万吨左右

三、相关协会、社会团体对核桃产业的帮扶与促进

随着核桃产业发展,针对核桃产业各环节遇到的问题、存在短板和需求,一些核桃产业协会、联盟等社会团体先后成立,或确定核桃产业的帮扶方向,旨在帮扶、促进相关产业发展,通过多种形式发挥推动作用。比较典型的社会团体如云南省漾濞县核桃产业协会联盟、核桃产业国家创新联盟、国家核桃油(及核桃加工)产业创新战略联盟、中国乡村发展志愿服务促进会等。

(一)漾濞县核桃产业协会联盟

2021年1月,云南省漾濞县创建成立了由核桃研究院、专业合作社、加工企业、营销团体等组成的核桃产业协会联盟,为群众种植、加工、销售提供技术支撑,延伸产业链,增加附加值。紧紧围绕探索一条生态建设产业化、产业发展生态化的生态文明建设路子,积极实践并加快形成山区搞种植、坝区搞加工、城里搞销售、乡村搞旅游的公司加基地联农户的核桃产业化生产格局。漾濞县核桃产业协会联盟让果农与企业联姻,让企业抱团谋发展,实现了漾濞山上种核桃,山下加工核桃,有力地推动了漾濞核桃产业强劲发展。

(二)核桃产业国家创新联盟

2018年10月,核桃产业国家创新联盟在新疆阿克苏成立,经国家林业和草原局批准设立。该联盟由致力于核桃产业的企业、科研院所和高等院校共同发起成立,融产、学、研于一体,旨在运用市场机制集聚各种创新资源,提升政府部门、企业、科研院所、社会组织、金融机构等创新主体有机结合、深度结合的

组织化水平。该联盟已在河北衡水、安徽合肥等地召开年会，推动了核桃产业发展。

（三）国家核桃油（及核桃加工）产业创新战略联盟

2018年12月，国家核桃油（及核桃加工）产业创新战略联盟在北京成立，2021年1月发布《联盟章程》。以"引导产业发展、推动技术创新"为宗旨，在技术创新与技术集成应用示范上实现引领，在绿色高效高值化加工示范上实现质的提升，建立以企业为主体、市场为导向、产学研相结合的核桃油科学研究和产业技术创新长效机制。截至2022年，由云南摩尔农庄生物科技开发有限公司承办的该联盟年会在云南楚雄、四川成都召开年会、产品展示三次。

（四）中国乡村发展志愿服务促进会

2022年6月，中国乡村发展志愿服务促进会在京召开乡村振兴特色优势产业培育座谈会，决定实施乡村振兴特色优势产业培育工程，统筹协调各方资源对核桃油、南疆核桃等9个特色优势产业进行支持。并于2022年9月，组织调研组到云南省楚雄市就木本油料产业发展工作进行调研，推动核桃及核桃油产业发展。

四、消费者对核桃及其相关产品的认知与需求

核桃产品类别丰富，品牌众多。数据表明，消费者在线上购物时多倾向于购买经过简单包装并未深加工的核桃休闲零食。就核桃饮品的销售情况来看，网络上销售量较高的是知名度高的核桃品牌。由于核桃深加工产品不属于生活必需品，普通老百姓对其保健作用及营养价值了解程度不高，因而销售量明显低于核桃初级产品核桃仁及核桃饮品等。数据表明，55.9%的消费者未曾消费过核桃油，这与核桃油价格高、不易保存、替代品众多以及消费者的支付能力受限等因素有直接关系。因此，核桃初级加工产品广泛受到消费者的青睐以及精深加工产品未受到民众喜欢形成较为鲜明的对比，该现象的产生除了与核桃产品自身特性有关外，还与核桃产品加工工艺、加工质量、销售渠道等关系密切。

在消费者心理因素中，消费者对产品包装有要求，表现在10%水平上的显著性。核桃产品包装越好看，消费者购买的概率越高。对产品营养价值有要求对消费者购买行为有正向意义，在10%水平上显著，这表明消费者越重视核桃产品营养价值，其购买的意愿越高。消费者越重视原产地，购买概率越高，这是由于消费者或多或少会将核桃产品的"原产地"和核桃产品的"质量"联系起来。对产品品牌有要求在5%水平上显著，对消费者购买核桃产品有正向影响。企业可通过创新产品营销模式，采用"品牌化"营销策略；加强市场宣传；加快技术革新，提高核桃产品营养价值含量；分级定价核桃产品等策略可提高消费者的购买意愿，增加市场占有率。

五、核桃产业发展环境总体分析

我国核桃产量迅猛增加，但核桃加工业相对滞后，导致核桃价格一路下滑，核桃产业的发展存在较大风险。

核桃作为我国重要的木本油料树种，种植面积和产量均稳居世界第一。我国核桃总产量巨大，从2010年的128.44万吨增长至2020年479.59万吨，2010—2020年CAGR为14.08%。我国也是全球核桃消费量最高的国家，由于核桃具有丰富的营养价值和药用价值，深受大众喜爱。据统计，2020年我国核桃需求量达到472.9万吨，同比增长2.37%。休闲食品行业发展顺应人们对健康生活的向往，随着人们可支配收入的提高，人们开始由"吃饱"的思想转变为要求"吃好"，而坚果作为休闲食品的新兴品类，符合人们的健康饮食理念。资料显示，近年来，我国休闲食品的市场规模呈现增长态势。2021年我国休闲食品的市场规模为1.45万亿元，较2020年同比增长11.68%。健康化、品牌化及创新化将成为未来中国坚果产业技术发展的重要趋势。其中，健康化是指在人均可支配收入增加与城镇化进程加快的背景下，越来越多的消费者将目光转移到食品的健康属性及营养成分，而对坚果的选择也仍倾向于品质及功能，从而为中国坚果的细分品类发展创造了机遇，未来低糖、低脂肪、低热量等健康坚果食品的发展趋势将更加明显。

目前，核桃油市场得到快速发展，除了作为植物食用油供餐厅、家庭食用以外，市面上还出现不少核桃油新产品。主要有：冷榨核桃油小包装产品，适用于孕婴特殊人群；核桃油特种食品，如粉末核桃油、核桃油微胶囊冲剂、核桃油咀嚼片、核桃油健脑软胶囊；核桃油药物制剂及其保健品，如碘化油、核桃油脂肪乳静脉注射液、滴耳油等；核桃油化妆品，如用其制作的洗发水、防晒霜、按摩油等；食品加工，如作为制作糕点与营养食品的添加剂；颜色调料，如调制彩绘颜色等。结合核桃的国内供需和进出口，可以看出我国核桃产业基本处于供求平衡状态，木本油占总食用油消费比例仍有较大的提升空间。

近年来，随着农村电商和大数据云计算等互联网信息技术的发展，农业经营主体紧抓时代机遇，与电子商务全面接轨，拓宽农产品销售渠道，使特色农产品销往全国各地。农村电商是推动乡村产业振兴的有力抓手，有力地推动了核桃产业的发展。

核桃产业市场情况分析

第一节　核桃产业市场现状及分析

一、核桃种植业市场现状分析

自20世纪90年代后期，我国核桃经过20多年的快速发展。据《中国林业和草原统计年鉴（2020）》统计数据，到2020年，全国种植面积已达1.17亿亩，总产量479.59万吨，全国核桃苗圃数量2039个，面积37.61万亩，苗木产量132014万株。近几年，核桃价格持续走低，市场已出现了明显的相对过剩，在此大背景下，核桃种苗市场的需求急剧下滑，除个别品种和少数区域外，较大规模的核桃种植极少，多为农户小规模零星种植或庭院栽植。

由于我国核桃栽培面积的基数大，发展过程中不少地区有许多不适品种或实生苗建园，目前仍有数量不少亟待改良的低产劣质树，如在云南核桃产业现状调查中发现杂劣品种占24%~52%。由此，基于品种改良或品种更新换代需求，各地对适于本地的良种核桃接穗仍有不同程度的需求。

二、核桃加工业市场现状分析

（一）核桃坚果市场现状分析

1. 核桃坚果供需状况

随着我国核桃投产面积的逐年递增，2014—2020年，除2018年核桃产量有所降低外，总体呈上升趋势，至2020年核桃产量已达479.59万吨。由于核桃具有丰富的营养价值和药用价值，深受大众喜爱，市场需求整体与产量一致呈正增长态势，至2020年我国核桃需求量达472.9万吨。2014—2016年，核桃生产量与需求量基本持平，呈现出需求量略大于生产量状况；2017年起，核桃生产量开始逐步高于核桃需求量，至2020年核桃产量与需求量之间差值已达6.69万吨（见图2-1）。可见，中国核桃产量增长速度快，而核桃市场拓展速度已明显滞后。

图2-1　2014—2020年我国核桃供需状况

2. 核桃坚果消费现状

　　坚果是典型的健康类休闲食品。相关研究结果表明，人均GDP与坚果的消费成正比。据全球著名市场研究公司尼尔森的预测，健康休闲食品的年均复合增速在10%以上，为传统食品的3倍以上。核桃作为重要的坚果食品，在坚果市场中占有很大的比重。根据华经产业研究院相关统计结果（见图2-2），2015年我国核桃消费量占树坚果比例高达80.7%，近年来虽呈现出一定的下降趋

图2-2　2015—2020年中国核桃消费占树坚果比重走势

势，但总体占比仍在70%以上，说明核桃目前仍然是我国最主要的树坚果消费产品。此外，随着大众对健康生活的追求，我国核桃人均消费量已由2014年的1.99千克/人波动增长至2020年的3.05千克/人，每个人平均增长1.06千克，增幅为53.27%，年均复合增长率约7.38%。

3.核桃坚果市场价格现状

在核桃坚果价格方面，因产业整体处于供大于求的局面，市场价格总体下跌，价格波动呈现明显的区域性差异（见图2-3）。2009年全国核桃产量为97.94万吨，当时品质好的核桃收购价为36～40元/千克；2013—2016年，核桃收购价格下降至20～30元/千克；到2017年以后，全国核桃产量增至400万吨以上，核桃价格下跌趋势更加明显；而2018年部分地区特级核桃收购价格仅有16～20元/千克，一级核桃收购价格更是低至12～14元/千克。各地核桃市场行情又具有一定的地域性，这与当地核桃的生产特点、流通情况、消费习惯以及国内外市场需求变化密切相关。2017—2019年，我国核桃主产省（区、市）核桃坚果的批发均价走势来看，各地价格基本符合产季初期（9月开始）价格上涨、中后期（12月至次年6月开始）平稳下降的季节性规律。总体看，不同主产区核桃价格走势大体一致，但局部差异明显，尤其是2019年，各主产区的核桃价格波动呈现较大差异。

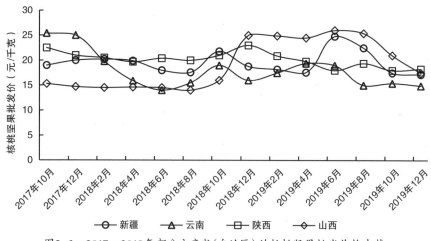

图2-3 2017—2019年部分主产省（自治区）的核桃坚果批发价格走势

数据来源：新华指数。

（二）核桃仁及仁类产品市场现状分析

1.核桃仁及仁类产品

核桃仁是核桃的主要食用部分,可直接食用或生产成核桃仁类产品。目前核桃仁类休闲食品多达50种,传统产品有琥珀核桃仁、核桃酥糖、核桃酱等,近年来蜂蜜核桃仁、枣夹核桃、牛轧糖、五香核桃、椒盐核桃、脱皮核桃仁、核桃软糖、糖酥核桃仁、核桃酪等也备受市场青睐。此外,还可将核桃仁加工成罐头,既可保持核桃的天然风味,又能延长保存期。

2.核桃仁消费市场现状

根据INC统计数据,2015—2019年,世界人均核桃仁消耗量分别为103克、141克、125克、123克和132克,无大幅增长或降低趋势。5年年均消耗总量排名前五的国家分别为中国35.79万吨、美国14.38万吨、法国2.45万吨、德国2.16万吨和日本1.81万吨;年人均消耗量排名前五的国家依次为荷兰0.66千克、以色列0.64千克、匈牙利0.48千克、美国0.44千克和罗马尼亚0.43千克(见图2-4)。2015—2019年,消耗总量排名前五的中国、美国、法国、德国和日本,人均年消耗量分别从2015年的0.18千克、0.39千克、0.39千克、0.22千克和0.12千克,提升到2019年的0.28千克、0.43千克、0.40千克、0.33千克和0.15千克;人均消耗量排名前五的荷兰、以色列、匈牙利、美国和罗马尼亚,人均年消耗量分别从2015年的0.59千克、0.60千克、0.70千克、0.39千克和0.36千克,为2019年的0.82千克、0.72千克、0.52千克、0.43千克和0.55千克。

(a)年均核桃仁消费总量Top10

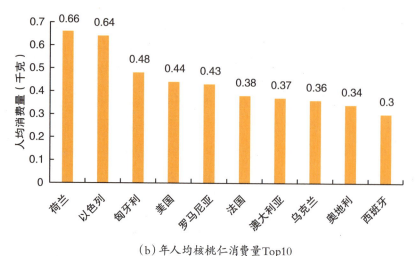

（b）年人均核桃仁消费量Top10

图2-4 2015—2019年全球核桃仁消费情况

中国和美国也是核桃的主要消费国，欧洲及地中海沿岸国家由于良好的膳食结构，人均核桃消耗量较高。主要消费国近年来核桃人均消耗量呈整体上升趋势。

3. 核桃仁价格指数

根据新华网白头路及白二路核桃仁价格指数（图2-5），可以看出从2017年至2022年的近5年来，核桃仁价格指数有下跌后又平缓升高的趋势，2021年7月白头路价格指数触底为683，白二路触底价格指数为646。2022年，核桃仁价格指数有所回升，白头路基本在750以上，白二路在700左右。

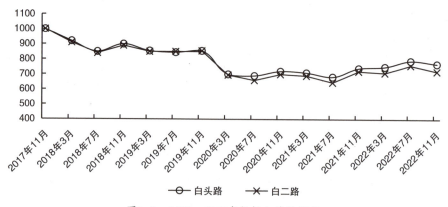

图2-5 2017—2022年核桃仁价格指数

4. 核桃仁产品品牌

在品牌方面，以核桃仁为主的品牌有天虹牌、镇臻美味、香先笙等。休闲加工食品零售品牌有三只松鼠、良品铺子、百草味、问君、姚生记、新边界、比比妙、好想你等，这些企业的核桃制品有核桃仁、核桃枣等。其中上市企业有三只松鼠、百草味、良品铺子、伊利股份、养元饮品、洽洽食品、承德露露、西域美农、金果园老农等。排行榜123网依托全网大数据，根据品牌评价以及销量评选出了2023年核桃仁十大品牌排行榜，前十名分别是良品铺子/BESTORE、来伊份、楼兰蜜语、百草味、三只松鼠、楼兰红枣、詹氏、西域美农、野三坡、寒山石。

（三）核桃油市场现状

1. 核桃油生产现状

据《中国林业和草原统计年鉴》数据，2020年我国食用植物油产量为2903万吨，核桃油产量占比较低。2021年我国食用油消费数据显示，我国食用油自给率仅为31%，远远低于国际安全警戒线50%的标准。随着核桃油储存技术、产业化技术的提升，预计我国核桃油渗透率将进一步上升。

2. 核桃油生产企业

目前，国内布局核桃油的企业数量较少，根据企业猫数据，截至2021年11月，我国核桃油企业数量达1817家，但龙头企业数量较少。根据《中国林业和草原统计年鉴》，规模以上核桃油加工企业74家，其中云南19家，陕西18家，四川9家，山西8家，湖南和湖北各4家，其余省份1~2家。根据云南东方红生物科技有限公司披露，2020年公司"御福年"品牌以木本油料作为切入口，产品打出了天然、有机、健康，真核桃、真营养的标签，在食用油市场实现了5亿元的市场份额，结合2020年核桃油行业的市场规模测算，2020年，公司核桃油产品市场占有率约3%。

3. 核桃油销售情况

根据2021年淘宝天猫的销售数据，通过规模和增速两个维度，筛选出了38个最具潜力的市场，核桃油就名列其中，销售额3.7亿元，同比增长195.4%。其中，发展较为出色的是爷爷的农场，销售额1.4亿元，同比增长563%；碧欧奇销售额6604万元，同比增长2577%；秋田满满销售额3135万元，同比增长242%；窝小芽销售额1140万元，同比增长586%；英氏销售额985万元。虽然整体市场规模较小，但不论是品牌，还是核桃油市场销量增长速度，证明该领域确实具有一定潜力，还有较大可发展空间。

4. 核桃油价格

核桃油因为具有一定的营养价值，并且加工成本较高，而且部分品牌将产品挂上"婴幼儿"的头衔，这一系列特质注定该领域走高端路线。市场上不同品牌核桃油的价格差距也较大，如同仁堂有机核桃油净含量110毫升售价20.9元，折合100毫升售价19元；帝麦核桃油净含量100毫升售价28元；秋田满满特级核桃油净含量125毫升售价59.9元，折合100毫升售价47.92元；英氏有机核桃油净含量110毫升售价53.78元，折合100毫升售价48.89元；Babycare光合星球有机核桃油净含量100毫升售价99元；小皮欧洲原装进口核桃油净含量100毫升售价129.9元。但走高端路线意味着很难突破下沉市场，特别是核桃油较高的价格可能会阻碍消费者的购买，发展有一定局限性。

5. 核桃油市场发展趋势

从发展态势看，近年针对孕婴特殊人群的冷榨核桃油小包装产品销量增长明显，主要得益于新生代消费者对于科学育儿的需求和婴幼儿食物品质的追求，而这种趋势在未来仍将持续上涨。此外，市场上也出现如核桃油药物制剂及保健品、核桃油化妆品、按摩油等新产品，新兴产品的出现也将带动核桃油市场出现一定的增长。

6. 核桃油生产项目

《云南省核桃产业高质量发展三年行动方案（2023—2025年）》中提出要实现核桃油产能10万吨以上，对年销售核桃油1000吨及以上的加工企业，按年实际生产加工量实施奖补，激励核桃油加工企业扩产增产。近年来，全国各类核桃油生产项目陆续展开。从加工项目建设内容来看（见表2-1），主要包括核桃油及配套基础设施建设，预期经济效益显著。在技术不断突破的背景下，核桃油产业化、自动化生产或为行业发展方向。

表2-1　截至2022年核桃油生产项目列举

时间	项目	建设内容	投资额	预期经济效益
2021年9月	绿岭核桃油烹炒、孕婴专用核桃油项目	包括生产车间基础建设、车间辅助设施制造与建设、榨油设备、磁化处理设备、油脂分子团微化处理设备、精炼设备和自动化,定量灌装机等设备购置,核桃油生产线程控一体化组装及调试,建设期为2021—2023年	总投资10200万元	建成后日产80吨核桃油
2021年6月	温宿县10000吨核桃深加工项目	全县特色优质核桃资源面积79万亩,主栽品种为温185、新新2号,两种使用率达95%,现年产核桃20万吨以上	总投资2.7亿元	预计产核桃油2333吨
2020年2月	核桃系列产品生产线项目	灵丘县境内核桃种植面积约6.5万亩,其中挂果3.2万亩,年产优质核桃6000多吨	总投资1.25亿元	年可实现销售收入1.3亿元,利税0.55亿元
2020年1月	永平东方红生物科技有限公司核桃精加工生产线	已完成核桃仁榨油生产线的建设及调试,规划对农户核桃进行收购,扩大核桃生产基地建设规模,形成初加工、精深加工全产业链发展模式	—	3条核桃调和油生产线
2019年9月	西昌市人民政府与国丰油脂有限公司核桃油加工合作项目	国家东西部扶贫协作浙江—凉山的第一个落地项目,将进一步推进凉山州核桃产业提质增效,转型升级	计划投资5亿元	投产后年产核桃油2万吨
2021年11月	云南楚雄植物蛋白产业园(一期植物蛋白超级工厂)建设项目(8万吨核桃综合加工)	项目占地80亩,建设年产1.5万吨低温冷榨核桃油、0.5万吨精炼核桃油、1万吨脱脂核桃蛋白粉、0.25吨核桃分离蛋白(植物基肉、婴儿鲜奶)、400吨核桃蛋白肽及9.6吨核桃抗冻肽智能制造生产线及辅助设施	4亿元	项目建成达产后,年实现营业收入16.67亿元,实现利润1.5亿元,新增税收5000万元
2022年1月	云南临沧市凤庆县乡村振兴"一县一业"核桃基配油生产加工建设项目	项目用地64.8亩,建设年产1万吨有机核桃油生产线,包括核桃压榨车间、浸出车间、精炼车间、核桃蛋白粉车间、油罐区、公辅设施区等建设	30000万元	项目建成达产后,年实现营业收入50222万元,实现利润4520万元,实现税收1500万元

(四)核桃蛋白产品市场现状分析

1.核桃蛋白市场需求现状

从国际市场看植物蛋白质的需求口很大,全世界植物蛋白需求量在8000

万~9000万吨，而实际能生产出的仅有5000万吨左右，由此可见，世界蛋白质年短缺3000万~4000万吨。以东南亚发达国家为主，每年植物蛋白质进口量达1000万吨以上，仅日本每年从我国进口粗蛋白粉就达600万吨。经过多年市场竞争，国内植物蛋白饮品市场已经基本形成以摩尔农庄全国唯一航天级标准和唯一以核桃为主要原料的功能性饮料——"聪滋"核桃乳以及核桃露（乳）饮品、杏仁露（乳）饮品、椰汁（乳）饮品和豆奶（乳）饮品为代表的几大品类。相关数据显示：10年间植物蛋白饮料的复合增长速度达到24.51%，销量从169亿增长到1266亿，天猫植物蛋白饮料市场销量增速高达800%，购买人数上升900%。核桃乳饮品所占市场份额位列植物蛋白饮品前三，群众消费基础广泛。目前国内核桃粉产品产量仅3000吨，并且多属于低档次的加工，远远未达到市场需求。核桃仁中蛋白含量在15%~17%，核桃蛋白含有十几种氨基酸，特别是精氨酸含量很高，这些成分对人体具有良好的保健功能，是良好的植物蛋白，可以补充国际、国内植物蛋白市场的缺口。

2. 核桃蛋白产品市场现状

核桃蛋白主要产品有核桃乳、核桃蛋白粉、核桃多肽等。十大核桃乳品牌有养元、六个核桃、露露、摩尔农庄、蒙牛、伊利、三元、银桥、网易严选、脑细胞；养元饮品在核桃乳市场占有率仍排名第一，具有绝对的领先优势，有精品型、精选型、精研型、无糖型、添加磷脂、易智状元六个核桃、六个核桃2430等种类。此外众多知名品牌如承德露露、海南椰汁、维维豆奶、伊利、蒙牛、三元、摩尔农庄等均已推出核桃乳或类似产品，2021—2022年，仍有企业如会泽、摩尔农庄、王老吉等企业开发上市核桃乳。

十大核桃粉品牌为智强、南方、飞鹤、西麦、黑牛、皇世澳贝雅、金禾、雅芙、维维、利嘉。由于核桃粉独特的健脑强身、延年益寿的功能，它的产品一经问世就供不应求。例如，四川智强集团开发出的智强核桃粉，因其满足了不同年龄层次的需求，其产品畅销全国，成了食品行业的利税大户。

以核桃蛋白为原料，通过生物酶解技术提取附加值高的核桃多肽。经研究，核桃多肽从核桃仁中的提取率在10%左右，现有核桃多肽的原料价格在30万元/吨,可实现至少720亿元的经济价值。蛋白及多肽仅原料可产生1080亿元价值,若加工成终端产品如功能饮料、抗癌药物等至少能翻10倍,即1万亿元价值。

(五)核桃副产物产品市场现状分析

1. 核桃副产物产品类别

核桃加工后会产生大量的副产物,如核桃粕、核桃青皮、核桃壳等,这些副产物中富含蛋白质、维生素、胡萝卜素、磷脂、多酚类、黄酮类、三萜类、糖苷类、微量元素等营养物质。通过精深加工对这些副产物进行有效利用,可节省资源、降低成本、充分体现其经济价值。核桃副产品加工主要涉及以核桃青皮为原料生产天然色素、绿色染色剂、植物农药等;以核桃壳为原料生产活性炭、超细粉、磨砂等;以分心木为原料开发袋泡茶、保健酒等;以核桃油粕为原料生产蛋白粉、核桃乳、浓缩蛋白、蛋白肽等。

2. 核桃副产物产品生产和市场现状

目前,我国核桃副产物产品生产占比小,以云南省核桃产品类型来看,分心木、活性炭、染发剂等其他核桃产品占比仅为3%。全国每年有1920万吨青皮属于丢弃状态,暂未实现经济价值。而现在通过"生物+分子膜"技术,可以将它变成静态有氧堆肥来利用。当它的利用率达到50%,经济价值可达到1500元/吨,那么单核桃青皮这一个产业就可以通过肥料销售变成144亿元的产值。核桃壳利用率较低,几乎作为废料在处理。现在可以把核桃壳变成过滤、清洁剂、磨砂等核桃加工材料。核桃壳的产值在经过加工成滤料跟磨料之后价格在1800~4000元/吨,按3000元/吨算,则它的年产值将达到72亿元左右。

三、核桃进出口贸易市场需求分析

(一)核桃坚果、核桃仁及仁类产品进出口市场需求分析

2020年,我国核桃人均需求量达3.35千克/人,较2019年增加了0.05千克/人,同比增长1.5%。随着人均需求量的增加,我国每年也需要大量进口核桃。但随着我国核桃产业发展迅速,2020年,我国核桃种植面积近1.2亿亩,总产量达479.59万吨,使得国内市场基本保持供需平衡,核桃坚果以及核桃仁及仁类

产品进口量逐渐下降。同时由于国内核桃种植区域的扩展和品质提升，核桃出口量出现明显增加。2017年，我国核桃坚果出口量仅为0.73万吨，至2021年，出口量增至10.43万吨。近年来，随着国内市场核桃产量提升过快导致核桃价格明显下降，我国核桃出口竞争力提升。同时在"一带一路"倡议的不断深化下，我国核桃出口中亚、西亚等国也更加便捷。

（二）核桃油进出口市场需求分析

我国油料年产量虽然超过5500万吨，但油料和食用植物油高度依赖国际市场，食用植物油每年进口超过1000万吨，自给率仅为31%左右。而2020年我国本土油料产量合计约为104万吨，但我国食用油的消耗总量达4109万吨，缺口很大，因此，我国进口大量的各类油料。面对油料和食用植物油高度依赖国际市场的现状，除了稳定大宗油料资源外，需大力发展核桃油。而我国核桃油产量约占核桃产量的5%左右，因此包括核桃油在内的油脂进出口市场潜力巨大。

（三）核桃蛋白产品进出口市场需求分析

健康人群的未来粮食安全需要开发低碳、可持续生产的蛋白质食品，以补充传统的膳食蛋白质（肉类、家禽、鸡蛋和乳制品）来源。近年来，植物蛋白饮料异军突起，成为饮料行业增长最快的子行业，市场规模已超千亿元。核桃蛋白饮料以益智、健脑、改善记忆功效为支撑，产品市场认可度和销量持续增长。植物蛋白饮料营养功效独特、产品安全性突出，市场开发潜力巨大，具有广阔的进出口市场潜力。

四、核桃产业新型销售及消费情况

核桃营养丰富、风味独特、品质优良，是世界四大坚果之一，其经济、生态、社会效益均得到广泛认可。核桃产业健康有序、又好又快地发展对于区域粮油安全、木材安全、生态安全、农民增收致富和美丽乡村建设具有重要作用，对促进地方经济社会发展具有重要的现实意义。随着互联网时代的到来，插上数字化翅膀的核桃产业在乡村振兴的舞台上迸发出了新的活力，"互联网+产业"将经济、社会、文化、地缘等多种结构打破，产业模式重新调整，新业态应运而生,乡村核桃产业有了更广阔的发展前景。本部分通过分析新形势下核桃产业面临的新消费格局,分析新媒体对核桃产业的新作用,通过线上数据展现核桃产业新变化,进而对未来形势进行新展望。

(一)平台经济打造核桃产业的新格局

核桃为特色非木质林产品,随着种植区域的不断扩大,销售市场竞争日趋激烈,在传统销售模式下,中间环节多、交易成本高、市场半径小,对核桃保持产品市场价格从而获得稳定收益带来了挑战。随着信息技术不断更新迭代,传统农产品电子商务进入了快速发展渠道。电子商务销售模式降低了商家的进入门槛,减少销售中间环节、降低交易成本、扩大市场销售半径,从而增加市场需求、提高市场价格、增加收益,带来核桃的消费拓展和产业升级。具体而言,数字经济背景下,核桃产业的新消费主要表现在以下两个方面。

一是平台经济使核桃销售渠道更加多元。随着城乡互联网普及率逐年上升(见图2-6),核桃产业有了新的生机与活力,核桃产业的新气象主要表现为销售渠道更加多元,许多农业产品的销售更多地依赖于新媒体营销。目前,结合相关文献整理,可以发现核桃产品主要在以下四类平台推广,并取得了良好的效果。①资讯工具类平台。这类平台以今日头条等新闻类App为主,在这类平台

图2-6 城乡地区互联网普及率

数据来源:中国互联网络信息中心(CNNIC)。

上，核桃加工企业可以通过数字化的传播方式对消费者的使用行为进行挖掘，通过整合资讯为消费者提供个性化推荐。并通过平台自带的人际圈来实现信息分享传播，进一步增加用户黏性，拓展营销效果。该类平台用户覆盖面最广，投放成本最低。②视频娱乐类平台。该类平台利用视频的形式实现内容创造和信息流传播，新媒体的背景下，核桃加工和销售企业，或者利用抖音、快手、视频号等短视频平台，或者利用bilibili网站、优酷、爱奇艺、腾讯等长视频平台。视频娱乐平台具有创作门槛低、社交属性强和碎片化时间的特点，可以通过更加生动的方式销售农产品。2020年新冠疫情期间，抖音公益发起战"疫"助农网上销售直播活动中，时任安徽省金寨县县长汪冬和副县长蔡黎丽通过短视频大力宣传金寨山核桃"金寨县是革命老区，中国长寿之乡，全县现有数万亩野生山核桃林，大别山山核桃，是全国五个山核桃品种之外的特有种，是国家地理标志保护产品。独特的地理环境和自然条件下，孕育的山核桃，口感更香，果仁更大更酥，你值得拥有"。该条视频播放量破百万人次，点赞超过9万人次，起到了很大的宣传作用。抖音上，云南楚雄的云生鲜食品旗舰店、贵州毕节的小糯米甄选、陕西蜜之番食品旗舰店等核桃单月销量破万，名列抖音电商原味核桃爆款榜；琥珀核桃、纸皮核桃颇受消费者青睐。③社交媒体类平台。该类平台以强社会交互性为中心，提供给人们自由发表看法、相互沟通、分享传播的媒介，通过微博和微信建立起以"内容—粉丝—用户—变现"的商业生态闭环。核桃经销商在了解消费者真实消费需求的基础上，更精准地推广自己的产品，利用强大的用户心理分析策略，根植于内心潜移默化地影响消费者购买决策。④经营电商类平台。淘宝、拼多多、京东等传统电商平台中的核桃经销商成为核桃销售的常规网络购买方式，但新媒体直播和短视频的市场火爆度为电商平台的转型提供了机遇，以抖音为例的兴趣电商，将核桃的消费体现直观化展示，同时，为消费者提供了直接购买的方式。2022年，来自四川、在抖音上拥有261万粉丝的三农创作者"@赵灵儿"，通过日常直播、产地溯源、短视频带货等方式，累计售出核桃10万多单、合计300多吨核桃及制品，购买用户评价"大山里的核桃很好吃，和小时候家里一个味道"。

二是平台经济使核桃销售方式更加丰富。信息化平台的建设为核桃经营者提供了更广阔的舞台。目前，在互联网背景下，核桃经销商主要有以下三类推广策略。第一类，直播带货。直播带货带给消费者更加直观、更具互动的消费体验，对消费者而言简单易学，再叠加新冠疫情的催化作用，快速普及。核桃经营商借助直播平台，实现与观众即时互动、交流，全方位介绍产品细节，利用语言话术、场景氛围、情感等多重综合因素感染消费者完成购买行为，促使商家提增销量。第二类，短视频营销。核桃经营者用视频的形式实现内容创造和信息流传播，以达到向用户营销商品与传播品牌价值的目的。首先，核桃经营者可以自由创作视频内容，影音画同步，并对优质的内容进行运营，使视频获得更高的热度，并保持"粉丝"的热情和关注度。"数一数二的小店"是抖音上核桃直播带货的知名商家，其通过视频互动，直播带货，已稳定拥有1.1万的"粉丝"，在核桃营销方面发挥了重要作用。其次，与第三方合作推广，第三方合作方主要有网红明星或短视频平台官方合作，第三方合作机构实现产品信息的精准投放和精准匹配。最后，核桃经营商在平台经济发展中往往与其他账号主体实现矩阵式发展，吸引更多的流量，降低运营风险，实现视频内容多元化，让账号与账号之间打通，进行互推导流，实现多平台的展现，提升"粉丝"数量，增强账号价值，为后期的变现做好准备。第三类，社交营销。微信是大众使用得最多的社交工具，微信营销是互联网环境不断变化下一种人们非常熟悉的新媒体营销方式，人们可以利用微信进行日常生活分享、工作交流、社交互动、浏览新闻信息等。微信营销具有精准投放度高、用户参与性强、人际关系紧密、形式多样等特点，核桃经营商可以通过微信公众号营销、微信群营销、小程序营销、朋友圈营销等方式对自己的产品进行推广。

（二）新媒体消费对核桃产业的新作用

新媒体带动下核桃产业的新消费和新业态加速了核桃为代表的特色农产品进城，阿里巴巴、腾讯、美团、拼多多、滴滴等开展社区团购业务，盒马、京东、拼多多等部分电商企业在多地农村建设农业直采基地。通过数字化助力农产品品种研发、生产过程优化以及农产品标准制定，拉动和引导农业产业链资源优化配置，实现产业协同创新，推动核桃产业的快速发展。

一是拓展销售渠道，增加消费半径。随着数字化的发展，乡村产业振兴借助新形式、新平台展现出了新活力。在新冠疫情严重时，新的消费平台展现出了稳定的活力，保障电商将小农户与大市场对接，为散落在千家万户的产品与各地的消费者提供交易服务平台。电商的发展改变了传统的核桃生产与销售模式，扩大核桃的宣传范围，拓宽其销售渠道。根据国家统计局数据，2022年1—9月，实物商品网上零售额82374亿元，增长6.1%，远高于同期社会消费品零售总额增速0.7%；从月度数据看，2022年以来实物商品网上零售额月度增速均远高于社会消费品零售总额，在社会消费品零售总额负增长的3—5月，实物商品网上零售额仍保持了较高的增长速度；1—9月，实物商品网上零售额占社会消费品零售总额的比重为25.7%，比2021年同期高出2.1个百分点，新媒体必然也会在拓宽核桃销路方面发挥重要作用。

二是拓宽农民就业渠道，增加产业动能。新消费形式对核桃产业实现优化升级具有重要作用。新消费形式需要依托互联网技术来实现，核桃产业电商的发展可以带动核桃加工、仓储、包装与物流等行业的发展，催生了电商服务业等新的配套产业集群。一方面，核桃消费的新业态带动大批农村劳动力在本地就业，从而促进就业创业的地点从县城向村庄下移，电商服务平台自身的下移也加速了这一进程。另一方面，大批农村年轻劳动力返乡就业创业，世界银行2019年发布的电商报告显示，3/4的农村零售网店店主是20~29岁的青年，他们以销售本地生产的消费品为主营业务。按照农业农村部2022年公布的数据，全国返乡入乡创业创新人员达到1100万人，产业发展动能更加强劲。

三是提高核桃产品质量，增加产业竞争力。大力推进核桃产业的新消费，一方面，有助于核桃产业适应新消费形式的发展，实现核桃产业企业结构优化，促使相关企业加强管理、提升产品质量、优化设备条件、实现绿色生产，从而获得长期可持续发展。核桃产业企业的进步能够提升企业经济效益，带动核桃相关产业发展，从而为核桃产业的发展注入活力；另一方面，新消费形式的快速发展在一定程度上保证了产品的品质，比如原材料使用、添加剂、保质期、检查制度、品牌建设等，都要经过严格的审查，否则就无法在新消费平台销售。因而，大力推进核桃新消费形式发展，能够从根本上保证核桃产品的规范性，这不仅有助于提升国产核桃在国际市场上的美誉度，还有助于确保核桃产业可持续发展，持续提高产品竞争力。

（三）线上数据展现核桃产业的新变化

企查查数据显示，截至2022年10月19日，我国共有68979家正常经营状态的核桃种植相关企业，22552家核桃加工相关企业。据统计，2020年我国核桃需求量达到472.9万吨，同比增长2.37%，与同年的核桃产量479.59万吨相比，市场剩余量在6.69万吨左右（见图2-7）。

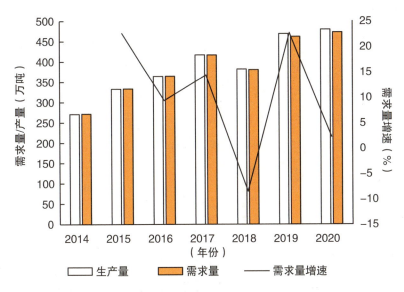

图2-7　2014—2020年中国核桃需求量、产量及需求量增速

数据来源：华研产业经济研究院，国家统计局。

核桃具有丰富的营养价值和药用价值，深受大众喜爱。近年来，线上不同口味的核桃果仁和带壳零食的销售也有所增加，新品牌在线上新平台蓬勃发展，市场需求整体呈正增长态势。根据2021年淘宝天猫的销售数据显示，核桃油销售额3.7亿元，同比增长195.4%。其中，发展较为出色的是爷爷的农场，销售额1.4亿元，同比增长563%；碧欧奇销售额6604万元，同比增长2577%；

秋田满满销售额3135万元，同比增长242%；窝小芽销售额1140万元，同比增长586%；英氏销售额985万元。区别于传统电商，全国接近10万名抖音主播、视频创作者成功为国产核桃产品带货，产品为山核桃、核桃油、核桃仁、纸皮/薄皮核桃等。经过抖音主播带货，新的核桃品牌蓬勃发展，电商数据搜索工具"弦镜"数据显示，草本味和蜜之番在2022年12月成为抖音纸皮/薄皮核桃销售额的冠、亚军，销售额分别达到429.64万元和219.60万元。

线上核桃产品类别丰富，包括传统核桃、核桃仁、核桃乳、核桃油、核桃营养品、核桃工艺品等，且品牌众多。以核桃油为主的品牌有黛尼（DalySol）、帝麦、贵太太、罗朗德、摩尔农庄、融氏、爷爷的农场、悦君心等，主要核桃制品中以核桃粉为主的品牌有五谷磨坊（五谷）、艺福堂等；主要核桃制品中以核桃仁为主的品牌有三只松鼠、良品铺子、百草味、好想你等。主要的核桃饮品品牌有六个核桃、蒙牛等。其中上市企业有三只松鼠、百草味、良品铺子、伊利股份、养元饮品、洽洽食品、承德露露、西域美农、金果园老农等。核桃为主的休闲食品，在线上市场取得了令人满意的成绩，以三只松鼠线上线下的毛利率为例，可以发现，线上平台的毛利率逐渐超过线下平台（见图2-8）。

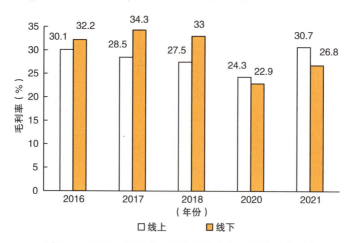

图2-8 2016—2021年三只松鼠线上和线下毛利率对比

数据来源：Wind，国盛证券研究所。

（四）新型消费及消费情况下的新展望

一是人均线上核桃消费量将持续提升。以电商平台为代表的新兴渠道快速增长，为以核桃为首的坚果品类提供更广泛的终端消费者触达。2015年至2020年5年间，坚果炒货行业的市场规模由954亿元增加至1415亿元，以线上渠道为主的三只松鼠2021年营收50.6亿元，电商正在成为引领休闲零食行业增长的新引擎。受消费升级和渠道下沉的双重影响，核桃产品作为高端坚果对家庭渗透率会进一步提升。一方面，深加工产品如核桃油等将获得更多高端消费者的青睐；另一方面，口碑传播和丰富的自媒体教育将使核桃的价值认知进一步扩大，促进需求端正反馈的形成。

二是核桃产业融合程度将持续加大。新消费背景下，数字经济与实体经济已经很好地融合发展，成为撬动经济高质量发展的新杠杆，培育出一批产业基础好、发展前景美、引领动力足的山核桃产品加工企业，发展出一批专业水平高、服务能力强、服务行为规范、覆盖山核桃产业链条的生产性服务组织。在新消费的背景下，核桃产业会在数字经济的作用下更紧密地融合在一起，合作形式更加深化。另外，数字化赋能核桃产业融合，产业在数字化背景下密切融合形成的新品牌将更具竞争力，形成山核桃地理标志和公共品牌，并广泛传播，带动小农户增收的能力将更强，更有助于实现乡村振兴。

五、核桃文旅融合带来产业振兴

在全面推进乡村振兴战略背景下，农村"三产"融合发展已成为农民群体就业增收渠道拓展和优化的重要载体。在乡村振兴的实践中，核桃龙头企业凭借自身的资源优势、资金优势，在核桃产业融合及产业链建设中发挥出积极的促进作用。核桃生产企业通过产业链延伸、产业重塑，不仅带动了就业，增加了农民收入，还塑造了新景点，给游客带来了新的体验，实现了消费新增长。

（一）核桃之都——打造文旅融合新景观

临安素有"山核桃之都"美誉，既是山核桃种植基地，又是山核桃文化建设的中心。浙江始终践行"绿水青山就是金山银山"的理念，大力推进生态文明建设，并取得巨大成就，临安天目山的优美环境更是为山核桃的品质刻上了独特的地域保证，再加上浙西所拥有的许多民俗文化给予了临安山核桃独特的魅力。文旅在临安山核桃产业实现了完美的融合，嵌入核桃文化的自然风光实现了景观的重塑与再造。

一是多公司联合经营。杭州姚生记食品有限公司、杭州临安桃源绿色食品有限公司、杭州临安区湍口山核桃专业合作社等9家单位联合发起成立"浙江临安山核桃产业化联合体"，以科技为先导、以市场为导向、以山核桃产业为基础，积极推进山核桃产业化经营进程，优化资源配置，互联互通，拓宽农产品流通、农业融资渠道，带动农户生态化、品牌化经营，增强联合体成员抗风险能力，促进联合体资产的增值增效。二是政府部门深度参与。临安区旅游局打造山核桃文化节、山核桃庙会、山核桃文化旅游节等一系列特色农林活动，通过半娱乐、半参与、半观赏等方式，让参与者能够真真切切体验到山核桃文化的精髓所在。在收获季节，杭州临安山妹子食品有限公司和杭州浙西大峡谷旅游股份有限公司共同投资600多万元建设成的"临安山核桃文化体验馆"，以一种时尚、直观的方式展示山核桃产业发展的历史和文化传承。通过山核桃文化博物馆、互动体验区、美食休闲区和特色购物区，山核桃产业与当地文化产业得以巧妙地互动。临安区岛石镇通过建设"中国山核桃名镇"，开发了山核桃产业风光游这一旅游新方向，巧妙地将山核桃产业与当地优美的自然景观、浓郁的浙西风俗以及深厚的徽文化整合交融起来，推出了"山核桃林景色观赏游""山核桃故里民俗游""山核桃家事参与游""山核桃采购游""山核桃农家乐"。此外，岛石镇还推出了三条针对不同群体的山核桃文化旅游线路"自驾游客人的中国山核桃第一镇寻源之旅""宝贝快乐之旅""山核桃寿星养生之旅"，实现了产业特色旅游的定制化服务。

根据临安统计局的数据，一方面，未受新冠疫情影响之前，2019年度旅游产业的增加值为67.07亿元，比2018年同比增长了19个百分点，这说明人们已经不仅仅满足于对自然风光的追求，更多的是对于自身需求的追求。另一方面，2019年，临安区接待乡村游客达2072.1万人次，比2018年同比增长57.1%，营业收入更是达到了62.6%的增幅，山核桃特色旅游与地方服务业融合，带动区域经济发展。产业融合带来了更多的就业机会，也为农户提供了更多的收入来源。

（二）核桃小镇——带来文旅融合新体验

燕赵大地，"核"香醉人。河北邢台临城县的绿岭核桃小镇坐落于全国最大的优质薄皮核桃示范基地内，是中国核桃节的诞生地。核桃小镇的打造将产业与文化旅游深度融合，将农业生产、自然享受与人文精神有效衔接。

一是依托山地丘陵资源优势，因地制宜引导农民发展核桃种植产业。绿岭核桃小镇在产业发展中实现产、研互动，除了核桃种植户之外，还建有国家级核桃研究中心、核桃精深加工基地，在科研院所技术支持下，打造薄皮核桃品牌，邢台临城县因此也被评为中国优质薄皮核桃产业龙头县、中国薄皮核桃之乡。二是借力科教融合，赋予文旅融合新内涵。河北绿岭果业有限公司在业内专家技术指导下，逐步成长为一个集优质核桃品种研发与繁育、种植与深加工、销售与生态旅游于一体的现代化大型企业，为弘扬"太行新愚公"精神，绿岭·中国核桃小镇成为央视热播电视剧《太行赤子》的取景拍摄地，同时建有科技馆，运用实物、图片、造景、多媒体播放等形式，展现科研人员扎根太行35年扎实苦干、科技创新的"新太行精神"，以核桃为媒介，实现科教融合、文旅融合，赋予核桃产业新的精神内涵。三是林下旅游，休闲度假，打造田园风"市外桃源"。荒山变成绿岭，林下变成乐园，绿岭核桃小镇充分利用林下空间开发了游乐园，设置了儿童智趣园、网红摇摆桥、水上游乐场、爱心动物园、多人秋千等景点，为城市游客提供了亲子休闲、个人放松的度假空间，娱乐空间的建设拉近了文旅与游客生活的距离。

经过多年发展，绿岭果业打造的核桃小镇在文旅融合和核桃的生产和销售等方面均取得了重要成就，每年加工核桃原果3万吨以上，年销售收入近10亿元，帮助7000余农户实现增收，成为核桃文旅融合的典范。

（三）核桃乐园——点燃文旅融合新动力

"游郭里山水，品伏羲核桃"已经成为山东济宁邹城的重要名片，王屈核桃乐园于2015年被评为第二批国家级核桃示范基地,已成为以"赏田园风光、品民俗风味、吃乡村土菜、住农家小院"为主题的休闲旅游品牌。历史与自然让核桃插上文化的翅膀,产业与文化的结合让邹城文旅有了新的动力。

一是民俗民风融合区域元素,以节会活动为切入点,打造"乡村核桃旅游名片"。在王屈核桃乐园,已经连续5年举办核桃文化节,节日期间开展核桃采摘、农产品展示销售、文艺演出、摄影采风、快乐骑行、民俗体验、非遗表演等系列活动。在核桃乐园的主会场,1500亩核桃林在5名青年创客的手下变出了新花样,私家花园创意大赛、暑期耕读习艺夏令营、星星诵诗会、丛林诵经会等丰富的核桃创意活动,不仅推广了核桃产业,还扩大了品牌影响力。二是文艺旅游、游览胜地,带来乡村旅游新消费。王屈核桃乐园依山傍水,环境清幽,每年秋风乍起,核桃挂满枝头,7000余亩的核桃乐园成为文艺演出、摄影和骑行比赛的绝佳场地,王屈核桃乐园所在郭里镇已经成为济宁市南部山区文化生态旅游带,文艺活动休闲旅游带动了乡村民宿和核桃采摘的发展。三是景区基础设施的建设更带来产品的升级,核桃乐园成为优质核桃的生产基地。依托邹城市退耕还林生态富民工程,南部山区文化生态旅游带来了基础设施的升级,新修环山路100余千米,完善的基础设施带来了龙头企业的入驻。如邹城五康轩郭里庄园积极对核桃产业进行开发,利用云计算技术平台采集分析核桃种植的数据,进行绿色防控、智能化管理,提高了核桃的安全质量及种植水平,在物流的支持下,核桃的销售实行O2O(线上线下)订单营销模式,拓展了"伏羲缘"核桃的销售半径,让北上广、江浙、海南、福建等各地的网民足不出户就能尝到"郭里核桃,邹城味道"。

在龙头企业的带动下,文旅融合提升了"五康轩""郭里庄园""本味爷爷"等商标的影响力,鲜核桃和干核桃的网络销售量分别达到200万斤和10万斤,产值达600余万元,极大地带动了区域经济的发展。

（四）核桃旅游等相关产业的发展建议

《2023中国旅游业全力以"复"》报告分析指出,新冠疫情以来,消费者需求更趋细分化、个性化、定制化,涌现出精致露营、民宿、微度假、冰雪游等旅游新场景、新现象。文旅消费市场形成"六高"新变化：高质量满足、高品质体验、高科技水平、高速移动、高附加值、高度自主；消费人群出现六大新势力：治愈系、遛娃族、潮流派、数字人、艺术范。文旅行业向有品牌、有消费、更安全的方向升级。

一是以市场为导向，积极推动生产端文旅产品升级。第一，根据新市场需求打造新产品。新发展阶段下的乡村旅游向集群化、品质化和目的地化转变，这对乡村旅游的功能提出了更高的要求。同质化的景区下单纯的采摘、民宿难以满足现在多样化的消费需求，更无法带来高品质的体验，因此，需要核桃园区进一步开发新的功能性文旅产品，如针对遛娃族的核桃主题乐园、针对潮流时尚青年的核桃森林音乐节等。第二，根据新卖点培育新竞争力。新的消费环境下，主打营养的核桃产品不再具有竞争优势。在新的文旅消费趋势下，消费体验升级更容易形成新的核心竞争力，要探索产品销售与园区文旅体验结合销售的新模式。第三，结合地方特色积极发展乡村旅游。以核桃林为载体，建设核桃森林康养基地，打造以"核桃园林观光体验+核桃森林康养"为主题的乡村旅游综合体，通过乡村旅游，有效带动核桃产业全面发展。

二是以新媒体为载体，实现文旅项目的科技赋能。第一，突出地域和民族文化特色、加强科技赋能，探索发展沉浸式、互动式核桃文化的旅游项目。以云南楚雄彝族自治州的核桃产地为例，探索以软开发为主来打造吸引力，讲好彝族故事、诉说彝族风情的同时，体验核桃种养过程，品尝核桃产品，提高游客沉浸式体验。此外，在传统民族文化IP挖掘的基础上，可引进XR、人工智能、人机交互、虚拟仿真、3D可视化、数字多媒体集成等最前沿的文旅高科技应用。第二，推进文旅体、文旅商深度融合，积极设计新产品新业态。探索开发"乡村旅游+特色核桃小镇+美丽县城游"等资源整合后的新产品、新业态，释放产业新动能。此外，亦可在乡村地区开发更多亲子游、研学游、体验游等创新产品。第三，充分利用核桃产区的优越自然资源，推动康养旅游发展。统筹构建旅游疗愈体系，以科技赋能与服务增值，增加高科技理疗设施设备、智慧型可穿戴设备、依托高科技对传统医学/地域特色疗法进行产品化等科技含量，推动康养度假发展。

三是以信息化为手段，积极迎合消费端产品需求。第一，从游客需求入手挖掘核桃特色文化资源，打造"云游览"等特色数字产品，形成具有特色的核桃旅游IP，在提升旅游吸引力的同时，提高相关文旅商家、企业的管理效率，为"数字文旅+核桃旅游"新应用场景的开发提供动力。第二，充分利用短视频、直播等新媒体平台创新宣传推广。在景区建设方面，强化抖音等短视频平台、直播平台的创新性营销、事件营销，利用网络力量打造"网红核桃景区"；在有核桃体验的民宿客栈行业方面，宜引导企业进一步探索短视频策划、拍摄、制作和传播，抓住消费热点话题，加强新媒体宣传推广。其后，总结经验，开发适合抖音短视频传播的核桃打卡点、热点事件/活动，支持核桃文旅资源与潮流新媒体平台的深度融合，比如各类传统节日、民俗活动与互联网平台的热门营销节点加强合作，借平台力量放大传播声量。第三，开展数字新媒体专业培训，推动乡村数字化人才高质量培养。通过抖音"英才计划"、电商直播大赛、农民夜校等渠道，开展拍摄剪辑、传播运营等技巧培训，培养一批掌握短视频和直播"新农技"的数字农人，助力提升核桃文旅传播力。同时，鼓励更多的文旅带货类型达人参与活动，并可与抖音等平台合作培育更多文旅类型达人成为核桃文旅的代言人、销售员，实现核桃产业效益最大化，奏响富农新篇章。

第二节　核桃产业主要经营模式分析

我国核桃产业在国家一系列政策的支持下快速发展，尤其是核桃一产规模和产量均有了质的飞跃。相对来说，核桃二产数量众多，但普遍经营状况不佳，还需要政策和科研的持续支持。

相比来说，美国核桃生产为企业式经营，生产、加工、销售统一，在各产区都建有加工中心，实行联合加工，美国"钻石核桃"公司经销了全美1/2以上的核桃产品，它是由核桃园主组成的民办企业。联合加工成本低、质量高。在美国，核桃生产盈利较高，仅次于柑橘。

一、核桃种苗主要经营模式

近年来，在国家林业相关部门的推动下，我国核桃种植规模快速发展，在主产区培育了不少适合当地气候的优质高产品种，核桃种植和种苗培育主要以公司和科研院所种植基地的模式进行。

核桃林下高效复合经营，不仅能够提高土地的综合利用率和产出率，而且实现以耕代抚，对促进核桃树生长具有重要意义，特别是对于提高幼龄核桃园的早期经济收益效果明显。但切忌采用高秆型（如小麦、玉米等）或多年生深根型作物。若未留出足够的空间带，间作与核桃争水、争肥、争光矛盾突出，致使核桃生长受阻，受势衰弱。经过多年实践证明，实施林下高效复合经营的主要模式有林菜复合经营模式、林油复合经营模式、林菌复合经营模式、林禽复合经营模式、林药复合经营模式、林苗复合经营模式。

二、核桃坚果主要经营模式

我国核桃是传统的出口商品，在国际市场上曾享有盛誉。目前出口量为1万多吨。美国每年出口核桃和核桃仁30万吨，由于美国核桃实现了品种化，质量一致，皮薄易取仁，品质较好，而且清洗干净。外观色泽美观，并采用小包装，兼之运输条件有利，因而十分受消费者欢迎，占据了市场优势。美国核桃出口量约占总产量的60%，即30万～40万吨。

国内核桃销售分三种情况，鲜核桃销售约占20%，从每年的7月底到8月中旬，山西、陕西、河南、河北、北京等地的商贩进行鲜核桃交易，2015年以前1千克为3元左右，2017年1千克为2.5～4元。带壳核桃的销售主要是进入干果市场和礼品消费，占40%左右。核桃仁销售量大，山西主要集中在汾阳，商贩收购核桃后，自行组织敲砸取仁进行分级，然后集中销售给加工企业，这部分数量也在40%左右。

干果销售市场主要在国内，现在品种纯、质量好的大公司或大户均有电商销售。一些店铺的干果销售品种不纯，有些核桃空瘪，有些果实仁色较深。新疆的核桃清洗过，外观漂亮，个儿也大，价格在30元/千克左右，但纯品种不多，也有空瘪核桃，其他地区的核桃果较小，处理得不够细致，价格在22~30元/千克，实生核桃的价格在14~22元/千克，而电商的销售价格在30~80元/千克。

核桃坚果包装主要有纸箱包装、塑料袋包装、金属容器包装及麻袋包装。国内市场商品优质核桃坚果多采用封口塑料袋包装或外加礼品盒包装。单件重量多在2.5千克以内，主要面向超市及大型商场等场所。大宗商品采用麻袋包装，每袋重量20~25千克，袋口封严，在包装袋左上角标注批号。

三、核桃仁及仁类制品主要经营模式

核桃仁是国内外市场消费量较大的干果商品之一，随着生活水平的逐渐提高，人们对核桃仁及其加工产品的需求也越来越多。果仁的包装是消费者了解产品、选择产品及使用产品的重要依据。各种形式的包装越来越丰富多彩，如盒装、罐装、袋装、瓶装等。核桃仁出口要求按等级用纸箱或木箱包装，每箱核桃仁净重为20~25千克。包装箱须采取防潮措施，在箱底、盒四周垫衬硫酸纸等防潮材料，装箱后立即封严、捆牢，在箱子的规定位置标明重量、地址、货号等。

目前，我国取仁的方法仍沿用手工砸取方法。过去是采用方木块等工具，在坚果横向和纵向2个方向上各敲一下，之后拨开取仁，敲击时用力要恰当，过轻不能使壳开裂，过重会将仁击碎。近些年，核桃加工者创造了新的取仁方法，不仅工效高，而且占的比例大大提高。

四、核桃油主要经营模式

核桃仁含油量高，核桃油不饱和脂肪酸含量高，占90%左右，多数的核桃油ω-3脂肪酸在10%左右，是一种国际公认的健康油脂。然而，由于产品价格较高，还无法进入千家万户，成为百姓普遍接受的油品。从产业发展的角度看，虽然近年来，随着核桃种植面积和产量的大幅提高，核桃加工制油企业也不再是少数，但普遍规模不大，实际产量也不高，企业发展运营普遍没有走上可持续发展的轨道。核桃压榨制油仅仅是核桃综合利用上的辅助一环，目前用于加工制油的核桃仁，一种是用于核桃蛋白开发的优质核桃仁，主要目的是为了获得优质的蛋白资源，另一种是商品核桃仁获取过程中得到的末路货或碎末，用于核桃油的制取。仅有少数的企业用山核桃或铁核桃制取核桃油，也是出于这类核桃作为商品核桃或商品核桃仁不占优势的无奈之举。

在核桃油的销售上，基本上还是依靠走散油，向大宗食用油企业销售，用于调和油的配方油脂，或者为知名品牌和高端销售企业作代加工。另外，随着电商进入各行各业，电商销售也成为核桃油销售的重要方式。

五、核桃蛋白经营模式

核桃仁中蛋白质含量一般为15.0%，最高可达29.7%，脱脂饼粕中核桃蛋白的含量高达53.89%，其蛋白质因其消化率和净蛋白比值较高而成为优质蛋白，人体利用价值较高。核桃仁蛋白中含有18种氨基酸，其中人体所需的8种必需氨基酸含量合理。核桃蛋白中含有较多的健脑物质——天门冬氨酸、谷氨酸、精氨酸、磷脂等，这些物质还具有降低人体血清胆固醇、防止脑出血和动脉硬化的作用。

核桃蛋白的开发利用主要以核桃露、核桃乳、核桃蛋白粉和核桃肽的形式，其中尤以以六个核桃为代表的核桃乳最负盛名，我国市场上出售的核桃粉主要是添加了各种营养强化剂的营养强化核桃蛋白粉，河北、云南、山西、陕西、新疆等地是我国核桃蛋白生产加工最多的地区。近年来，各类肽类制品以其功能性备受广大消费者青睐，核桃肽更是市场上炙手可热的产品。

六、展望

我国核桃产业发展经过十多年的快速发展，种植和产量都有大幅度提高，生产经营模式已相对稳定。产品以初级加工产品为主，核桃产业的高质量发展还需要加工业的支撑，但由于原料成本相对较高，加工规模有限，加工装备还需要进一步研发，因此产品价格较高，制约着产品进入千家万户。另外，核桃浑身是宝，对具有一定经济实力的企业，对核桃加工的副产品进一步综合利用和开发的如核桃肽等高附加值产品才是核桃产业可持续发展的正确道路。

第三节　核桃产业竞争结构分析

一、核桃产业企业间竞争

从国际上看，核桃主要种植和生产国家有中国、美国、伊朗、土耳其、墨西哥等，中国核桃无论面积还是产量均稳居世界第一，且近年来呈现稳步上升的趋势。在国际市场上，美国占据着核桃销售的重要位置，在核桃产区的集中度上，美国加州的圣华金（San Joaquin）和萨克拉门托（Sacramento）成为适生区的核桃产区生产加工与出口基地，同时其主栽品种清晰，有机化率高，品种符合市场要求的优良性状，栽培技术科学规范，采用节水滴灌，基本采用机械化作业，商品果挑选严格，核桃科研水平高，销售专业化，品牌集中溢价高。而我国的核桃品种繁多，栽植立地条件普遍较差，管理较为粗放，商品一致性不高，发展不均衡。对于美国这样的竞争对手，我国还存在差距。

从国内气候和产区来看，核桃种植地区多，受自然条件限制，各地核桃产量参差不齐，优良核桃品种的产量有不断增加的趋势。新疆、云南更适合于核桃生长，自然环境优良，区域内的核桃企业产业竞争力较强。陕西、山西、甘肃、贵州等核桃产区受气候和土壤的影响较大，域内企业发展较为不均衡。一些管理不科学、销售环节薄弱的地区将逐渐处于劣势地位。产业比较单一，缺乏创新的地区或企业，核桃获取利润空间小，难以带动核桃产业快速发展。高度重视核桃产业的发展，工作投入力度大的省份的核桃产业则发展迅速。

从核桃产品来看，核桃产品类型主要为核桃干果、仁、乳、油和休闲食品，还有少量的工艺品、核桃蛋白粉、粉末油、胶囊、核桃仁营养早餐、分心木、活性炭、染发剂等。目前,核桃产业竞争相对大宗油料和主要蛋白等行业来说还不够激烈,主要原因是目前核桃产品处于核桃产量不断增加供给的环境,优质核桃大量上市抵消了一定程度的竞争,但仍然存在区域内市场及短期内购销矛盾的竞争,竞争产品类型还是在主要核桃产品上。

从栽培品种来看,优良品种在竞争中将逐渐显现。如陕西商洛核桃种植品种以早熟核桃、矮化核桃为主,果肉饱满、味香因此闻名,得到消费者的喜爱和追捧。安徽是薄壳山核桃种植第一大省,种植总面积逾50万亩,状如橄榄,肉质厚实而醇香,果大、壳薄、营养价值高,深受市场追捧。安徽的坚果、炒货产业历来全国闻名,拥有洽洽食品、三只松鼠等上市企业,安徽薄壳山核桃将迎来产业发展的新时代。

随着我国核桃行业的快速发展,产业整体处于供大于求的局面,市场价格总体下跌,加上国家政策的支持,吸引越来越多的企业加入市场竞争,核桃单一产品的企业市场竞争也变得更加激烈。为了吸引消费者,许多企业会采取不同的营销策略和定价策略。有的企业可能通过提高产品质量和品牌形象来吸引消费者,而有的企业可能通过降低价格来吸引消费者。同时,由于价格持续波动,将进一步倒逼核桃加工业向深加工转型,初级加工企业逐步趋同于终端更稳定价格的核桃乳、核桃油等精细产品,这将促使产业内企业的竞争加剧,而同质化会增加相互竞争。

此外,企业还通过加强其生产能力和供应链管理,以确保生产效率和产品质量。有的企业可能会通过引入先进的生产技术和设备来提高生产效率,而有的企业可能通过加强对供应链的管理来确保产品的新鲜度和质量。核桃出口企业在竞争激烈的市场中加强自身实力,以保持其竞争力。因为核桃用途的广泛,使市场对其需求量逐渐上升,一些企业也纷纷布局核桃产业,从事核桃生产、加工、销售等,进一步延伸核桃产业链,促进核桃种植业的规模化发展。

核桃产品兼具型企业,多种产品进行开发和生产,企业不仅要兼顾产品的质量和价格,还要考虑消费者的需求和偏好。例如,一些企业会通过提供高品质的核桃产品来吸引消费者，同时保持合理的价格；而另一些企业可能通过提供合理价格的核桃产品来吸引消费者，同时保证良好的质量。核桃生产及出口企业在竞争激烈的市场中应结合产品质量、价格和消费者需求等因素，制订有效的竞争策略，以保持其竞争力。

二、潜在进入者分析

潜在企业进入受到了多重因素的影响，主要表现为：

（一）原料选择因素

目前核桃产量逐年提升，其原料成本占比在稳定下降。但核桃品种众多，品质参差不齐，导致选择合适高品质原料成为一种竞争的先决条件，原料的集中度和物流运输成为一种必须考虑的重要因素。

（二）技术因素

产品同质化严重导致企业产品竞争力不突出，因此需要加大科技投入，不断创新工艺提高产品质量，开发丰富产品体系，提高核桃综合利用以及核桃系列产品差异化来提高竞争力。

（三）品牌和营销因素

核桃市场目前处于无序竞争，除个别品牌外，消费者尚未形成统一的品牌认知，致使行业整体缺乏附加值梯度。对于传统的产品市场如食用植物油来说，新进企业难以在较短时间内建立起具有一定知名度的品牌，更何况要与经历了消费者的认知和市场竞争的严酷考验后逐渐形成的品牌竞争力。严格的产品质量控制体系和准确的品牌市场定位，面向消费者的巨大广告费用投入，都给进入本行业的企业设置了较高的壁垒。

（四）资金因素

为了保证品牌和市场推广，技术的不断创新，突出模式特点和优势，吸引资金和先进的管理团队，以及企业进入市场的竞争优势，进入核桃的企业必然从低门槛走向需要较为丰富资金实力的方向。

目前，我国核桃产业加工以小型企业为主，加工水平除核桃乳等少数产品外普遍不高。随着原料短缺问题的解决，核桃系列产品必将受到消费者的青睐，需求量也将不断攀升，也会吸引潜在企业进入。

首先，市场需求是影响潜在企业进入的重要因素。随着我国人民生活水平的提高，消费者对食用油的需求也在不断增加。因此，潜在的食用油加工企业可以通过满足市场需求来提高其进入市场的可能性。其次，技术水平是影响潜在企业进入的重要因素。食用油加工需要先进的技术和设备，以确保生产的食用油质量和安全。因此，潜在的食用油加工企业应该投入大量资金来提高技术水平，以增加其进入市场的可能性。最后，竞争对手的强度也是影响潜在企业进入的重要因素。如果市场上已有的食用油加工企业技术先进，产品质量优良，价格合理，那么潜在的食用油加工企业可能难以在市场上立足。因此，潜在的食用油加工企业应充分考虑市场竞争情况，并制定适当的策略，以增加其进入市场的可能性。

植物蛋白加工企业的潜在进入同样会受到市场需求、技术水平和竞争对手强度等多方面影响。潜在的植物蛋白加工企业应该充分考虑消费者对植物蛋白的需求，通过提高技术水平、保证产品质量优良，价格合理，制定适当的策略，来保证在未来市场上立足，以增加其进入市场的机会。

总体来说，未来小型潜在进入核桃产业的企业，其竞争情况将令人担忧，由于小型核桃生产企业加工水平较低，缺乏技术创新，产品质量不高，企业缺乏有效的市场推广策略，竞争力较弱。虽然目前还未显现，由于核桃的综合加工优势，副产品丰富，其中蕴含商机，未来大中型的食用油企业或食品加工企业进入核桃行业的可能性相对较大。

对于潜在进入核桃产业的企业，建议结合现有核桃种植和当地资源规模，高起点、高标准，因势利导发展核桃深加工加工产品，与国内外企业、食品研究单位和高校等联合开发科技含量高、附加值高、市场竞争力强的新产品，集中力量开拓市场打造名牌效应，探索产品出口路径。建议地方政府及各级协会提前谋划，落实销售扶持资金和奖励办法，帮助企业融资，提高购销能力，积极宣传推介，充分发掘核桃历史文化价值，扩大影响力和知名度，创造更多行业发展机会，助力乡村振兴。

三、替代品分析

（一）不同植物油的营养特点分析及相互替代潜力

食用植物油富含脂肪和多种营养素，是重要的能量和营养来源物质。按照品种分类，中国食用植物油主要包括大豆油、菜籽油、棕榈油、花生油、芝麻油、橄榄油、葵花籽油、棉籽油和玉米油及其他特种油脂。我国把以油茶、核桃、油橄榄和油用牡丹等为代表的木本油料作物榨取的油脂统称为小品种特种油脂。我国居民主要食用植物油消费品种为大豆油、菜籽油、棕榈油和花生油。不同的植物油其营养特点不同，根据中国粮油学会油脂分会常务副会长、江南大学王兴国教授的观点，评价食用油质量好坏主要有以下三个标准：

第一，"好油"应该具有相对合理的脂肪酸与甘油酯组成。各种膳食脂肪酸的数量不存在严格比例的平衡关系，膳食脂肪一半来自烹调油，另一半来自肉、蛋、奶等其他食品。所以，烹调油的脂肪酸平衡更不存在严格的比例关系，膳食脂肪酸的平衡必须结合每个人的膳食习惯和身体状况，并要考虑脂肪酸在甘油骨架上的分布情况，即甘油酯的组成与结构。

第二，丰富的微量营养成分。"好油"中含有丰富的脂溶性维生素和多种有益脂质伴随物，这些微量成分具有独特的营养价值和健康作用。它们的种类和含量不但与油料油脂的种类有关，而且与加工过程密切相关。

第三，极少或不含危害物质。油料作物生长、储运、加工和使用过程中可能会形成或由环境带入各种危害因子，粗加工过程难以彻底消减其含量。采用精准适度加工工艺，可以使微量营养成分得到最大限度的保留，而危害物大幅度降低，达到食品安全许可的要求，乃至于检测不出的程度，从而极大地提升油脂的营养密度，保证其食用安全性。

根据中国营养学会《中国居民膳食指南（2022）》中食用油的营养分类（见表2-2），一般可分为高饱和脂肪酸、富含n-9系列脂肪酸、富含n-6系列脂肪酸和富含n-3脂肪酸四类，不同食用油的脂肪酸组成差异很大。一般来说，饱和型高的食用油脂耐热性较好，适合做煎炸食品，能形成酥脆的口感。不饱和脂肪酸含量高的大豆油、玉米油、葵花籽油等油脂不耐热，经煎炸或反复受热后易氧化聚合，因此适合烹调炖、煮、炒类菜肴。n-3脂肪酸含量高的亚麻籽和紫苏籽油等适合作凉拌和色拉油。人体对脂肪酸的需求是多样化的，特别是需满足人体必需脂肪酸的需要，因此建议消费者日常经常改变食用油品种，做到多样化，保障脂肪酸营养平衡和健康需求。

表2-2　食用油的营养型分类

食用油的营养型分类	代表性油脂	特征脂肪酸
高饱和脂肪酸类	黄油、牛油、猪油、椰子油棕榈油、可可脂	月桂酸、豆蔻酸、棕榈酸等
富含n-9系列脂肪酸	橄榄油、茶油、菜籽油	高油酸单不饱和脂肪酸等
富含n-6系列脂肪酸	大豆油、葵花籽油、花生油、玉米油	高亚油酸型多不饱和脂肪酸等
富含n-3系列脂肪酸	亚麻籽油、紫苏油、鱼油	α-亚麻酸、DHA、EPA等

研究表明，食用植物油中都含有微量营养伴随物，包括维生素E、植物甾醇、角鲨烯、多酚类化合物等。维生素E是一种天然抗氧化剂，植物甾醇能够降低机体的胆固醇水平，角鲨烯对机体新陈代谢和免疫系统具有一定的调节作用，多酚类化合物能够清除生物体内过量的自由基，米糠油特征营养成分谷维素具有降低人体胆固醇含量、改善心血管疾病等营养功效，芝麻油中的芝麻木酚素类化合物具有诱导癌细胞凋亡的能力和较强的抗氧化能力，亚麻籽油中的亚麻木酚素可通过调节基因表达降低肿瘤的发生率。食用油精准适度加工可以极大程度地保留有益的油脂伴随物，同时把危害因子控制在安全水平，降低能耗和原料消耗水平，是我国油脂工业加工模式的重大转变。

"十四五"时期我国食用油产量与人均消费量的增速已明显放缓，进入快速发展后的产业优化与结构调整的战略机遇期，居民食用油消费将向少吃油和吃好油转变。近年来，以茶油、核桃油、牡丹籽油和橄榄油等为代表的高端小品种油脂进入市场快速成长期。一方面，随着人们收入水平提高和营养知识的普及,消费者在选购食用油时更加关注健康和功能性油脂。另一方面,国家出台了促进木本油料产业发展的政策,木本油料的种植面积和产量大幅度提高,已经部分替代和转移了传统食用油的消费人群。根据河南工业大学刘玉兰教授提供的数据,2000—2019年,3种主要木本油料(油茶籽、核桃和油橄榄)产量从113.57万吨增长至736.85万吨,增长5.49倍。其中,核桃产量从30.99万吨增长至468.92万吨,核桃油从2.29万吨增长至34.7万吨,增长14.15倍。核桃出仁率50%~60%,核桃仁出油率60%~70%,按照20%的核桃用于榨油,核桃油的市场空间很大,具有很强的替代其他食用植物油的潜力。

（二）不同植物油的市场格局分析

2021年,我国食用植物油消费量4200多万吨,人均年消费油脂30千克,日均消费量为83.2克。2021年,我国的菜籽、花生、棉籽、大豆、油茶籽、葵花籽、亚麻籽、芝麻八大油料的总产量突破6600万吨,扣除大豆、花生、葵花籽等油料部分直接食用外,有3770万吨用于制油,榨得的食用植物油(含玉米油、稻米油及其他小宗油脂)合计1234.8万吨,占总植物油消费量的比例不足29%。也就是说,我国植物油自给率低于30%,植物油消费量70%以上是采用进口油料生产的或者直接进口植物油(见表2-3)。国产油料产油最多的是菜籽油,第二是花生油,第三是玉米胚芽油,第四是棉籽油。

表2-3　2021年国产油料产量及出油量

油料	年产量（万吨）	用于制油的油料量（万吨）	出油率（%）	年出油量（万吨）
油菜籽	1445.0	1250.0	34.0	425.0
花生	1820.0	920.0	35.0	322.0
玉米胚芽	—	500.0	30.0	150.0
棉籽	1032.0	850.0	13.0	110.5
油茶籽	340.0	300.0	25.0	72.5
大豆	1640.0	350.0	16.5	57.8
米糠	1655.0	313.0	16.0	50.0
葵花籽	247.0	50.0	25.0	12.5

续表

油料	年产量（万吨）	用于制油的油料量（万吨）	出油率（%）	年出油量（万吨）
亚麻籽	31.0	30.0	30.0	9.0
芝麻	48.0	20.0	40.0	8.0
核桃	469.0	5.6	55.0	3.1
橄榄果	6.3	3.2	25.0	0.8
油用牡丹籽	3.7	—	25.0	合计1.1
其他木本油料	23.8	—	—	—

注：本表数据引自微信公众号江南大学油脂园地。

2021年，我国直接进口各类食用植物油1213.7万吨，较2020年的1169.5万吨增加44.2万吨；进口的大豆、油菜籽、芝麻、花生和亚麻籽等油料总量为10205.1万吨，折合制得油脂1766.5万吨；我国进口油料折算制得的油脂量和进口油脂量合计总进口食用植物油2980.2万吨，占我国植物油消费总量的70%左右（见表2-4）。进口最多的是大豆油、第二是棕榈油、第三是菜籽油、第四是葵花籽油。

表2-4 2021年我国进口植物油和油料折油量的总量

油脂品种	油料折油（万吨）	油脂（万吨）	总进口油脂（万吨）	占比（%）
大豆油	1592.5	112.0	1704.5	57.19
棕榈油	—	637.7	637.7	21.4
菜籽油	89.7	215.4	305.1	10.24
葵花籽油	2.8	128.3	131.1	4.40
花生油	35.1	28.1	63.2	2.12
棕榈仁油	—	62.8	62.8	2.11
芝麻	32.0	—	32.0	1.07
亚麻籽	11.7	4.7	16.4	055
椰子油	—	17.4	17.4	0.58
橄榄油	—	5.2	5.2	0.17
棉籽油	1.8		1.8	0.06
红花籽油	0.9		0.9	0.03

续表

油脂品种	油料折油（万吨）	油脂（万吨）	总进口油脂（万吨）	占比（%）
其他油脂	—	2.1	2.1	0.07
总和	1766.5	1213.7	2980.2	—

注：本表数据引自微信公众号江南大学油脂园地。

2021年，我国居民消费包括国产和进口油脂种类与数量（见图2-9），排在第一的是大豆油，合计1762万吨，占41.9%；第二的是菜籽油，合计730万吨，占17.4%；第三是棕榈油，合计638万吨，占15.2%；第四是花生油，合计385万吨，占9.2%。

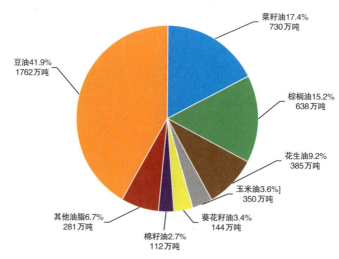

图2-9　2021年我国消费植物油数量、种类及比例

（三）不同植物油的适用人群分析

食用植物油是居民日常生活不可或缺的生活必需品，其消费量的变化将对植物油料生产规模、产品结构以及贸易格局产生显著影响。研究发现，影响城镇居民食用植物油消费量变化的主要有城市化水平、价格变动、收入水平和消费习惯等因素。根据中国营养学会《中国居民膳食指南（2022）》推荐标准，成年人每日烹调油25~30克。2021年，我国居民实际日均油脂消费量为80克左右，目前我国人均食用植物油消费处于消费过量状态。

不同人群对食用植物油的需求也存在差异，各品种植物油在价格、风味、

营养和使用特性等方面有着各自不同的特点。如上所述,我国居民消费食用植
物油的主要品种依次为大豆油、菜籽油、棕榈油、花生油和其他油脂。大豆油
作为我国传统植物油种,是我国食用历史最为久远,食用范围最广的食用油;
在植物油消费中,大豆油消费占比最高,位居第一,且消费量保持稳定增长。
其原因不仅在于中国不断增长的油脂和豆粕需求,而且在于国际市场大豆和
豆油的可供应数量远远大于油菜籽、花生等其他油脂油料作物。另外,豆油
价格低廉的优势也是影响消费者选择的重要因素。大豆油不仅"价廉",而且
"物美",其含有的大量亚油酸是人体必需脂肪酸之一,亚油酸不能在人体内
合成,只能通过食物摄取,是膳食中最主要的n-6多不饱和脂肪酸。此外,大豆
油中含有丰富的维生素E、维生素D和磷脂等多种人体所需的营养素,对维持人
体健康有重要作用。

菜籽油固有的菜籽风味和良好的口感,也是吸引中国消费者尤其是南方地
区消费者的重要原因之一。精炼一级菜籽油风味清香柔和,浓香型菜籽油风味
纯正浓郁,在长江流域区域广受欢迎。菜籽油分为一般菜籽油和低芥酸菜籽油
(卡诺拉油)两种。两者的主要区别在芥酸含量(≤3%为低芥酸菜籽油)。我国
是全球菜籽油第一大生产国和消费国,然而,近年来受各方面因素影响,国产
菜籽油日趋减少,进口的油菜籽及菜籽油不断增加。在消耗国产菜籽油的基础
上,加上一定量菜籽及菜籽油的进口,中国菜籽油供需基本平衡。

在世界植物油消费量中,棕榈油消费量位居全球第一;在中国植物油消费
量中,棕榈油消费量仅次于豆油和菜籽油,位居第三。棕榈油已成为中国植物
油供给的重要组成部分。除了具有市场竞争力的价格优势外,棕榈油因其固有
的脂肪酸特性(饱和脂肪酸比例较高等),在我国被广泛应用于餐饮行业和食
品加工行业。棕榈油是煎炸用油的首选,也是起酥油、人造奶油、糖果巧克力
用油、涂抹油脂等西式餐饮用油的主要组成部分。棕榈油因其多用途及优异的
应用效果而广受欢迎。

花生油是中国传统植物油中依靠国内自给的油种之一。花生油由于其独特
的花生风味而广受中国消费者的青睐,其主要产地在中国,是中国百姓理想的

食用油。与味淡的橄榄油相比，浓香扑鼻的花生油更适合中国人讲究色、香、味的传统饮食习惯。花生油也是高亚油酸型多不饱和脂肪酸油脂。近年来，科技工作者培育出了高油酸型花生品种，成为新的花生油生产原料。随着国内人民生活水平的不断提高，食用花生油的群体日益增多。

橄榄油以其营养成分丰富、保健功能突出而被公认为绿色健康食用油，在西方有"植物油皇后""液体黄金""地中海甘露"等美称；橄榄油中含有角鲨烯、β-胡萝卜素、黄酮类、多酚类、维生素E、植物甾醇等多种活性成分，对人体的健康十分有利；并且，橄榄油的加工工艺多为低温压榨，不经加热和化学精炼，保留了天然营养成分，因此，越来越受关注。由于橄榄油的市场销售价格较高，是中端食用油价格的5~10倍，因此，中国橄榄油消费群体主要在经济发达地区的大中型城市，2021年消费总量在5万吨左右。橄榄油一般被用于直接食用或凉拌，其更符合欧洲人的食用习惯，因此，中国橄榄油的消费量相对于其他油种较少。但是，随着中国消费者对营养与健康日益重视以及国产橄榄油产业的快速发展，中国橄榄油消费市场前景看好，并且呈不断增长的趋势。

核桃油不饱和脂肪酸高达90%，以亚油酸、亚麻酸和油酸为主，其中亚油酸和亚麻酸比例接近4:1，而且富含生育酚、甾醇和磷脂等多种生物活性成分，赋予了核桃油显著的预防心脑血管疾病、抗炎、抗氧化、抗肿瘤等活性。核桃油具有核桃仁大部分的营养保健及药理功效成分，对婴幼儿和孕妇等人群具有良好的营养促进功能，同时也被用于航天食品，是公认的高端食用植物油。近年来，随着核桃栽培面积和产量等快速增长，核桃的油料化利用已成为重要发展方向。据统计，仅云南省全省加工产能千吨以上的核桃油加工企业已有十多家，产能居全国第一，核桃油加工工艺齐全，产品类型丰富。

四、供应商议价能力

（一）供应商的议价能力

我国核桃栽培历史悠久，是核桃和深纹核桃的原产地，目前除黑龙江、上海、广东、海南、台湾外，其他省（区、市）均有分布和栽培。主要栽培区域为云贵地区、西北地区、华北地区，核桃主要分布在新疆、陕西、山西、河北、河南、广西、山东、甘肃、辽宁和北京等省（区、市），深纹核桃主要分布在云南、四川西南部、贵州西北部、广西北部和西藏东南部。截至2020年，我国核桃种植面积1.17亿亩，是世界核桃种植面积最大的国家。根据各省区林业厅提供数据，2021年，云南省核桃种植面积居全国第一位，达4300万亩；其次是四川1691万亩、陕西1137万亩、山西890万亩、贵州611万亩、新疆532万亩、河北413万亩、河南270万亩、广西260万亩、山东250万亩。根据国家统计局数据，2020年，中国核桃产量达479.59万吨，占世界核桃产量的60%，核桃加工量52.7万吨，年加工产值759.01亿元。根据中国海关数据，2021年，中国进口核桃干果3900吨、核桃仁1000吨，出口核桃干果10.43万吨、核桃仁4.99万吨。

我国核桃产品加工起步晚，加工规模较小，产品类型少，品牌建设差，远落后于美国、法国等发达国家。同时，我国核桃生产区多分布在山区或丘陵地带，大规模集约化核桃加工基地较少，主要依靠合作社和果农分散初加工，采收及采后处理技术手段落后。采收基本靠人工敲打，采收时间随意不科学，且做不到按品种采收、按等级分类。采收后去青皮、清洗、脱壳等基本上靠人工进行。干果靠自然晾干法干燥，若遇到阴雨天气，核桃仁很容易发霉、长毛，颜色变深，商品等级下降。这都给核桃加工及加工品质量带来了不利影响。

近年来，云南、河北、河南、陕西、山西、山东等省涌现出一批核桃深加工企业，产品类型主要为核桃仁、乳、油和工艺品，还有少量的核桃蛋白粉、粉末油、胶囊、核桃仁营养早餐、分心木、活性炭、染发剂等。中国核桃全产业链开发技术落后，创新驱动能力不足，缺乏严格、科学的加工生产与质量管理体系，供应链不完善，一、二、三产业融合发展程度低，既难以形成优势加工资源，更难打造国际品牌，深加工能力远远跟不上核桃产量增速。

核桃干果产量不断增加，初加工产品品质参差不齐以及深加工能力弱消耗的核桃干果较少，使得供应商的议价能力逐渐减弱。少量供应商通过建立健全完善的经营管理体系、提升产品质量和服务能力等来提高议价能力。

（二）出现以下几种情况时，供应商的议价能力增强

①供应商提供的核桃干果等原材料品质较高或正好符合客户需求，市场中替代品又很少。

②供应商的服务是独一无二的，其他供应商很难做到。

③客户的采购量占供应商销量的比例很低。

④供应商能够直接加工与客户相同的产品并与客户抢占市场。

⑤供应商受到技术劳工稀缺等因素限制了其产量或其产品成本增加。

（三）企业为了降低供应商议价能力通常采取的措施

客户与供应商根据双方的利益达成合约，使双方在某一时段的具体购销活动中更好地履行各自的权利与义务，使企业购买的核桃等原料价格趋于平稳，并保障供应商服务水平持续稳定。

五、客户议价能力

核桃产业客户的议价能力主要表现在能否降低产品市场品格，提高产品质量或提供更好的服务。

核桃是我国重要的木本油料树种，种植面积和产量均稳居世界第一，是脱贫攻坚和美丽乡村建设中不可或缺的树种。由于核桃富含营养，具有较高的食用价值和医疗价值，很符合人们的养生观念，公民对健康的认知连续不断增强，核桃在消费终端的各细分市场稳步扩张，尤其受到中产阶级家庭、年轻有小孩的家庭的青睐，因而核桃产业系列产品迅速在全国许多地方得到推广。

我国核桃品种繁多，但良种率低、缺乏专用品种和高档品种。近年来，加工企业数和总产能稳步增长，但行业分布长尾效应明显，加工贮藏相关企业超过1000家，小型企业数占75.3%，大型企业仅占6.6%。中国是全球核桃消费量最高的国家，约占全球的48%，年均增长22.2%。国内核桃人均年消费量呈逐年增长的趋势，年均增长率达到24%，而世界核桃人均消费增长率只有5.8%。

目前，我国核桃加工主要分为初加工与深加工，初加工如核桃的干制，深加工包括核桃油的压榨、核桃蛋白粉的制备、以核桃仁为原料生产休闲食品、以核桃青皮、壳等为原料生产加工日化产品等。按照2020年核桃总产量为479.59万吨计算，深加工比例不到40%。在贸易流通方面，以电商平台为代表的新兴渠道快速增长，为以核桃为首的坚果品类提供更广泛的终端消费者触达。近年来，坚果行业的线上销售份额迅速增长，电商正在成为引领休闲零食行业增长的新引擎。中国海关数据库显示，近年来，受外贸利润带动，核桃仁进口贸易增长明显，贸易伙伴国总体稳定。

核桃产业客户议价能力，针对不同的产品结构，其议价能力也不一样。

（一）核桃干果及核桃仁客户的议价能力较强

虽然国内核桃人均年消费量逐年增长，但随着核桃收获面积不断加大，核桃干果产量也快速增长，核桃干果及核桃仁整体处于供大于求的局面。2015—2021年，全国核桃干果批发均价从30~40元/千克跌至10~15元/千克，6年间核桃干果批发均价跌幅超过62%。其中，新疆产区在原本平稳下降的中后期和产季初期会出现小幅度的价格上涨，这主要得益于海外需求增加，新疆核桃集中出口，也带动了部分核桃主产地的核桃价格小幅上涨；云南核桃价格从高位波动下降，总体下降幅度较大。而全国优价优质的市场特征非常明显，2018—2021年，特级、一级、二级干果价格走势高度一致，且价差稳定，特级干果价格在19~21元/千克，比杂果价高8~9元。

近年来，核桃仁价格较为平稳，干果价格的下跌，抵消了部分劳动力成本的上升，经营加工核桃仁效益较为平稳。所以，核桃干果及核桃仁客户的议价能力较强。

（二）核桃精深加工产品客户的议价能力较弱

如今人们的生活条件好了，健康生活和消费的观念日益增强，对核桃的营养价值、药用价值及美容效用倍加青睐，对核桃精深加工产品的消费需求随之增加，消费比例不断上升，越来越发达的物流网络也进一步促进了跨地区的核桃产品的消费量。核桃精深加工产品市场需求主要集中在华东、华南、华北等经济较为发达的地区，这些地区分布着较多的一、二线城市，城市人口相对密集，居民的人均收入较高，有较强的购买能力和购买欲望，核桃精深加工产品市场需求量较大。2019年，华东、西部，华南的核桃精深加工产品市场份额位列前三，分别为21.30%、18.10%和17.60%。相对而言，东北地区人口分布较为稀疏，经济发展程度较低，核桃精深加工产品市场需求量也相对较小，2019年，东北地区的市场份额仅有11.6%。

核桃用途广泛，因核桃中含有丰富的油脂，因此可将其加工成油料，而且核桃油中大量的不饱和脂肪酸能减少肠道对胆固醇的吸收，有助于降低体内胆固醇水平，还能清除血管壁上的"污垢杂质"，净化血液，对人体的重要性不言而喻。欧美等发达国家非常喜欢食用核桃油，目前已成为一种消费趋势，这一点可以从美国将核桃油指定为宇航员食品得到佐证。近年来，随着人民群众生活水平的不断提高，我国的食用植物油消费需求增长很快，中国海关总署有关分析报告指出，目前我国的食用物植物油对外依存度偏高，国家粮油战略安全易受到威胁。而受土地等因素的影响和制约，仅仅依靠草木油料难以满足日益增长的市场需求，以核桃油为代表的木木油料对我国的食用植物油安全将是重要的补充和保障。

国内核桃精深加工产品的需求量日趋增长，但大多数精深加工企业存在加工技术落后、设备先进性低、品牌意识不强、产品产业链短、生产成本高、市场渠道不完善等问题。导致核桃精深加工产品客户的议价能力较弱。

第四节　核桃产业集中度分析

一、核桃生产集中度分析

（一）核桃坚果生产集中度分析

核桃坚果加工属于粗加工类制作，据估算，2022年产值约在70亿~80亿元。受到核桃产地和坚果销售网络两方面影响,核桃坚果加工分布主要有两方面:一是以新疆云南等原材料产地为主要的生产基地,当地果业厂商进行原料供应和初级加工,品牌商通过购买原料或贴牌形式进行采购;二是选择销售地分布加工企业,降低物流配套成本,如浙江等地。

从消费敏感度来看,消费市场对于产地的重视度不高,更关注于整体价格、产能、配套服务。近年来,消费市场对于核桃坚果的需求有下降趋势,头部品牌虽然有一定的市场占有率,但市场投放费用较高,而销售转化力难以突破,不利于长期发展。

在核桃坚果的生产发展方面,以下两个方面可作优化:第一,打造优质核桃品牌以及培育优质核桃品类,例如薄皮核桃等,提高消费者对于品牌产品的认知;第二,品牌商需要有自己的核桃产地,保障自有产能,降低原料成本,以获得更高的利润空间,提升竞争力。

(二)核桃油集中度分析

目前,中国是核桃油用量最大的国家,主要的核桃油来源分为海外供货和国内加工两部分。

海外核桃油产品在消费者认知上有品牌认知优势,但由于包装成本和人工成本,国外核桃油价格高于国内价格。而国内核桃油产量占优势,且近些年增长较快。

核桃油属于油类市场里面较小份额市场,生产加工场地分布在新疆、甘肃、河北、河南等地区。

核桃油富含不饱和脂肪酸、亚麻酸、亚油酸,脂肪酸组态近似母乳,易消化吸收,对大脑和视网膜的发育有益。未来可拓展孕婴用油、冷餐用油、营养餐用油、调配用油市场,引导培育新型消费群体,促进核桃油品消费。

核桃油对于生产工艺要求非常高,核桃油自身有着易氧化的性质,而为了打造高端品质,核桃油通常采用充氮保鲜而非添加剂。因此对于核桃油的生产环节的品控以及库龄管控都有非常高的要求,厂家通常也会采用玻璃瓶小规格包装(如100毫升),以降低消费者因风味流失而产生的负面评价。

未来可从两个维度看待核桃油生产端的发展方向。从厂商发展的维度来看，有两个方面的增长空间：第一，国内厂商业务约有30%~40%的出口比例，随着近两年国内对于核桃油的需求和认知逐步提高，国内市场体量逐步增大，头部厂商业务份额可能会从出口份额逐步向国内市场转移；第二，部分厂商将运用自有工厂和货源优势，打造自己的品牌和产品，从B端向C端转移。从产业供应的维度看，以下两方面可持续优化：第一，在生产技术方面，可对产品罐装设计和包装体验进行提升，参考国外例如水滴瓶、吸管等的设计，增强消费者在使用过程中的体验感；第二，打造优势产地品牌，品牌商可通过收购或承包贴牌形式，获取优势产地的品牌背书，提升用户的品牌产品价值和购买信心。

（三）核桃蛋白产品加工集中度分析

核桃蛋白属于核桃精加工产品，通过核桃去壳去皮、烘干、精磨、研磨、打浆等工序产出半成品核桃粉、核桃酱等，通过和水、牛奶等进行调制形成产成品。市场上核桃蛋白类的商品主要有核桃植物蛋白饮以及核桃乳饮，前者以核桃蛋白概念饮品头部企业为代表，后者通常是乳制品企业的某一款细分品类，份额不大。

在产能集中度层面，核桃乳80%以上的产能集中在头部企业。其中头部企业养元饮品形成了自供自销的全产业链，从核桃种植到核桃乳品生产，全生产线都由自有工厂完成。其他核桃乳企业则通常通过采购核桃半成品如核桃酱进行饮品调制再加工的形式完成。核桃半成品产能相对集中在两类区域，一类是偏向核桃原产地，以单一型生产核桃酱料的小型企业为主，另一类是偏向于经销地，成熟规模的酱料类供应商，核桃类产品作为其中一项中小品类辅助发展。

从产业发展的方向，以下两类方面可以进行优化：①高端品类的头部品牌可以通过建立全产业链，提升产线质量管控能力，并降低原料和生产环节的成本。②中低端可提升原料及半成品的标准化程度，以帮助提升产成品质量的规模化、标准化。

二、核桃销售市场集中度分析

2021年，中国核桃坚果的市场规模达到260亿元，销售企业众多。截至2023年1月，我国布局核桃坚果的企业数量高达6758家。由于种植地域分散、生产缺乏统一标准，长期以来核桃行业以小企业为主，品牌长尾效应较明显。

近年来，随着电商兴起，一方面地方性品牌可以卖向全国、收拢了部分市场；另一方面一批基于互联网而诞生的优质的坚果企业也随之兴起，市场集中度已大大提高。2021年核桃坚果行业CR5为32%、CR10为53%。前十名竞争激烈、但并未拉开一定差距。拥有优质果源和先进加工技术的优势企业由于其稳定的高质量产品，会持续拥有稳定的终端价格和毛利结构，通过新渠道进一步拓展品牌知名度，推动市场进一步整合，预计集中度会进一步提升。

未来核桃坚果主要的增长机会在于两个方面：①坚果原产地和核桃品种的研发，能够产生不同口味和价值，尤其是打造自有的产地产能，降低成本，争取更大的利润空间进行市场竞争。②打造强有力的核桃品牌，结合品牌产地，增加消费者黏度，进行整体突破。

（一）核桃仁及仁类制品销售市场集中度分析

2021年，中国核桃仁及仁类制品的市场规模约为148亿元。截至2023年1月，我国布局核桃仁及仁类制品的企业数量约为1992家。

核桃仁及仁类制品的竞争格局与市场集中度与核桃坚果相仿，CR5为34%、CR10为55%。大部分头部品牌与核桃坚果重合，如詹氏山核桃皆占据龙头位置，除了楼兰密语与好想你在核桃仁市场单独上榜之外，其他品牌只是排序发生变化。与核桃坚果类似，预计集中度也会进一步提升。

未来核桃仁及仁类制品主要的增长机会在于两个方面：①打造核桃仁衍生品，改变整体形态，增加产品属性。②通过品牌延伸和产品延伸，达到1+1>2的效果，寻找不同消费人群购买平台习惯，尤其以老年人、婴幼儿、女性、亚健康人群等作为首选，进行消费群体突破。

（二）核桃油销售市场集中度分析

2022年，中国核桃油的市场规模约为21亿元。截至2023年1月，我国布局核桃油的企业数量达4826家，企业类型较为丰富，包括食用油企业、调味品企业、中药、西药和生物药厂商以及乳业公司，其中以食用油企业居多。不同于其他的核桃细分产业，核桃油市场中进口品牌占比72%，包含进口核桃油三龙头：爷爷的农场、碧欧奇、罗朗德；同时新兴国产品牌如秋田满满、窝小芽、Babypantry光合星球等，因受到行业新资本不断进入的影响或依靠母公司的强大实力背景，也发展迅速。

目前，核桃油市场的集中度从前五名来看，与核桃坚果、核桃仁相似，CR5为32%；但整体呈现出较大差距的阶梯状分布：第一名爷爷的农场及第二名碧欧奇的市占率基本是第三名的两倍；而第三名又是第四、五名的两倍。同时与核桃坚果、核桃仁不同的是，CR10仅为37%，说明从第六名开始，市场十分分散，处于小企业间激烈的竞争。

未来核桃油主要的增长机会在于三个方面：①下沉市场的诉求，对于婴幼儿的营养替代和升级，如在6个月到2岁之间的婴幼儿做辅食或者主食调味，提供脑部发育和健康营养元素。②一、二线城市中高消费人群对于健康用油标准的提升，对于家庭食用油的营养价值以及口感的追求，如追求塑形女性的营养餐食用油。③拓展核桃油衍生品，例如按摩油、发油、胶囊、保健食品等，提高产品溢价。

（三）核桃蛋白产品销售市场集中度分析

核桃蛋白行业从2008年开始逐步起量，随着消费者对健康重视度的逐步提升，行业规模逐渐扩大，到2022年已达到了90亿元。截至2023年1月，我国布局核桃蛋白产品的企业数量约1000家。

行业的市场集中度非常高，CR5为67%，CR10为69%。六个核桃作为第一波进入核桃蛋白行业的品牌，通过主打"核桃健脑"，打响了品牌知名度，巅峰时期曾占整个市场80%左右的份额。高品牌认知度和强势的传统渠道，让六个核桃稳坐行业龙头。然而，随着近年消费者的购买行为逐渐向电商渠道迁移，同时年轻消费者在口味、包装等产品上的需求更趋多元化,头部企业的优势逐渐转弱,市场集中度有所下降。

　　未来核桃蛋白产品主要的增长机会在于两个方面:①培养日常饮用的场景与习惯,打破目前头部品牌以整箱销售、以礼品场景为主的局限。②基于年轻消费群体的需求,做产品上的多元化拓展,如不同的口味、不同的植物蛋白饮品混搭等。

核桃产业科技创新发展分析

第一节 核桃创新技术分析

一、核桃种植新技术

（一）核桃品种选择

我国核桃分布范围广，气候、土壤、立地条件和品种类型多样。根据种植目的，选择适宜当地气候、土壤、立地的优良或特色品种，做到适地、适树、适品种，且主栽品种不超过2个，实现区域栽培良种化。例如，新疆近年发展的'新新2号''温185''扎343''新丰'等，较好地实现了良种化栽培。

（二）核桃建园新技术

根据核桃不同的栽培模式、品种特性及管理要求确定适宜的株行距，如新疆地区林农间作模式早实核桃株行距为（4~6）米×（8~12）米；北京地区纯园式栽培的早实核桃矮化密植园株行距为（2~3）米×（4~5）米。为了更适于机械化、智能化管理，在此基础上可适度加大行距。

建园可采用适宜的机械进行高标准整地、建园，定植沟（或穴）深度和宽度要达到0.8~1.0米，每亩施腐熟有机肥2吨。夏季降雨较大，易发生涝害的地块可采用起垄栽培，垄高20~30厘米。

（三）整形修剪新技术

根据不同的栽培密度、品种特性及管理要求确定适宜的树形，如"疏散分层形""高位开心形""纺锤形""主干形"等。矮化密植园可采用"纺锤形""主干形"等树形；稀植园和林农间作园可采用"疏散分层形""高位开心形"等树形。

为构建核桃单株和果园整体良好的通风透光条件、便于机械化管理，需构建科学、简化的树体结构。根据树形要求来培养主干和主枝，在主枝（或主干）上直接培养结果枝组，以弱化或取消侧枝，使树体结构简化。技术要点包括：主干（或主枝）培养，根据不同树形选留主干或主枝，对选留的一年生中心干或主枝进行中、轻度短截，促进中下部芽萌发和枝头延伸生长，继续扩大树冠，高度不大于行距，冠幅小于行距1.0~1.5米；结果枝组培养，对枝头以下当年萌发的侧旺枝，可适当疏除过密枝，留下的旺枝可在5月中、下旬进行短截促发二次枝，通过摘心、环切等抑制营养生长、促进成花，培养结果枝组；结果枝组更新，回缩衰弱的结果枝组，促发新枝，培养新的结果枝组，维持每平方米树冠投影面积的留果量为40~60个；树形、树势维持，疏除过密枝、细弱枝、病虫枝，及时回缩超过树高和冠幅的延长枝，使行间保持1.0~1.5米的空间。

（四）核桃土肥水管理新技术

行间可自然生草或种植黑麦草、白三叶等，以构建果园良好的生态，并为土壤提供优良的有机质来源。2~3年深翻1次，也可结合施用有机肥和枝叶废弃物进行轮换翻耕，实施过程中可加入含有土壤益生菌的土壤改良剂或生物有机肥，实现果园土壤的持续改良。行内可覆草或园艺地布，实现节水保墒。

根据土壤墒情和降水情况，可在萌芽前、果实迅速膨大期、果实采收后至土壤结冻前等关键时期进行灌溉。结合肥水一体化，灌溉方式可采用滴灌、渗灌等节水灌溉。轻度干旱或水源不足的果园可采用交替灌溉实现节水。

（五）核桃病虫害绿色防控新技术

坚持"预防为主，综合防治"的原则，以农业防治为基础，根据病虫害发生规律，因时因地制宜，合理运用生物、物理、化学等防治措施实现核桃病虫害的绿色防控。

农业防治：通过种植抗病的品种，加强果园管理，增强树势，提高树体自身抗病虫能力；培育良好树体结构、创建通风透光的树体环境和果园良好的生态环境；销毁病虫枝叶及易滋生害虫的杂草来控制病虫害源等措施，实现病虫害的有效防控。

物理防治：根据害虫生物学特性，利用杀虫灯、粘虫板、糖醋液、树干缠草绳和树干涂粘虫环带等方法诱杀害虫；利用器械阻止、诱集、震落等措施消灭害虫。

生物防治：利用昆虫天敌、病原微生物、昆虫激素、植物源农药防治病虫害，如：①天敌治虫：用七星瓢虫、异色瓢虫、龟纹瓢虫、大草蛉等防治核桃黑斑蚜；用刺蛾紫姬蜂、爪哇刺蛾姬蜂、刺蛾广肩小蜂、上海青峰、健壮刺蛾寄蝇等防治黄刺蛾、褐边绿刺蛾；用管氏肿腿蜂、花绒寄甲防治天牛类害虫；用周氏啮小蜂防治美国白蛾；用红环瓢虫、黑缘红瓢虫等防治草履蚧。②利用美国白蛾、桃蛀螟等害虫的性信息素，设置性诱剂（诱芯）诱杀雄成虫。③用苏云金杆菌（用每克含100亿芽孢的苏云金杆菌1000倍液喷杀）防治核桃举肢蛾、美国白蛾。④植物源农药：用苦参碱防治美国白蛾，用大蒜素防治核桃黑斑病等。除此，具有抗虫、抗病作用的单种或复合的植保菌剂在核桃病虫害防控中展现了良好的防控效果和应用潜力。

化学防治：化学农药可选择绿色食品生产允许使用的农药，且尽可能选择低残留、低污染、易降解的农药，以减少化学农药对果品安全和环境的影响。如防治病害用的石硫合剂、过氧乙酸等，防治虫害用的杀虫霜等。

（六）核桃采收与采后处理新技术

当核桃青果皮颜色逐渐由深绿变淡黄，全树果实有1/3青皮开裂或顶部青皮离壳时进行采收。以坚果带壳销售为主的果园可适当提前3~5天采收，以保证果壳和核仁的感官品质；而以取仁加工为目的的果园可适当延后采收，以使种仁具有更优的营养品质。

采后已离皮的果实应及时脱去青皮。未离皮的果实堆置于阴凉通风处，堆积厚度30厘米左右，3~5天后脱去青皮。不易自然离皮的果实用0.5%的乙烯利浸泡30秒再堆放，3~5天后易脱青皮。脱皮后的坚果应及时清洗和干燥。

为缩短采收和采后处理时间、提高效率、保证坚果品质，可使用机械进行采收、脱皮、清洗和干燥。

（七）核桃农艺农机融合新技术

随着我国综合国力的壮大，人工成本不断提高，加之人口老龄化的发展趋势，农业生产正从劳动密集型向机械化、智能化转变。为适应机械化、智能化生产，核桃生产也必须创新农艺农机融合新技术。

核桃树体高大，树形结构较复杂，要实现核桃的机械化生产，栽植模式必须由传统的稀植大冠向适度的宽行、矮化密植转变。单株树形以"纺锤形""主干（枝）形"等树形为主，将整行作为一个整体进行管理，行间保持1.0~1.5米的空间以利于机械作业。

核桃生产的各环节，有不同程度的农艺农机的融合发展。尤其是果园管理的通用机械设备，在核桃生产中也得到了较好的应用，如苗圃用的起苗机、种植用的整地机、施肥用的开沟施肥机、喷药用的打药机、除草用的割灌机、土壤管理使用的旋耕机、处理修剪枝条的碎枝机以及肥水一体化设备等。

在核桃的整形修剪机械方面，美国采用了隔年隔行的方式，基本实现了机械化修剪，剪下的枝条就地机械粉碎做肥料；我国核桃的机械化修剪尚处于试验、研发及起始应用阶段，在人工修剪工具上有电动修枝剪（锯）、多功能作业平台的应用，但自动化、智能化程度高的成套修剪设备仍待研发。今后，可在改进核桃栽植模式、科学简化树体结构基础上，应用计算机技术、信息技术、虚拟交互技术等构建智能化修剪系统，研发智能化修剪装备。

在核桃采收及采后处理机械方面，美国已实现了全程机械化，其果实采收通过机械振荡器将果实振落到地面，用机械将果实收集起来，再送到加工车间进行机械脱青皮、清洗和烘干及破壳取仁或带壳包装等处理。目前，我国核桃的采收及采后处理机械取得长足发展，如采收机、核桃脱皮清洗机等，极大地提高了工作效率。其中，核桃采收机械虽有一定应用，但在生产中仍未较大规模使用，其性能、智能化程度、适用性仍需进一步提高；核桃脱皮、清洗机，通过不断改进，性能不断优化，目前在生产中日益广泛使用；成套的清洗、烘干设备，虽有产品问世，但在生产中仍应用较少。

二、核桃精深加工与智能制造技术

（一）高品质核桃油绿色加工技术

1. 物理压榨法

压榨法是利用机械物理手段将核桃中的油脂挤出，常用的压榨法有液压压榨法和螺旋压榨法。

液压压榨法是用液压压力将榨膛中的核桃仁挤压，破碎原料结构，使油脂在压力作用下挤出，经滤布过滤后得到核桃毛油。液压压榨具有操作简单、对压榨原料要求低等特点，但其出油率低，饼粕残油率高于螺旋压榨法，且液压压榨的上料和卸料目前均无法实现自动化、连续化，使得基于液压技术的生产线仍需要大量人工操作，生产效率低。该方法多适用于作坊式核桃油加工以及小批量核桃油生产线。

螺旋压榨法是带有螺纹的螺旋杆在旋转推动下不断将核桃推入螺旋榨油机的压榨区域内，由于螺旋杆的转动使内部形成压力不断挤压核桃，螺旋杆的同向运动将挤压出的油通过缝隙流出，剩余的核桃残渣继续进行挤压，最终形成核桃粕从榨油机的出口端排出，挤压出的油则通过过滤网收集到容器中。如果压榨过程中温度过低，核桃的油脂黏稠度将增大，从而导致流动性差引起出油困难的现象，且榨油机运转易出现问题。因此，在螺旋榨油机压榨过程中，其内部需要保持适当的温度，使核桃保持必要的可塑性来降低油脂的黏稠度，以提高出油率并减少物料的浪费。采用螺旋榨油机的压榨方法虽然可以进行规模化生产，但由于压榨过程中榨膛内部的温度较高，容易使核桃粕中的蛋白质发生变性，降低了核桃粕中蛋白的利用价值。

2. 超临界和亚临界流体萃取

超临界流体萃取技术是利用超临界条件下流体良好的扩散能力和非常低的表面张力，选择性的溶解物质使得其他组分留在原物质中，溶解能力随着临界条件的变化而变化。二氧化碳因其接近室温临界温度、成本低且无残留问题而常被用作超临界流体。仲山民等运用超临界二氧化碳流体萃取技术提取核桃油，得到的产品质量优于传统的提取方法。其最佳的工艺参数为：萃取压力30兆帕、萃取温度40℃、萃取时间4小时。运用超临界流体萃取法提取核桃油具有萃取效率高、节约能源、产出油质量好、无环境污染等优点，克服了传统压榨法产油率低，制作工艺烦琐且成品质量不理想等缺点。但该技术也有局限性，超临界流体萃取设备属于高压设备，投资及维护成本较高，目前多应用于实验室研究阶段，大规模的生产使用仍然有限。

亚临界流体萃取是一种相对较新的技术，张庆等以粉碎过筛干核桃为原料，利用亚临界丁烷对其进行核桃油的萃取。通过单因素试验、Box-Behnken中心组合设计原理的分析方法，对亚临界丁烷萃取核桃油工艺进行优化，最终确定提取核桃油的最佳工艺为：萃取时间40分钟、萃取温度50℃和料液比值0.2克/毫升。研究结果初步证明，亚临界丁烷萃取核桃油是一种提取核桃油较好的方法，且优化后的工艺能更好地运用于工业化生产。目前，我国仅对亚临界流体萃取工艺核桃油的加工工艺进行了相关研究，工艺技术对核桃油品质的影响机理尚未阐明，缺少完善的核桃油加工品质控制体系来指导生产实践。

3. 超声波辅助提取

超声波提取法是利用超声波产生的强烈震动、空化及搅拌等超声效应的协同作用，提高物质分子运动频率和速度，使植物组织在溶剂中产生空化泡崩溃，组织细胞破裂，从而提高提取效率及品质，能很好地增加物质的有效成分提出率。与其他新兴的非常规提取技术相比，超声波辅助提取相对简单，且价格较低。不仅提取效率较高，同时还减少了提取时间以及不稳定性功能活性成分的损失量。冯攀等采用超声波辅助法以正己烷为溶剂提取核桃油，在单因素试验的基础上，采用正交试验进行工艺优化，确定最佳提取工艺参数为超声功率270瓦，超声时间50分钟，料液比1:8（克/毫升），此时核桃产油率可达66.74%。但用超声波辅助提取制备的核桃油会存在较少量的游离脂肪酸，当其浓度过高时，会产生不良的风味和气味。同时由于自由基和挥发性化学物质的产生，过氧化值随着超声提取温度的升高而增加，降低了提取油的氧化稳定性。然而，此法对设备要求高且受到超声波衰减的制约。超声波的有效区域呈环形，易形成超声空白区域，造成作用不均匀、提取率低等问题。由于该技术缺乏配套成熟的工业化超声波提取设备，目前尚未在我国食用油工业中广泛应用。

4. 酶法辅助提取

酶法辅助提取油脂具有经济成本低和快速提取等优点。通常核桃仁中进行酶辅助水提法的常用酶包括Alcalase、As1398、中性蛋白酶、木瓜蛋白酶和胰蛋白酶等。陈翠芹等通过单因素和正交试验优化得出水酶法提取核桃油的最佳工艺条件为：料液比1∶6，酶解温度50℃，酶种类为中性蛋白酶，酶解时间1.5小时，此工艺条件下，核桃油的提取率可达55.83%。相对于传统方法，核桃油中的有益多不饱和脂肪酸在酶法辅助提取时可以完好保留。因此，使用酶法辅助提取核桃仁中的核桃油比使用传统方法提取的油更稳定，且品质更高。尽管该方法优势明显，但因酶法辅助提取的使用受其昂贵的价格以及较长的酶催化反应时间所限，我国亟须打破国外酶制剂产权壁垒，开发新型高效酶制剂并研发高效酶催化反应体系，推动酶法辅助提取油脂技术的推广。

现阶段，我国应用于产业化生产的提取方式是物理压榨法，但存在提取率低和核桃粕蛋白变性等问题，其余方法大部分仍然只停留在实验室阶段。需要进一步优化并完善产业化生产的提取工艺条件，如建立健全核桃油加工品质控制体系，缩短水酶法的酶解时长，优化超声波辅助提取产品的稳定性，加快超临界萃取、超声波辅助提取、酶法辅助提取产业化应用，提高核桃油的提取效率以及产品质量。

（二）核桃蛋白精深加工技术

1.核桃蛋白提取技术

目前，我国核桃蛋白的提取方法有碱溶酸沉法、盐溶酸沉法、离子交换法、膜分离法、超声辅助提取法、酶法辅助提取法以及反胶束法等。超声辅助提取法和酶法辅助提取法，均能有效提高蛋白得率，改善蛋白功能特性。其中，盐溶酸沉法所得蛋白质的纯度较低且杂质较多；反胶束法由于前萃取技术较为复杂，目前仅是一种理论上能够保留蛋白质活性的生物制备技术，在提取蛋白的技术上不成熟，并不适合于批量工业生产；离子交换法虽然能分离出高纯度蛋白质，但生产周期较长。当前唯有碱溶酸沉法被普遍应用，具有较为成熟的提取工艺，但该方法酸碱消耗量大，废水处理难度大、成本高，易造成环境污染。现阶段仍需建立蛋白得率高、成本低且环境友好的工业化核桃蛋白绿色提取方法。

2. 生物活性肽制造技术

目前，制备生物活性肽的方法主要有酶解法和微生物发酵法。由于蛋白酶具有特异性高、效率高、反应条件温和、易于控制、无营养损失等优点，酶解法在制备生物活性肽方面得到了广泛的应用。目前常用的核桃蛋白水解酶有胃蛋白酶、中性蛋白酶、胰蛋白酶、木瓜蛋白酶、复合蛋白酶（胰酶）、碱性蛋白酶等。天然核桃蛋白具有紧凑的立体结构，其大部分裂解位点都包含在蛋白质中，这使得其难以被蛋白酶水解。Li等和Lv等发现通过超声辅助水解核桃蛋白能够显著提高生物活性肽的水解度，同时对水解产物的生物活性具有积极影响。微生物发酵法是将蛋白酶的生产与蛋白质原料的酶水解相结合，通过固体或液体发酵生产生物活性肽。这样不仅可以降低生物活性肽的生产成本，而且在发酵过程中对蛋白质原料具有一定的脱苦作用，为有效促进蛋白质资源的高效利用和生物活性肽的安全生产奠定了坚实基础。发酵法制备多肽是当前活性肽制备的热点研究方向，主要是利用微生物的发酵作用来分解蛋白质。发酵法与酶解法相比，不需要提前把核桃蛋白提取出来，直接加菌种发酵即可得到核桃肽，但存在发酵时间过长、发酵设备体积较大、发酵过程中容易染菌等问题。

（三）核桃副产物全值利用技术

1. 核桃青皮

核桃青皮又称青龙衣，为核桃外部的绿色果皮，同时是核桃加工中产生的主要副产物。核桃青皮中含有醌类、黄酮类、萜类、有机酸及其酯类等多种活性物质，具有抗肿瘤、抗氧化、抑菌、清热解毒、祛风疗癣、止痢、消肿止痛的功效。随着科技的不断发展，核桃青皮中的各种活性物质被广泛应用于农业、工业、医药、食品等领域。

核桃青皮所含次生物种类多样，具有较好的农药活性，可以开发为植物农药杀虫剂、抑菌剂等。其水浸液对马铃薯晚疫病孢子和甘薯黑斑病菌孢子抑制效果达96.7%和98.7%，对植物幼根的抑制作用大于对幼芽的抑制作用，因此可作为除草剂使用。从核桃青皮中提取的总酚具有良好的抗氧化及抗菌活性，核桃青皮可以作为一种优秀的抗氧化剂和抗菌剂原料进行开发利用。基于核桃青皮的化感作用、抑菌作用、对昆虫的毒杀作用及对土壤的改良作用，目前也将其开发应用于杀虫剂、抑菌剂、除草剂、肥料，降低了化学制剂带来的残留风险，减少污染，应用安全。

核桃青皮可被用来提取植物源青皮色素。以核桃青皮为原料，用碱液提取天然食用色素，该色素在不同酸碱度（pH）下呈现不同颜色，性质基本稳定，可应用于多类颜料需求场景。与普通的氧化型染发剂相比，其对头发损伤小，且具有优良的抗紫外线性能。研究表明，50%乙醇提取得到的色素含量最高，为 2.67 ± 0.02 毫克/克，具有光稳定性及耐氧化还原性。

核桃青皮在临床中用于治疗多种癌症，特别对消化道肿瘤治疗效果显著。青皮石油醚部位还对人肝癌细胞 Huh 7.5.1 和人宫颈癌细胞 HeLa 抑制作用显著，且高于氯仿及乙酸乙酯部位，其 IC 50 分别为 124.99 微克/毫升和 45.33 微克/毫升，并可诱导人肝癌细胞 Huh 7.5.1 凋亡。青皮氯仿和乙酸乙酯部位对白血病细胞 HL 60 和人胃癌细胞 BGC 823 的抑制率均大于50%，其 IC 50＜100 微克/毫升。

核桃青皮提取物添加到熟香肠中可以减少贮藏期内的重量损失，缓解颜色劣变，同时对微生物生长表现出了强烈的抑制作用。核桃青皮可以作为化学添加剂的替代品应用于肉类加工，作为具有功能特性的植物化学物质的低成本来源。李杰等以核桃青皮和果蔬为原料，经酵母菌和乳酸菌发酵获得核桃青皮果蔬酵素，酸甜适口，果醋味香浓郁，具有良好的食用特性。

核桃青皮作为我国传统的药用植物资源，其化学成分多样，具有丰富的生物活性。近年来，国内外学者对其进行了广泛而深入的研究，分离得到丰富的化学成分，在抗肿瘤活性的研究上也取得了较大进展，同时也应用到食品等其他领域。但核桃青皮的资源利用问题一直没有得到足够的重视，目前亟须更好地开发利用其生物活性的途径和方法，充分利用这一宝贵的自然资源，减少浪费。

2.核桃壳

核桃壳是食用核桃部分后残留的主要废料,主要成分有纤维素、半纤维素、木质素和少量的灰分,含较多的固定碳和挥发成分,现阶段对其应用有限。但在进行粉末化和施胶处理后,它可以作为喷砂中的介质,用于抛光和清洁软金属、石材、木材和塑料。核桃壳可用于喷漆前部分零件和设备的预处理,对电气元件、铸件、成型件等起到有效去毛刺的作用。此外,核桃壳还可以作为水化系统中的过滤介质、黏合剂材料的填充剂以及石油工业中的损失循环材料。核桃壳经加工后可用作肥皂和化妆品行业的磨砂膏,并可用作抛光珠宝、枪壳和特定金属材料的研磨剂。核桃壳粉末具有优异的吸附性,同时也是一种极好的增强材料,可以充当有效的生物吸附剂。核桃壳经加工后也可用作碳质吸附剂,用来控制工业废液中的各种重金属。此外,它是原油与水分离的合适介质。

赵庆佳等以薄皮核桃壳为原料,采用磷酸活化法制备活性炭,以碘吸附值为测定指标,研究制备过程中的重要影响因素,得出最佳工艺:料液比1:4(克/毫升)、炭化温度500℃、炭化时间60分钟。此工艺条件下制备的活性炭碳含量为66.41%,碘吸附值为673.72毫克/克。其进一步研究了薄皮核桃壳基活性炭对水体中青霉素的吸附作用,当薄皮核桃壳基活性炭的用量为1.0克/升、酸碱度为2、青霉素溶液质量浓度为5.0毫克/升、吸附时间为12小时、吸附温度为40℃时,其对青霉素的吸附效果最好,去除率可达到90.44%,吸附量为8.11毫克/克。邵义等以核桃壳为原料制备活性炭作为废水中的锌离子吸附剂,通过对吸附时间、温度、粒径以及初始锌离子浓度等参数进行优化,得到最适合的吸附条件:吸附剂加入量为4克/升,吸附温度为20℃,吸附时间设定为150分钟。该条件下制备的吸附剂具有良好的吸附能力,去除效率接近90%,可大幅降低废水中锌离子的浓度,处理后的废水能够达到国家排放标准。肖永银等使用核桃壳制备活性炭颗粒并将其应用于卷烟滤嘴中,降低了卷烟主流烟气中的总粒相物、焦油及选择性吸附有害成分,总粒相物减少了0.08毫克/支(0.63%),焦油减少了0.1毫克/支(0.9%),巴豆醛减少了1.6微克/支(8%),HCN减少了3

微克/支（3.4%），苯并［a］芘减少了0.02纳克/支（0.24%）。

核桃壳综合开发利用是一个新型环保产业，属于循环经济领域。现阶段对其深度开发程度较低，如能"变废为宝"，将延长核桃产业链、增加核桃价值链，对于提高核桃的综合效益、降低环境污染治理成本意义重大，开发前景广阔。

3. 核桃分心木

分心木是核桃内的木质膜组织，浅棕色，质地轻薄，多弯曲体、质脆、体轻、易折断。因其含有大量的生物活性物质，如类黄酮、皂苷、生物碱、酚类等，在中药方面有较广泛的应用，被用于肾虚、腹泻、失眠、遗精、血尿和子宫出血等的临床治疗。同时，分心木含有的活性成分有抗血小板、抗菌、抗氧化、抗炎、抗诱变和免疫调节等功能。但长期以来，分心木都是作为核桃的副产品，通过焚烧的方式进行处理，造成了极大的资源浪费。

目前，我国分心木中活性成分的提取工艺基本都采用乙醇作为溶剂，主要的提取方法有微波辅助提取、超声波辅助提取、超高压提取、酶辅助提取、回流提取等。Liu等通过超声辅助提取法提取了分心木中的多酚化合物，沙玉欢等通过超声波辅助碱液提取分心木中的黄酮，黄酮得率均值为13.95%。微波辅助提取是利用微波技术对混合物进行加热，通过离子传导产生的热能辅助提取。Meng等用微波辅助提取法提取分心木中的多糖，通过响应面优化，得到分心木多糖的提取率为4.701%。目前，大型微波辅助提取设备的研制尚处于发展阶段，工业化的微波辅助提取应用较少。何薇等在385 MPa下提取分心木总黄酮，通过响应面优化，黄酮得率为12.35%，与超声波提取法相比提取率显著提高。该方法虽然提取效率较高，但是对仪器设备要求较高，目前还没有被广泛推广应用。李瑞等加入了果胶酶和纤维素酶提取分心木中的多酚，通过响应面优化，分心木多酚提取量为22.29 mgGAE/g。酶辅助提取法操作简单，提取条件温和，提取效率较高，其提取效果受底物浓度、温度、酸碱度、酶的残留等诸多因素影响。程艳刚等通过响应面优化乙醇回流提取分心木的总黄酮，总黄酮提取量为64.12毫克/克，与理论预测值相近。刘丽艳以核桃的分心木为原料，将其粉碎，采用回流法加热，95%乙醇作为提取剂从分心木中提取鞣质，然后再利用碱水解、乙酸乙酯萃取得到没食子酸。但回流提取法消耗溶剂较多，提取周期较长，不符合绿色环保理念，未来将会逐渐被其他方法取代。

当前，我国核桃分心木开发利用率不高，缺少相对应的质量评价标准。究其原因，主要在于国内外学者对核桃非食用部分的系统性研究不多，有关分心木的研究较少，需进一步探究其中各种营养成分的功能特性。

三、核桃精准营养与个性化定制技术

（一）特殊环境食品

在特殊环境条件下生活或工作，机体会出现生理变化。为适应这些环境变化，机体的生理功能也会发生改变，导致在此条件下工作的人群需要特殊的营养保证，因而面向特殊环境工作人员的核桃加工食品具有重要意义。特殊环境通常包括高温、低温、职业接触有毒有害化学物质等。

人体在高温环境下劳动和生活，会导致机体过热和大量出汗，进而造成机体钾、钠离子大量丢失，无机盐代谢紊乱，血清钾浓度降低，水溶性维生素大量流失；同时蛋白质分解加速，消化液分泌减少，胃蠕动变缓，消化功能下降。因此，高温环境工作人员不仅要注重水、矿物质、维生素等的补充，还应注重饮食的易消化性。核桃营养丰富，不仅含有丰富的优质蛋白质和脂肪酸，还是维生素和矿物质的良好来源，同时富含膳食蛋白酶，蛋白质可消化率达87.2%，是高温环境作业人员良好的膳食营养补充物。王丰俊等将核桃粕酶解、发酵所得的核桃肽与钙离子混合，进行螯合反应，制得了口感良好、螯合率高的核桃肽钙螯合物，其不仅可被人体高效吸收利用，还可在补钙的同时发挥多肽的生物活性功能。也有学者通过益生菌复合粉、焦三仙粉结合核桃肽粉，配合含有膳食纤维的果蔬粉和谷粉，发明了一种含有核桃肽的益生菌复合粉，能够减轻肾脏负担，提高排毒效果，易于消化，较为符合高温环境人员的膳食需要。

在低温环境下从事体力劳动时，机体在寒冷刺激下，基础代谢升高10%~15%，且低温下的寒战和笨重的防寒服让身体活动受限，使得能量消耗增加。此外，低温下体内一些酶的活力增高，使机体的氧化产热能力增强。因此，膳食供给应比常温下增加10%~15%，同时适当增加脂肪、优质蛋白质及维生素的膳食比例，为机体提供充足能量的同时增强机体的耐寒能力。核桃是一种集蛋白质、脂肪、糖类、维生素、矿物质等五大营养素为一体的优良干果类食物，是良好的天然营养补充剂。每100克核桃仁中含有15~20克蛋白质，属于高蛋白食品，且蛋白质消化率和净蛋白比值较高，效价与动物蛋白相近，氨基酸含量丰富，18种氨基酸种类齐全，8种必需氨基酸含量合理，是一种优质天然蛋白食品。核桃还是维生素和膳食矿物质的良好来源，含有多种人体必需的矿物质和微量营养素，对人体新陈代谢和多种生理功能发挥着十分重要的作用。研究发现：与花生、椰子、肉豆蔻相比，核桃中的矿质元素含量更为丰富，且具有最低的钠钾比。因而，核桃是供给能量、补充蛋白质和营养素的良好来源，能够较好地满足低温环境作业人员的营养需求。

职业接触有毒有害化学物质包括：重金属类，氯烃类四氯甲烷、三氯甲烷、氯化氢等，芳香苯类、苯胺、硝基苯等，有机磷及有机氯等杀虫剂，矽尘、煤尘、棉尘等。而良好的蛋白质、足量的抗氧化剂，可增强酶的活性，增加机体的解毒能力，提高机体对毒物的耐受和抵抗力。核桃作为一种营养丰富的天然坚果，不仅含有丰富的天然优质蛋白质，还被鉴定为抗氧化肽的天然来源，同时富含膳食蛋白酶和抗氧化酶，是食品工业合成抗氧化剂的有效替代品。已有研究发现，从核桃蛋白胃蛋白酶水解物中分离得到的肽序列Ala-Asp-Ala-Phe（423.23 Da），可表现出与谷胱甘肽（GSH）相当的DPPH自由基的清除能力，采用模拟胃肠消化法从核桃蛋白水解物中分离鉴定的抗氧化肽，亦可表现出优异的ABTS自由基清除活性和ORAC值。此外，核桃中大量的酚类化合物，也可在体内发挥优良的抗氧化活性。因而食用核桃可为机体补充优质蛋白质，增强机体抗氧化能力，提高机体免疫力，在一定程度上改善机体对有毒有害化学物质的耐受能力。

（二）特殊人群食品

孕妇、老年人、儿童等特殊人群在日常生活和营养吸收上与普通人群有很大差异，必须配备适合这类人群的饮食结构，才能更好地满足机体需求。孕妇的合理膳食和均衡营养是其成功妊娠所必需的物质基础，在基本膳食蛋白质、维生素、矿物质的基础上，还需要适当增加铁、叶酸、果蔬等的摄入量。老年人器官功能逐渐衰退，容易发生代谢紊乱，导致营养缺乏病和慢性非传染性疾病的危险性增加，因而针对老年人的生理特点和营养需求，配备粗细搭配、松软、易于消化吸收的食物对改善老年人的营养状况、增强抵抗力、预防疾病具有重要作用。6岁前是幼儿身心发育最为迅速的时期，此时幼儿生长发育迅速，新陈代谢旺盛，因而每天必须从膳食中摄取足够的营养物质，才能满足机体生长发育和活动的需要。除了需要充足的碳水化合物、脂肪、蛋白质以进行合理的能量供给之外，维生素、矿物质、膳食纤维等营养素的摄入也至关重要，需要根据儿童自身状况合理补充。核桃营养均衡，富含优质蛋白质、不饱和脂肪酸以及各类维生素和矿物质，是适宜各类人群食用的天然营养补充剂。相关研究也表明，在日常饮食的基础上添加适量核桃，不仅能够增加膳食蛋白质和多不饱和脂肪酸的摄入量，同时还显著改善了镁、叶酸、铜、锌的不足，而且平均纤维摄入量也增加了1.8克。曹维等以油茶籽油为基质，辅助添加核桃油与亚麻籽油，使用由微生物发酵生产得到的花生四烯酸油、二十二碳六烯酸油，同时加入辅助营养素——维生素A、天然维生素E，分别设计出适合婴幼儿、孕妇、中老年人三类人群营养需求的食用油配方产品。而柳青等以比例为54∶28∶18的核桃、黑米、黑豆制作的代餐粉营养全面，搭配合理，能够较好地满足中老年人群的膳食需求。作为参加脑代谢的唯一氨基酸，核桃肽中丰富的谷氨酸，还能够有效增强大脑发育。基于这一特点，陈琳以核桃肽和浓缩果汁为原料，发明了一种有利于脑部健康，增强思维敏捷度的核桃肽饮品，能够有效增强儿童的大脑发育。

（三）特殊医学用途配方食品

特殊医学用途配方食品（Food for special medical purpose, FSMP）是为了满足进食受限、消化吸收障碍、代谢紊乱或特定疾病状态人群对营养素或膳食的特殊需要，专门加工配制而成的一类配方食品。其在提高相应疾病患者的身体素质、营养水平和免疫力，控制疾病进展、延缓并发症发生和降低病死率，辅助疾病治疗和增强疗效，减少住院时间和医疗花费等方面起到积极作用。

核桃不仅含有丰富的脂肪、蛋白质、碳水化合物、维生素、矿物质等多种营养物质，还含有多酚、类黄酮、苷类等多种对人体有特殊生理功效的活性物质，这些物质在健脑益智、降血脂、抗氧化、降血糖、预防癌症等方面都有效果，有"动脉清道夫"的美誉。现代研究表明，核桃脂肪的主要成分是不饱和脂肪酸，约占其总量的90%，其中人体必需脂肪酸——亚油酸含量为普通菜籽油含量的3~4倍，还富含人脑必需的脂肪酸，且不含胆固醇，是优质的天然"脑黄金"，其有助于提高机体高密度脂蛋白胆固醇水平，改善机体的抗氧化防御能力，同时能够促进大脑健康，改善大脑的生理功能；核桃多酚能够降低与心血管疾病有关的低密度脂蛋白胆固醇水平；核桃的鞣花单宁及其代谢物在机体内表现出优良的抗炎保护作用以及对前列腺癌、乳腺癌和其他癌症的抑制作用，长期膳食补充一定数量的核桃还可有效降低Ⅱ型糖尿病的患病风险，且对预防冠心病、高血压、心血管疾病以及防止血栓形成等方面均有显著疗效。基于核桃在预防冠心病方面的积极作用，有学者采用微生物谷氨酰胺转氨酶热凝胶和冷凝胶法开发的添加核桃的功能性肉制品，有助于减少冠心病的中间临床标志物和血栓形成标志物，改善机体的抗氧化状态。也有学者采用麦芽糊精微胶囊、羟丙基-β-环糊精微胶囊、β-环糊精微胶囊、多孔淀粉微胶囊分别对山核桃油进行封装，制备出了具有降血脂活性的微胶囊化山核桃油。核桃中的精氨酸具有解氨毒的作用，可以保肝护肝，谷氨酸可促使人体合成脑组织中最重要的神经递质γ-氨基丁酸，可以用于治疗精神疾病，如神经衰弱、精神分裂、脑血管障碍等引起的记忆和语言障碍以及小儿智力发育不全等。刘丹丹等的研究表明，核桃蛋白氨基酸组成合理、必需氨基酸含量丰富，经胃肠道消化利用后，可以预防和减缓急性结肠炎的发生和发展。此外，核桃还是褪黑素的天然来源，有助于镇静和调节神经系统，并诱导睡眠，同时能够协同维生素E，有效清除人体内的自由基，阻碍脂质过氧化反应的发生，从而达到预防癌症的效果。核桃仁中的矿物元素锌、锰都是组成脑垂体、胰腺和性腺的关键成分,有助于强化心肌功能,含有的铬元素具有加强胰岛素效能的作用,并可以预防动脉粥样硬化。还有学者以核桃粉为原料粉,制备出了针对乳糜泻患者的无麸质蛋糕和无麸质饼干,不仅使产品更容易咀嚼,总膳食纤维和蛋白质含量也显著增加。

第二节　核桃营养健康新产品分析

近年来,坚果食品消费量持续上升,成为增长最快的零食之一,主要原因是消费者对营养健康产品需求的日益增长。益生菌每日坚果、多风味裹衣核桃、核桃零食棒、坚果酱、混合麦片等核桃产品种类日益丰富,轻喷核桃油、核桃粉末油脂、核桃酸奶、核桃乳等核桃油与蛋白类产品应用不断拓展,核桃营养健康产品创新水平实现新突破。

一、核桃坚果、核桃仁及其仁类新产品

(一)每日坚果

在中国,坚果通常作为零食食用,其中每日坚果产品促进了坚果食品消费量的强劲增长,已经成为重要的产业支柱。每日坚果是由坚果仁、风味果干为主要原材料的混合型休闲食品,一般由榛子仁、腰果仁、扁桃仁、核桃仁、蓝莓干、蔓越莓干等果仁果干混合搭配而成。每日坚果原料具有丰富的营养价值,源自世界各地的庄园,在生产工艺中已经去除果壳,通过低温烘焙轻加工的方式,保留原果的营养、色泽、口感。

每日坚果发轫于2015年,迄今规模突破200亿元,群雄混战。虽然不是最早的入局者,但三只松鼠后来居上,牢牢占据线上市场的头把交椅。财报显示,2020年,三只松鼠每日坚果销售超10亿元,位列天猫混合坚果品类Top 1,上线至今累计销量超2.5亿袋。每日坚果产品中坚果占比达69%,"6+3"原料包括巴旦木仁、开心果仁、夏威夷果仁、腰果仁、核桃仁、榛子仁、葡萄干、蔓越莓干

和蓝莓干。

2020年，良品铺子推出7日鲜每日坚果产品，从坚果开始炒制，到包装、出厂、开始发货等数个环节相加，时间控制在1周以内，直接将产品的仓储存放环节取消。而在业内，一款坚果产品从生产到送达客户手中的平均时间约为两周。把库存移到供应商端，零库存模式和原产地直发节省下来的时间，保证了消费者对新鲜的诉求。该产品原料包括巴旦木、腰果仁、核桃仁、榛子仁、蔓越莓干、红提干及蓝莓干。

新冠疫情使得消费者对食品营养健康的关注达到空前高度，带有健康免疫属性的益生菌类产品开始广泛进入公众视野。杜邦营养与生物科学公司市场调查显示，疫情发生半年后，美国服用益生菌的消费者数量增加了66%，意大利的益生菌消费者增加了188%，而中国的益生菌消费者数量增加了1倍，占到所有膳食补充剂使用者的近50%。市场调研机构ZION Market Research预计，2025年全球益生菌产业产值将超过770亿美元，其中，国内市场占比将超过25%，当下正是新芽破土的黄金时期。在此背景下，益生菌每日坚果也应运而生，创新性地将益生菌裹粉技术应用于坚果领域，沃隆、三只松鼠、百草味、恰恰等公司相继推出益生菌每日坚果产品，每100克含10亿～20亿CFU活性益生菌。其中，三只松鼠引进了丹麦进口BC30凝结芽孢杆菌，其在肠道中的活性是普通益生菌的79倍，并且属于高温益生菌，能够存活于混合粉末、烘烤烘焙、短时煮沸、微波等加工过程，在生产、运输、上货架期间以休眠的状态保持益生菌活性，无须冷藏。

（二）裹衣核桃

裹衣核桃属于糖衣型产品，可以满足消费者对不同风味健康零食的需求。与国内市场相比，国际市场裹衣核桃产品的种类更加丰富。Crazy Go Nuts Gourmet Walnuts推出了多种独特口味的休闲核桃产品，包括迷迭香、燕麦、枫糖、香蕉、蒜味帕尔马干酪、蛋奶酒、南瓜香料和海盐。Diamond of California新推出的系列核桃产品风味包括热蜂蜜、照烧和芥末、咸黑巧克力、枫糖、喜马拉雅粉盐、辣椒酸橙、山核桃烟熏培根和肉桂酱。除此，辣椒、芥末和辣调味汁烧烤等辛辣坚果风味，以及樱桃干、蓝莓干等偏酸风味也在不断丰富。

（三）零食棒

根据英敏特公司Snack, Nutrition and Performance Bars报告中的数据，2019年，零食棒行业规模超过96亿美元。其中，富含植物蛋白和纤维的零食棒脱颖而出。从风味的角度来看，核桃独特的坚果风味与巧克力、香草、水果等其他风味相得益彰，此外还有硬度适中的口感。坚果零食棒的关键是需要一种黏合剂来让所有的成分黏在一起，而过硬的或过于耐嚼的零食棒会让消费者反感。核桃可以通过单一的整体成分来提供所需要的口味、质地和营养特性，从而在竞争激烈的类别中获得优势。市面上与核桃有关的零食棒产品，其创新主要体现在优质营养、风味和补充能量方面。Blue Dinosaur的Paleo Bar零食棒含核桃、苹果、枣、肉桂和椰子油。这种零食棒不含防腐剂、麸质、谷物、乳制品和大豆，富含ω-3脂肪酸和单不饱和脂肪酸等有益健康的成分。ATAQ Chocolate Walnut Energy Bars能量棒含有核桃和人参提取物，可以增强能量，并在锻炼后快速恢复，其他成分包括枣、无麸质燕麦、巧克力片、无糖可可和海盐。国内零食棒/坚果棒多采用花生、巴旦木为原料，少有像"暴肌独角兽"零食棒产品采用核桃仁。

（四）在混合麦片产品中的应用

Packaged Facts的全球早餐麦片报告预测，到2023年，全球早餐麦片市场将以每年3%的速度增长，达到400亿美元。传统谷类食品分为儿童含糖产品和成人功能性谷类食品，但随着越来越多的谷物生产商重新调整现有产品的配方，加上了清洁标签，去除人工成分。核桃则作为对人体有益的成分被越来越多地添加进该类产品中。同时，核桃也可作为一种熟悉的风味被补充进食品新配方。Quaker Real Medleys Apple Walnut早餐麦片仅需加水即可食用，每份产品均包含核桃、苹果干、蔓越莓和全谷物等。Post Great Grains Banana Nut Crunch全天食用麦片产品中包含20%核桃。核桃微妙的坚果风味与甜、咸、辣等各种配料搭配在一起，形成完美的口感，既不太硬也不太软，成了混合麦片产品的关键。Wildway Grain Free Granola麦片产品将核桃与不加糖的可可粉、海盐、香草豆和干草莓混合在一起，口味清香独特。Diane's Kitchen开发了樱桃坚果混合麦片，该产品含有核桃、蓝莓干和樱桃，将坚果浸泡并缓慢脱水制成一种独特的松脆零食，每份提供2克膳食纤维和4克蛋白质。One Degree Organic Foods于2020年2月推出了无谷物麦片，专为想要避免或减少麸质摄入的消费者设计，包含核桃、葡萄干、椰子片、肉桂和香草。

（五）核桃酱

2024年，坚果酱类别的销售额预计将达到18.1亿美元。在坚果酱类别中，消费者也更愿意选择能够满足他们特定健康需求的产品，核桃则因高蛋白含量和ω-3脂肪酸获得青睐。而在一度以花生酱为主导的类别里，核桃酱不论在规模上还是种类上，都在不断扩大、扩充，并在口味、营养和蛋白质含量等方面引起了消费者的关注。核桃酱柔滑可口，迎合了多种市场需求：营养、具有独特风味、清洁标签、纯天然成分和便利性。核桃酱可以单独涂抹或蘸酱，也可以作为零食棒、饼干或糖果的填充物，还在汤、冰沙、燕麦片、甜点和三明治及其他领域大放光彩。同时，核桃酱含有的微妙坚果味，使它可实现无穷无尽的风味组合。Butterfly Superfoods的坚果酱突出了黑巧克力和核桃的组合，原料包括灵芝粉、核桃、可可、肉桂、香草精和罗汉果，产品可以和水果、吐司等搭配食用。Crazy Go Nuts的巧克力浓咖啡核桃酱由加利福尼亚核桃制成，可以用作咖啡伴侣。

二、核桃油类新产品

我国是世界核桃第一生产大国，2020年核桃产量居世界首位，其中30%核桃用作榨油。核桃油中不饱和脂肪酸总量高达90%以上，其中人体必需的亚油酸和α-亚麻酸含量分别为62.2%和13.5%，明显高于其他植物油。

核桃油可广泛应用于餐饮、药物制剂、化妆品、工业等领域，主要产品形式有以下几种：餐饮、家庭食用核桃油；冷榨核桃油小包装产品，适用于孕婴特殊人群；核桃油特种食品，如粉末核桃油、核桃油微胶囊冲剂、核桃油咀嚼片、核桃油健脑软胶囊；核桃油药物制剂及其保健品，如碘化油、核桃油脂肪乳静脉注射液、滴耳油等；核桃油化妆品，如用其制作的洗发水、防晒霜、按摩油等；食品加工，如作为制作糕点与营养食品的添加剂；颜色调制，如调制彩绘颜色等。

（一）轻喷核桃油

轻喷核桃油属于冷榨核桃油小包装产品，最早为意大利MANTOVA针对儿童孕妇推出的产品，无论在煮食或拌食物时均可方便使用。在此基础上，中国农业科学院王强研究团队采用适温物理压榨方式制备核桃油。针对核桃油脂肪酸组成、食用方式、食用人群等，研发独特轻喷包装方式。与传统核桃油相比，轻喷核桃油具有精准控量、氮气保鲜、UV阻光、喷淋均匀、营养健康等优点。每天轻喷15下，即可满足人体所需，每次喷3~5秒，约1.7克左右。轻喷核桃油有效解决了由于不饱和脂肪酸含量高，核桃油发生氧化异构反应生成危害人体健康的醛、酮、酸、反式脂肪酸等有害物质的问题。

（二）核桃油粉末油脂

虽然市场上核桃油粉末油脂产品较少，但作为一种稳定性好、保质期长、使用方便的油脂原料，核桃油粉末油脂在食品工业中具有广阔的应用前景。

核桃油粉末油脂可以应用于婴幼儿配方奶粉或辅食产品。一方面，它可以作为提供能量和营养的生产原料添加到婴幼儿食品粉中。作为生产原料的核桃油粉末油脂主要通过干法工艺添加到奶粉中，在干法工艺过程中利用核桃油粉末油脂本身具有的良好的分散流动性、溶解性等特点，便于与乳粉进行混合，更容易达到均匀、定量添加的目的。另一方面，由于富含可以转换为DHA的亚麻酸，核桃油粉末油脂也可作为具有一定功能特性的食品添加剂添加到婴幼儿食品中。

核桃油粉末油脂在功能食品中的应用主要体现在两个方面：一是可以根据产品需求改善微胶囊壁材组成，以提高核桃油粉末油脂中的维生素、矿物质、黄酮、多酚类化合物等功能性营养成分在人体中的消化吸收、生物利用率；二是利用核桃油预防心脑血管疾病、健脑益智、抗疲劳等功能特性，开发营养强化食品。

核桃油粉末油脂在固体饮料、烘焙食品、方便食品、肉制品、面食、冷冻食品中都有广泛的应用。相对于液体油脂，核桃油粉末油脂带来的方便性和可操作性是显而易见的，同时也可以改善产品品质。核桃油粉末油脂因其特殊的香味还可以增强这些食品的风味，并且可以提高产品的速溶性及柔滑感，可以在口感风味上满足多元化、个性化需求。

三、核桃蛋白类新产品

（一）核桃蛋白粉

针对核桃蛋白溶解特性差、难以应用于食品工业的"瓶颈"问题，中国农业科学院王强研究团队建立了高溶解性核桃蛋白粉制备工艺，核桃蛋白粉氮溶指数（NSI）从7.32%显著增加到78.16%，乳化性和起泡性分别提高到56.59平方米/克和96.3%，可以此为原料进一步开发核桃蛋白饮料等产品。高盼等分别以核桃仁和核桃饼为原料制备脱脂核桃蛋白粉，在最佳条件下脱脂核桃蛋白粉的脱脂率为99.38%，蛋白质分散指数（PDI）为14.88%；通过与FAO和WHO推荐氨基酸摄入组成比较发现，脱脂核桃蛋白粉能基本满足成人的需求，部分满足2~5岁儿童的需求。以核桃仁为原料，可以得到高脱脂率和高PDI的脱脂核桃蛋白粉，且脱脂核桃蛋白粉是具有较高营养价值的植物蛋白源。

（二）核桃蛋白肽

武万兴等以核桃粕为原料，采用黑曲霉固态发酵制备活性肽，在接种量5.5%、发酵温度33.50℃、培养基含水量1.00毫升/克、发酵时间84小时的条件下，核桃活性肽得率可达35.68%。该活性肽清除DPPH自由基、羟基自由基和超氧阴离子自由基的IC 50分别为0.15、1.75、2.4毫克/毫升，具有较强的体外抗氧化活性。姜荣庆等以酶法提取核桃油后，以核桃饼粕为原料，采用碱溶酸沉法提取蛋白，经水解制备核桃蛋白肽，通过喷雾干燥制成核桃蛋白肽微胶囊，进一步提升了副产物的利用价值。缪福俊等利用云南省木本食用油工程研究中心中试生产线对核桃蛋白（肽）粉生产工艺进行了实践。核桃饼经亚临界低温逆流萃取后，粕粉中残油为0.92%，蛋白质含量为54%；经核桃蛋白粉制备工艺后，蛋白粉中蛋白质含量达80%，肽粉中酸溶性蛋白含量达75%；核桃蛋白粉得率为37%，肽粉得率为17.5%。

安利纽崔莱于2022年11月推出儿童核桃肽高蛋白饮品，产品中添加了核桃肽和磷脂酰丝氨酸（PS），可以促进神经树突增加、促进神经递质传递，助力孩子脑部发育，改善记忆力，提高注意力。以岭健康科技有限公司研发推出具有促睡眠功效的酸枣仁核桃肽植物饮料，配料包含核桃肽、酸枣仁、茯苓、桑葚、橘皮、山楂、枸杞等。具有特殊营养功效的核桃肽产品将占据今后市场主流。

（三）核桃乳

在过去的10年中，超市的"乳制品"已经发生了转变，植物基产品正在逐渐普及。目前，植物基乳制品占零售乳制品总销量的13%，比去年增长6%。据市场研究公司Mordor Intelligence数据，乳制品替代品类别市场规模将达到233.5亿美元，到2024年的复合年均增长率为9.85%。目前，我国植物蛋白饮料市场规模为1380亿元，其中核桃乳行业市场规模约为105.96亿元，核桃乳市场份额在我国植物蛋白市场处于前列。近几年，有企业陆续推出"大豆+核桃""红枣+核桃""黑芝麻+核桃"复合核桃乳产品，迎合消费者对于不同口味产品的需求。也有企业推出了每日坚果饮料，原料包含核桃、巴旦木、碧根果、榛子仁、松子仁、腰果、夏威夷果和开心果8种，每升产品含20克坚果，每天喝2瓶即可满足《中国居民膳食指南（2022）》推荐坚果每日食用量（10克）。面对年轻人肥胖、老年人高血糖等无糖饮食需求群体，一款无糖核桃乳产品也被推出，采用麦芽糖醇替代白砂糖，还特别添加γ-氨基丁酸，缓解消费者睡眠障碍。一些国际核桃乳有原味和无糖两种，产品具有良好的氧化稳定性，成分中只有核桃和水。

（四）核桃酸奶

植物基酸奶营养健康、口味独特，日渐受到消费者的青睐。2020年，全球植物酸奶市场规模达到20.2亿美元。2018—2023年，全球植物基酸奶复合增长率高达17.8%。相较于传统动物基酸奶，植物基酸奶具有高蛋白、零胆固醇、多优质脂肪、微量元素丰富等特点，非常适合追求健康、牛奶过敏和乳糖不耐受等特殊人群食用。由于专用发酵菌种缺乏和加工技术"瓶颈"尚未突破，市售产品存在发酵效果欠佳、典型风味不足等问题，严重阻碍了产业健康发展。

中国农业科学院研究团队在特色植物基发酵制品中筛选、分离、纯化、鉴定了核桃酸奶发酵菌株植物乳杆菌WL-100，并已在中国微生物菌种保藏管理委员会普通微生物中心完成保藏，菌粉已完成中试级别生产。在适宜发酵条件的基础上，通过对植物原料进行烘烤处理，诱导激发、调控核桃仁中美拉德反应的程度，促进典型风味物质形成，明确不同烘烤条件对核桃风味物质种类和数量的影响。当烘烤温度为90℃和120℃时，可产生更多的（E）-2-辛烯醛、正戊醛和正己醛，赋予核桃发酵乳油脂香、发酵香和果香；150℃的烘烤则提升了发酵乳中异戊醛、苯乙醛、（E，E）-2，4-癸二烯醛、2，6-二乙基吡嗪和2，3-二乙基-5-甲基吡嗪的含量，赋予其黄油香、烘烤香和类似巧克力的香气。核桃经烘烤处理后，实验产品能较好地与Herschel-Bulkley方程拟合，其发酵乳的凝胶强度随烘烤温度的升高呈现出先增强、后减弱的趋势，当烘烤温度为90℃时，核桃发酵乳的凝胶强度最大，表观黏度、G'和G''均高于其他各组。这种强凝胶结构也赋予了核桃发酵乳更高的硬度、稠度、黏聚性和亮度。

四、核桃副产物类新产品

（一）核桃壳

核桃壳是核桃副产物之一，一般都被丢弃或焚烧，对环境造成了一定的污染。核桃壳含固定碳21.03%、挥发分78.52%、灰分0.72%、水分14.70%。核桃壳固定碳和挥发分含量较高，而灰分含量较低，适宜作为活性炭的原料。以核桃壳为原料制备得到的活性炭具有比表面积高、活化得率高、微孔率高等优点。

核桃壳中含有的棕色素是一种天然植物色素，可应用于食品领域。李维莉等在溶剂提取的基础上采用树脂纯化核桃壳棕色素。结果表明，AB-8树脂对核桃壳棕色素有较高的吸附量并且具有较好的重复使用性能，用50%乙醇为洗脱剂得到的棕色素质量好、色价高、水溶性好，在酸性条件下具有较好的稳定性,有一定的耐光性,在适当温度下对热稳定性较好,对低浓度的常用食品添加剂较稳定。

核桃壳经过处理后可用作金属的清洗和抛光材料。核桃壳超细粉无毒,而且不含杂质,具有一定的弹性、恢复力、承受力,适合在气流冲洗操作中作为研磨剂,可用在塑料、铝板等材料中,使表面光滑没有疤痕。

(二)核桃青皮

核桃青皮又称青龙衣,为核桃外部的绿色果皮,是核桃加工中产生的大量副产物。以核桃青皮为原料,用碱液提取天然食用色素,该色素在不同酸碱度下呈现不同颜色,性质基本稳定,可在不同酸度食品和不同颜色需要的情况下使用。以核桃青皮为原料提取天然食用色素原料来源丰富、生产工艺简单、产率高、成本低,产品色素附着力强且安全无毒,在食品工业中有很好的开发应用价值。核桃青皮所含次生物种类多样,包括酚类、黄酮类、香豆素、萜类、甾类和有机酸等,具有杀虫、抑菌等作用,具有较好的农药活性,可以开发为植物农药杀虫剂、抑菌剂等。

第三节　核桃功效研究进展

核桃仁为胡桃核内的果肉,又名胡桃仁、胡桃肉。中医自古就把核桃称为"长寿果",认为核桃仁能补肾健脑,补中益气,润肌肤、乌须发。现代营养学研究认为,核桃除去约50%的壳等废弃物后的净仁,含有亚油酸以及丰富的蛋白质、磷、钙和多种维生素,含有大量的不饱和脂肪酸,能强化脑血管弹性和促进神经细胞的活力,提高大脑的生理功能。而且,核桃含磷脂较高,可维护细胞正常代谢,增强细胞活力,防止脑细胞的衰退。

一、核桃油

核桃仁中的油脂含量高达60%~70%,其中不饱和脂肪酸含量高达90%以上，主要是亚油酸、α-亚麻酸等。核桃油含有天然生物活性成分和丰富的脂肪酸，具有抗氧化、抗菌抗癌、预防心血管疾病等功效。因此作为一种重要的功能性植物油脂，核桃油受到国内外研究学者的广泛关注。

（一）预防心血管疾病

核桃油对机体心脑血管相关疾病具有显著的预防作用，主要是通过降低机体的血脂、胆固醇、低密度蛋白胆固醇等含量，抑制血小板凝聚和血栓形成，从而防止动脉粥样硬化及其并发症发生。从核桃油中分离纯化的亚油酸具有降低高脂小鼠血清总胆固醇和甘油三酯水平，提高血液高密度脂蛋白胆固醇水平，降低低密度脂蛋白胆固醇水平及动脉硬化指数的能力。研究表明，食用核桃油可以显著降低Ⅱ型糖尿病患者的总胆固醇、甘油三酯、低密度脂蛋白胆固醇与高密度脂蛋白胆固醇比率。食用核桃油可以维持Ⅱ型糖尿病患者的血糖水平，并减轻高胆固醇血症人群的炎症反应。此外，核桃油还可通过激活法尼酯X受体抑制巨噬细胞源性泡沫细胞中硬脂酰辅酶A去饱和酶1的表达，从而实现胆固醇的外流，减轻动脉粥样硬化。

（二）抗氧化

核桃油中有很多能够消除自由基的抗氧化类功能因子，并对调节人体自由基代谢平衡、延缓衰老、预防心血管疾病和抗癌等有重要作用。自由基具有极强的氧化作用，会氧化蛋白质、损害核酸和破坏细胞膜上的多糖结构，危害细胞和生物体，并诱发癌症、糖尿病、动脉粥样硬化和心脑血管疾病等。范学辉等研究结果表明，高剂量的核桃油提高酶的抗氧化作用效果最好。高盼通过建立了DPPH模型、FRAP模型、ABTS模型和OARC模型证明了核桃油的抗氧化能力，并且进一步证明核桃油的抗氧化能力随多酚、α-生育酚、豆甾醇物质的增加而增强，随δ-生育酚、β-谷甾醇、△5-燕麦甾醇物质的增加而减弱。研究还发现，酚类物质通过捕获羟基自由基（HO·）、烷氧自由基（RO·）和过氧自由基（ROO·），从而起到抗氧化的作用，δ-生育酚经过生育酚介导的过氧化反应，产生促氧化作用。

（三）预防癌症、抗癌

在过去的10年中，越来越多的证据表明，核桃含有生物活性成分，具有预防和治疗癌症的潜力。恶性肿瘤是全世界主要的慢性退行性疾病之一，近年来诸多研究表明，核桃油通过抑制癌细胞核转录因子（NF-κB）表达、细胞周期等发挥抗肿瘤作用。Batirel等研究表明，核桃油可以诱导食管癌细胞OE19在G0/G1期出现坏死和细胞积累，并通过抑制NF-κB的表达，降低食管癌细胞的活力及其转移能力而发挥抗癌作用。Kim等研究表明，核桃油可以通过抑制前列腺肿瘤细胞中胰岛素样生长因子-1（IGF-1）和环氧化酶-2（COX-2）mRNA的表达水平发挥抗癌作用。此外，核桃油通过降解口腔癌细胞DNA发挥抗癌作用。

（四）提高学习能力

核桃油的健脑活性可能与其富含的亚麻酸和亚油酸相关，亚麻酸进入人体内后的代谢产物EPA、DHA具有强大的抗氧化、抗神经炎症、改善脑部血流等活性。王鸿飞等研究表明，食用核桃油可以增强小鼠空间记忆保持能力及空间定位的准确性。Liao等研究表明，核桃油可以抑制东莨菪碱诱导的小鼠脑中乙酰胆碱酯酶活性及海马CA1和CA3区神经元的组织学改变，增加胆碱乙酰转移酶的活性，从而改善小鼠的记忆障碍。Wang等研究表明，核桃油通过增加大鼠海马神经元细胞中酸敏感性离子通道Asic2a、Asic4 mRNA和蛋白水平改善学习和记忆。

（五）小结

核桃油富含不饱和脂肪酸，其中亚麻酸与亚油酸比例接近1:4，而且富含生育酚、甾醇、磷脂等多种活性成分，赋予了核桃油显著的预防心脑血管疾病、抗氧化、抗炎、抗肿瘤等能力。然而，目前针对核桃油功能的相关研究主要集中于实验室阶段，在市场上主要以婴儿和孕妇用油为主，其他相关的核桃油产品较少。随着核桃油的多种生物活性及机理研究的深入，为其相关功能性产品的研发奠定了理论基础。下一步应重点研发适用于相关疾病的预防或辅助治疗的核桃油产品，以提高其安全效益比。

二、核桃蛋白

核桃蛋白是一种优质的植物蛋白，主要由四种蛋白质组成，分别是谷蛋白、球蛋白、清蛋白、醇蛋白，其中谷蛋白含量高达70%。核桃蛋白中含有18种氨基酸，其中有8种人体必需氨基酸，且比例合理，其中谷氨酸是影响人体特别是青少年智力及记忆发育的重要功能物质。核桃蛋白中精氨酸和谷氨酸含量很高，接近WHO推荐的标准，核桃蛋白被认为是人类食物的重要植物蛋白来源，也是具有巨大发展潜力的植物蛋白。近年来，关于核桃分离蛋白特性的研究较多，研究发现核桃分离蛋白的溶解性较差，核桃分离蛋白可以作为一种表面活性剂，它能提高乳状液稳定性，其乳化性和乳化稳定性受酸碱度、离子浓度、温度、蛋白质浓度等影响。

（一）溶解性

溶解性是评价蛋白质可应用性最直观的参数，蛋白质其他重要的功能特性都与其溶解性有关，如乳化特性和起泡特性，因此有必要对核桃蛋白的溶解性规律作深入研究。由于核桃蛋白通常和酚类与单宁类物质复合在一起，核桃脱脂粕在水中的溶解性较差。Mao等通过测定氮溶解指数（NSI），发现与核桃脱脂粉（4.85%）相比，制成核桃分离蛋白（29.06%）和浓缩蛋白（28.24%）后，其溶解性明显提高。此外，核桃蛋白的溶解性还受到酸碱度和电解质等的影响。核桃蛋白在酸性条件下溶解性较低，但易溶于稀碱溶液。Sze-tao等对核桃脱脂粉在不同酸碱度条件下的溶解性进行研究，核桃分离蛋白在酸碱度为4左右时溶解性最差，仅为2.17%，在酸碱度小于3或大于6时，其溶解度迅速提高。低浓度的盐离子对蛋白质具有盐溶效应，能提高核桃蛋白的溶解性。崔莉等研究发现，盐浓度为0~1摩尔/升时，核桃蛋白在低浓度盐溶液中溶解度升高，在高浓度盐溶液中溶解度降低。

（二）乳化性与乳化稳定性

蛋白质稳定的乳化体系是蛋白质分子吸附到油滴周围形成界面层包裹油滴的两相体系，良好的乳化能力有利于乳状液类型产品的开发。核桃蛋白的乳化性及乳化稳定性同时受到酸碱度和电解质的影响。罗勤贵等发现核桃分离蛋白在酸碱度为5.0时的乳化特性最差,而在偏离酸碱度5.0的酸性或碱性环境下,二者均大幅提高,此结果表明核桃蛋白的乳化性与溶解性呈现一定的正相关性。同理,不同浓度的盐离子对核桃蛋白乳化性和乳化稳定性的影响也与溶解性有关。毛晓英等研究发现,氯化钠浓度在0~1摩尔/升范围内,核桃脱脂粉、分离蛋白以及浓缩蛋白的乳化性和乳化稳定性随着浓度增大先升高后降低。此外,核桃蛋白的乳化性及乳化稳定性还受蛋白质浓度和温度等外界因素的影响。

(三)起泡性与泡沫稳定性

蛋白质的起泡性和泡沫稳定性在泡沫型产品的后续加工中有着重要作用,受到溶解性、酸碱度、盐离子强度、蔗糖等因素的影响。丁晓雯等(2005)发现核桃蛋白的起泡性和泡沫稳定性均在酸碱度为5.0时最低,当偏离酸碱度5.0时,二者均有所增加。Mao等(2014)发现核桃蛋白的起泡性和泡沫稳定性先升高,分别在0.8摩尔/升、0.6摩尔/升时达到最大值,而后降低(氯化钠浓度为0~1摩尔/升)。蔗糖是蛋白质后续加工中常用的辅料,能明显降低核桃蛋白的起泡性,其浓度越大,蛋白质的起泡特性越差。

(四)其他功能特性

蛋白质良好的持水性与持油性有助于改善肉制品和烘焙食品的产品质量。在肉制品加工中,蛋白质可以作为添加剂或填充剂,良好的持油性有利于改善口感和保留风味。蛋白质的黏度是调整食品特性的重要参考指标,可以稳定食品成分和改善口感。温度对核桃蛋白的黏度影响较大,随温度的升高先增大后减小,这是由于升温导致蛋白质分子剧烈热运动从而引起黏滞,黏度增大。

(五)小结

在核桃蛋白功能特性的研究方面,主要集中在碱溶酸沉的分离蛋白研究上,而且以溶解性和乳化性为主,许多其他的功能特性研究不够深入。关于核桃蛋白的二级结构、三级结构等高级结构也缺乏研究。在二级结构的研究上对α-螺旋、β-折叠及不规则卷曲等结构的组成分析不够清楚,没有从微观上对其进行分析，也没有关于二级结构是以什么形式构成三级结构的研究，蛋白质亚基之间是如何形成四级结构的研究也不明确。

三、核桃肽

近年的研究发现，人体摄取蛋白质经消化作用后，并非主要以氨基酸形式吸收，而是以肽的形式吸收。用核桃蛋白制备的核桃肽具有很强的生理活性，并具有易消化吸收、抗氧化活性和促进微生物发酵等特点。同时核桃肽可以解决食品开发中核桃蛋白溶解性差等的技术"瓶颈"，基于核桃肽开发个性化健康食品具有广阔的市场前景。

（一）抗氧化活性

近年来，研究发现核桃蛋白水解物具有较强的抗氧化活性，在这些核桃蛋白水解物中多肽起主要的抗氧化作用，大约80%的自由基清除活性由多肽提供，核桃肽的抗氧化活性与其氨基酸的组成与序列有直接关系。研究发现，酸性氨基酸残基可以通过其以氧为中心的自由基清除活性和减少脂质过氧化物的形成来减少脂质氧化，而含Glu-Asp的肽可以指导进一步核桃抗氧化肽的开发，从而赋予富含不饱和脂肪酸的产品抗氧化性。Wang等通过UPLC-MS/MS鉴定了48种核桃肽的序列，结果表明，核桃蛋白水解产物具有良好的抗氧化活性，特别是其对H_2O_2诱导PC12细胞中的氧化损伤；在鉴定的48种肽中，QGRPWG、PSRADIY和AYNIPVNIAR三种肽同时表现出细胞外和细胞间的抗氧化活性。除此之外，核桃肽的抗氧化活性与分子质量同样密切相关。郝常艳使用酶法水解制备了两种不同分子量的核桃多肽样品，比较两种分子量核桃多肽的抗氧化活性，发现分子量小于2000 Da的核桃多肽的抗氧化活性更强，这可能与多肽暴露的抗氧化基团数量有关，等质量的多肽，分子量越小，分子数量就越多，携带的有效抗氧化基团就越多，自然其抗氧化活性就越强。

天然产物的抗氧化活性通常通过自由基清除方法进行研究。然而，通过自由基清除方法探索核桃肽抗氧化的机制在很大程度上仍然未知。对此，Wang等利用核磁共振波谱研究核桃衍生肽的抗氧化活性机制，发现PW5的Trp残基与ABTS$^+$·自由基在核磁共振波谱中的质子信号有明显改变, 而其他残基信号没有改变, 这意味着PW5的Trp残基可能与其潜在的抗氧化特性有关。因此, 核磁共振表征方法可能是探索肽抗氧化机制的有用方法。

(二)心血管保护活性

高血压是心脑血管疾病的重要危险因素, 心脑血管疾病是全球死亡的主要原因。近年来, 血管紧张素转换酶(ACE)抑制肽因其在维持人体血压平衡方面的重要作用而成为研究热点。Wang等从核桃谷蛋白-1水解物中成功分离鉴定了两种新型肽(VERGRRITSV和FVIEPDITPA), 动物实验结果表明, 口服两种ACE抑制肽可显著降低SHRs的收缩压和舒张压。同时, 分子对接研究表明, VERGRRITSV和FVIEPNITPA的ACE抑制主要归因于与ACE的活性口袋形成非常强的氢键。此外, 两种ACE抑制肽对消化酶表现出良好的抵抗力, 在普通食品加工环境中能保持结构稳定性, 这些结果表明, 这两种ACE抑制肽具有治疗高血压的潜力。Tang等使用碱性酶水解核桃蛋白分离物, 得到了血管紧张素转换酶抑制肽(ACEI), 而分子对接研究表明, ACEI肽的ACEI效应主要是由于ACE活性口袋中Gln281和His353残基的相互作用; ACEI肽的体内利用度表明, PPKP在人体内与ACE结合的概率为37.9%。源自核桃蛋白的ACEI肽被认为是可以预防高血压的功能性食品, 将其作为降压剂的开发利用将提高核桃蛋白这种未充分利用的蛋白质资源的价值。

(三)抗肿瘤活性

目前, 临床上使用的抗癌药物都具有严重的副作用, 而抗癌肽因其分子量小、靶向性好等诸多优势, 为治疗提供了一种新的治疗思路。抗癌肽可通过多种途径发挥其抗癌作用。科学研究已证实核桃成分在对抗人类癌症细胞中的细胞毒性活性有一定的作用。目前关于核桃抗癌肽的相关报道也在逐年增加。

Raheleh等通过与胰凝乳蛋白酶和胰蛋白酶以及微生物酶蛋白酶K制备了核桃蛋白水解物, 首次针对人乳腺癌(MDA-MB231)和结肠癌细胞(HT-29)的活力进行了测试, 肽级分显示乳腺癌的细胞生长抑制率为63%±1.73%, 结肠癌细胞为51%±1.45%, 表明了核桃肽具有良好的抑癌作用。Ma等分别用碱性蛋白酶、木瓜蛋白酶、胃蛋白酶、胰蛋白酶和中性蛋白酶制备核桃蛋白水解产物，采用超滤、凝胶过滤色谱和RP-HPLC法对水解产物进行顺序纯化，得到癌细胞生长抑制肽，通过细胞周期分布、膜联蛋白V-FITC/PI双染色、TUNEL测定、蛋白质印迹和免疫荧光等方法用于LC3-Ⅱ测定，检测细胞凋亡和自噬。结果表明，纯化后的抗癌肽的氨基酸序列鉴定为CTLEW（Cys-Thr-Leu-Glu-Trp），分子量为651.2795 Da，CTLEW诱导MCF-7细胞凋亡和自噬，显著抑制Caco-2和HeLa的癌细胞生长，但对非癌性IEC-6细胞无细胞毒性活性，表明核桃抗癌肽对癌细胞的选择性抑制，并且对非癌细胞的毒性较小。这种新方式也为核桃肽抗癌活性的研究开辟了新的思路，同时拓宽了核桃肽的利用价值。

（四）抗疲劳活性

疲劳的产生机制主要涉及能源物质的消耗、代谢产物的堆积、自由基的氧化损伤、离子代谢的紊乱以及大脑的保护性抑制等方面。近年来，对抗疲劳肽的研究日益增多，经过各种疲劳模型的实验得出，抗疲劳肽能够快速消除疲劳，其抗疲劳的功能优于蛋白质，并且肽的生理功能很多，优于游离氨基酸。

段心妍使用酶解法制备核桃蛋白肽，将大鼠分为安静对照组、运动对照组、低剂量肽组、中剂量肽组、高剂量肽组。研究发现，随着核桃肽剂量的增加，大鼠游泳时间随着肽剂量的增加明显延长，对大鼠代谢产物进行测定发现高、中、低剂量肽组的血乳酸含量及血尿氮素含量都显著低于运动对照组，其中血乳酸含量高剂量肽组几乎接近于安静对照组，而高剂量肽组的血尿素氮含量与安静对照组无差异；对血红蛋白的测定发现高、中、低剂量肽组的血红蛋白显著高于运动对照组。高、中剂量肽组的血红蛋白含量显著高于安静对照组。表明核桃肽能够有效促进动物机体血红蛋白的合成，使之在剧烈运动中减少乳酸和尿素氮生成，延缓疲劳，运动后又将二者迅速分解并排出体外，加快疲劳恢复。

（五）改善记忆

学习记忆的减退与神经细胞的凋亡、自由基损伤、学习记忆相关脑突触可塑性的改变、信使分子的浓度过高、中枢胆碱能神经递质的合成和释放减少等有关。

成静等采用水迷宫试验、跳台试验以及避暗试验探索核桃肽对受试小鼠空间辨别学习能力和对回避性条件反射建立的影响。研究结果表明,中剂量组在水迷宫试验中2分钟内达到终点的动物数高于空白对照组且差异具有显著性($p<0.05$);高剂量组在避暗试验中潜伏期明显延长,错误次数及错误反应率明显减少且差异具有极显著性($p<0.01$),说明核桃肽可以增强受试动物的主动回避能力以及被动回避能力,即核桃肽具有促进改善记忆力的作用。Wang等研究了含Arg肽的核桃水解产物对东莨菪碱诱导的斑马鱼的神经保护作用,研究发现,含Arg的肽具有高丰度和生物活性,提供了更多的神经保护,正电荷和细胞穿透特性也影响了它们的神经保护。正因为核桃肽具有一定的神经保护的功能,未来可针对阿尔茨海默病等一系列健忘症以及改善记忆等问题进行深入研究,开发高效、低副作用或无副作用的记忆改善型核桃肽产品。此外,也可将核桃肽添加至婴幼儿奶粉中,从而改善学习记忆功能。

(六)降血糖

糖尿病是一种以高血糖症为特征的慢性代谢性疾病,伴有蛋白质和脂肪代谢紊乱。血糖升高不仅会带来糖尿病的危害,还会导致心血管疾病等问题。核桃蛋白酶解物(WHPs)已被证实具有降血糖活性,吴彤从糖原合成、糖异生和葡萄糖转运及摄取三个代谢途径研究LPLLR(氨基酸序列为Leu-Pro-Leu-Leu-Arg)对胰岛素抵抗(IR)人肝癌细胞(HepG2细胞)的葡萄糖代谢作用机制。结果表明,LPLLR可通过增加GLUT4的表达和转运提高葡萄糖摄取;还可以增加GSK-3β在Ser9位点的磷酸化和GS的表达来促进糖原合成,并下调G6Pase、PEPCK、TORC2、CREB和PGC-1α的表达抑制糖异生。机制研究表明,LPLLR可能介导激活IRS-1/PI3K/AkT和AMPK信号通路,从而发挥降血糖作用。因此,从核桃蛋白酶中分离纯化的肽可作为食源性降血糖的潜在功能性食品或药物。

(七)小结

除此之外,核桃肽还具有抑菌性、免疫调节、润肠通便、提高免疫活性、改善乙醇情绪及认知损伤等作用。但目前只有少部分核桃蛋白肽的生物活性研究较为深入，距离产业化应用较远，且目前较为成熟的研究仅仅局限在动物实验上，缺乏临床研究。同时，针对核桃肽的功能作用开发不同的保健食品、营养食品也是未来拓展核桃肽应用范围的发展趋势之一。

四、核桃副产物

核桃加工后会产生大量的副产物，如核桃粕、核桃青皮、核桃壳等，这些副产物中富含维生素、胡萝卜素、磷脂、多酚类物质（如原花青素、芦丁、儿茶素、槲皮素、黄酮等）、三萜类、糖苷类、微量元素等营养物质。通过精深加工对这些副产物进行有效利用，可节约资源、降低成本、充分体现其经济效益。

（一）自由基清除能力与抗氧化性

自由基是一个或多个含有活性分子的未配对电子，破坏核酸、蛋白质、碳水化合物和脂质，导致包括早期衰老、癌症和动脉粥样硬化在内的多种疾病。抗氧化剂可以清除这些自由基，通过最终减少氧化应激，保护细胞免受伤害，从而对人体健康产生有益的影响。

核桃青皮、核桃粕、核桃壳等核桃副产品中多酚类物质含量较高，多酚是良好的电子和氢原子供体，通过稳定自由基和活性氧而终止自由基链反应，从而起到还原作用。研究表明，核桃青皮甲醇提取物对DPPH自由基、羟自由基清除能力和还原能力最好；核桃青皮乙醇溶液对超氧阴离子自由基清除能力最好，以40%乙醇为主要原料提取时提取率最高。流行病学研究显示，摄入大量含有人体多酚的食物，可降低心血管和肿瘤的发生率。核桃青皮、核桃皮、核桃粕的甲醇及乙醇提取物具有较好的清除DPPH自由基、羟自由基、超氧自由基的能力，核桃青皮提取物的抗氧化能力最高，其各项抗氧化性能均与维生素C相当，其次是核桃粕提取物，最后是核桃壳提取物。

核桃分心木中含有的黄酮、酚、酸类等化合物，赋予其显著的抗氧化能力。研究发现，核桃分心木的粗提物、纯化的多糖、多个单体化合物可以清除ABTS$^+$·、DPPH·、羟基自由基（OH·）、超氧阴离子自由基（O_2^{-}）、过氧化氢

（H_2O_2）等，还能够还原Cu^{2+}、Fe^{2+}等离子，延缓亚油酸酸败，抑制大鼠肝组织匀浆自发性脂质过氧化，表明其具有显著的体外抗氧化能力，且存在明显的量效关系。另有研究发现，分心木的黄酮类化合物可以使诱导衰老的小鼠脑组织中不饱和脂肪酸含量明显增加，尤其是二十碳五烯酸和二十二碳六烯酸，可抑制小鼠的衰老。

（二）抗癌

核桃分心木的提取物及其分离的部分单体化合物，与抗肿瘤作用密切相关，推测其具有抗肿瘤、免疫增强的作用。分心木水提物在一定浓度范围（50～400微克/毫升）内，对人直结肠癌细胞HCT-116d增殖抑制效果显著，且该效果呈剂量依赖性，其IC 50值为（208.78±4.22）微克/毫升，与结肠癌临床一线化疗药物5-氟尿嘧啶有协同作用；分心木水和醇提物均能显著抑制小鼠体内宫颈癌细胞（U27）的生长，抑瘤率分别为48.8%和30.5%，而且通过苏木精-伊红染色显微镜下的组织学形态发现水提物的活性比醇提物强。单体化合物4,8-二羟基-1-四氢萘酮能够明显抑制人乳腺癌细胞MCF-7和人口腔鳞癌细胞BHY的生长增殖，其通过半胱氨酸天冬氨酸蛋白酶caspase-3通路来诱导MCF-7细胞的凋亡；胡桃醌对HepG-2和人骨髓性白血病细胞HL60的增殖细胞具有明显的抑制作用，对于人胃癌细胞MGC-803、人肺癌细胞A549、人骨髓性白血病细胞K562和人宫颈癌细胞HeLa均有较好的细胞毒性。

（三）抑菌

核桃中存在天然多种活性物质，如多酚、黄酮、三萜等，包括24个黄酮及黄酮苷类化合物、16个多酚类化合物、14个三萜酸及其皂苷类化合物、5个醌类化合物和4个其他化合物。核桃青皮中还含有没食子酸、齐墩果酸、熊果酸、槲皮素、山奈酚、绿原酸等化合物，这些化合物的存在可能是核桃青皮具有良好抑菌作用的主要原因。电子束辐照预处理技术提高了核桃青皮活性物质含量，在10～30kGy剂量内，活性物含量与辐照剂量呈效应—剂量关系，这与结构表征研究结果一致。抑菌试验表明，电子束辐照增强了核桃青皮对金黄色葡萄球菌、蜡样芽孢杆菌、大肠杆菌和沙门氏菌的抑菌效果。核桃青皮中的活性物质胡桃醌、黄酮类及二芳基庚烷类物质具有抑菌作用，浸提剂的极性不同、浸提方法及分离方法不同，从核桃青皮中浸提出的活性物质种类及总量不同，因而对不同的菌种也产生不同的抑制效果。胡桃醌是核桃青皮中的主要毒性物质，具有较强的抑菌和抗癌作用，其毒性一般大于醌类衍生物。胡桃醌及其衍生物5,8-二羟基-1,4-萘醌对供试的红景天立枯病菌等12种病原菌都有抑制作用，对玉米小斑病菌和镰刀属4种病原菌孢子萌发的抑制率为60%。汪涛等通过抑菌试验研究，发现DES-OC与核桃青皮多酚混合溶剂对金黄色葡萄球菌（*S.aureus*）、大肠杆菌（*E.coli*）、青霉菌（*P.chrysogenum*）均有一定的抑菌活性效果，对E.coli的抑菌效果最佳，*S.aureus*次之，最后为*P.chrysogenum*。

核桃分心木的水溶性多糖可以显著抑制革兰氏阴性菌和革兰氏阳性菌的生长，且呈现剂量依赖性（0.2~1.2微克/毫升）。抑菌活性大小为：金黄色葡萄球菌>铜绿假单胞菌>大肠杆菌>粪肠球菌。高效液相色谱分析得核桃瓣膜中多酚类物质，主要为没食子酸、原儿茶酸、绿原酸、儿茶素、芦丁以及鞣花酸，能够有效抑制大肠杆菌和金黄色葡萄球菌的生长，且抑菌效果随浓度增加而增强，最低抑菌浓度均为59.0微克/毫升。研究发现，核桃青皮提取物的抗菌作用与胡桃醌等活性成分有关。研究已证明，胡桃醌、多酚、黄酮类等活性成分具有抗菌作用，特别是异黄酮化合物具有很强的抗菌作用。

（四）治疗各种疾病

传统中医学认为，分心木味苦、涩，性平，具有健脾固肾、固涩收敛、利尿清热等功效，常用于遗精、尿频、带下、淋病、尿血以及暑热泻痢等疾病的治疗。作为传统药物之一，分心木常被用来补肾驱寒，或按一定比例与石榴外皮配比用于染发、染布等；在伊朗传统医学中，常被用于治疗糖尿病。

（五）镇静催眠作用

由于中草药中的黄酮、多糖类、木脂素等物质都有一定的安神和催眠效果，因此，含有这种物质的分心木对安神和催眠有很好的效果。赵焕新研究表明，分心木对戊巴比妥钠诱发的睡眠潜伏时间、延长睡眠时间、趋势性抑制小鼠的自主行为等均有一定的抑制作用。从分子层面来看，分心木提取物具有镇静催眠的作用，其作用机制是提高脑部相关的神经传递γ-氨基丁酸含量，降低去甲基肾上腺素和多巴胺含量，并与正性药物地西泮的作用趋势一致。另外，研究还发现水提物镇静催眠作用与水提物镇静作用不同，乙醇提取物能明显减少睡眠潜伏期，戊巴比妥钠的协同作用使睡眠时间明显延长。

（六）降血糖作用

有研究发现，分心木水提物和乙醇提取物可分别调节链脲佐菌素诱导的糖尿病小鼠以及四氧嘧啶诱导的糖尿病大鼠的血糖水平，抑制肝损伤，减轻血脂异常参数，这表明分心木是一种潜在的降血糖剂，且在一定程度上可以预防糖尿病患者常见的心血管并发症。分心木中的水溶性多糖DJP-2在体外剂量依赖性地抑制α-淀粉酶和α-D-葡萄糖苷酶的酶活，降低链脲佐菌素诱导的糖尿病小鼠的血糖，体内外实验表明其对餐后高血糖有良好的调节作用。此外，DJP-2还能有效地抑制晚期糖基化终产物形成的3个阶段，有助于DJP-2应用于氧化应激和年龄相关的各种疾病的治疗。程艳刚等发现分心木总黄酮亦可显著竞争性抑制这两种酶的酶活，且对二者的抑制作用是可逆抑制，可开发成治疗糖尿病的药物，增加其价值。

核桃产业典型发展模式
与代表性企业分析

第一节　典型区域发展情况

一、云南省核桃产业发展情况

（一）整体情况

截至2022年底，云南省核桃种植面积达4300万亩，基本保持稳定，产量187万吨、综合产值505亿元。面积、产量和产值仍稳居全国第一。

1. 分布范围广泛、重点区域突出

全省116个县（市、区）形成核桃规模种植，12个县（市、区）的种植面积超过100万亩，25个县（市、区）超过50万亩。根据2022年度云南省林草局统计数据，大理、临沧、楚雄、保山、丽江、昭通和曲靖7个州市核桃种植面积在200万亩以上，为云南省核桃重点发展区域。

2. 单产低、种植效益低下

根据全省核桃产量及种植面积推算，2021年，云南核桃平均亩产仅56千克，远低于我国新疆地区及美国等地的核桃主产区。按农业产值与产量的比值计算，全省核桃平均单价为12.76元/千克。按平均价格及亩产推算，种植核桃的亩收入不到500元，除去各类管护、采收成本，收益较低。

3. 经营主体不断壮大

据云南省林草局统计，目前云南核桃全产业链涉及企业4470户，其中加工企业1035户，省级龙头企业56户，国家级龙头企业2户；农民专业合作社5311户，其中加工合作社1249户、省级示范社94户；核桃生产个体工商户15152户，其中加工个体工商户1260户。2021年，云南省农垦集团组建核桃产业有限公司，致力于推进全省核桃产业发展。

4. 精深加工迅速崛起

近年来，核桃产量增加，价格趋于平稳，精深加工利润空间增大，很多核桃企业、新兴外来企业看好投资风口，投资核桃休闲食品、核桃油（乳）等深加工产业。例如，楚雄州人民政府与云南摩尔农庄生物科技开发有限公司、上海光明福瑞投资公司合作拟新建2万吨有机核桃油、1.5万吨脱脂核桃蛋白粉、5000吨分离蛋白、1000吨蛋白肽生产线，年可消耗8万吨核桃果。

5. 现代化交易市场与平台建设取得初步成效

一是积极搭建现代交易市场。永平县对传统核桃交易市场进行提升改造，投资3.17亿元建成3.65万平方米以核桃产品为主的特色商业街区——永平核桃坊，构建"国有企业+京东集团+中劲集团"的联合经营体，与沃尔玛等实体合作，将核桃产品入驻大型超市进行销售；凤庆县正在构建核桃冷链物流仓储暨托管交易中心，包括冷库、交易中心和核桃文化展示中心3个建筑群。二是有序推进电商平台建设。永平县引进云南农垦集团助力永平核桃产业发展，开发电商平台"收果宝"用户1000户以上，实现平台销售收入1亿元以上。大姚县孵化培育大姚核桃电商企业62户，网销核桃1500余吨，销售额约3000万元。开发了"彝王果源"核桃古树认养、果权认购小程序，吸引了北京、上海、浙江等地的爱心人士和省内的爱心认购者成功认购古树600余棵，认购金额达65万元。

6. 销售单价提升，国内市场明显回暖

据调研了解，2021年，云南核桃干果统货价格从9月、10月的10元/千克到11月已上升到13元/千克，相较2020年9、10月的13元/千克到11月降至12元左右，核桃干果价格逐步提升。国内养元食品、三只松鼠、洽洽食品、良品铺子等食品加工销售网红企业更多从云南采购原料或委托加工，如摩尔农庄生产通过欧盟认证的有机核桃仁，供货山姆会员店，2021年，销售达5000多万元。

7. 核桃出口呈增长趋势

出口方面，大多加工销售企业均有出口贸易，向东南亚、中东、俄罗斯等地区出口贸易量大幅增长，目前处于生产跟不上出口订单需求的状态。根据中国海关数据，以云南为出口地的核桃出口数据如表4-1所示。2019年，核桃壳果出口量最高达5845吨、出口额达1.2亿元，核桃仁出口则呈现稳定上升的趋势。2021年，壳果出口越南和哈萨克斯坦，核桃仁最大的出口国家和地区为沙特阿拉伯、吉尔吉斯斯坦、哈萨克斯坦、俄罗斯、阿联酋和马来西亚等，出口量均在100吨以上。

表4-1　2017—2021年云南核桃出口情况

年度	壳果		仁	
	出口量（吨）	出口额（万元）	出口量（吨）	出口额（万元）
2017	3.2	6.67	466	2357
2018	1.8	3.27	684	3295
2019	5845	12066	574	2415
2020	1422	4451	798	2940
2021	1638	5670	1220	3836

数据来源：中国海关统计数据。

（二）漾濞

第一产业发展基本情况：截至2020年底，全县核桃种植面积达107万亩，其中泡核桃面积102.63万亩，薄壳山核桃4.37万亩；泡核桃产量达5.96万吨，产值7.6亿元；栽培范围涉及全县9个乡镇65个村委会，种植核桃农户23465户，占全县农户数的94.5%，农民人均拥有核桃100余株，全县94.5%的农民种植核桃，人均占有核桃树全国第一；全县农村居民年人均核桃收入达8300元，占农村居民年人均可支配收入的76.9%，70%以上的农户乃至86.2%（3581户）的建档立卡贫困户已靠核桃产业脱贫致富奔小康。

第二产业发展基本情况：全县2020年核桃加工业产值8.9亿元；全县现有核桃加工企业和个体加工户500余个，其中省级以上农业产业化龙头企业11家；已建成10条核桃初加工机械一体化生产线，年加工量2.4万吨；成立了荣漾核桃管护有限公司、春雨集团核桃管护公司等9家专业化核桃管护公司；产业园总规划面积5164亩，概算总投资40.8亿元，主要依托漾濞本地及周边地区巨大的核桃集中交易需求，建设集核桃孵化基地加工区、核桃产品产业精深加工区、云南国际漾濞核桃（坚果）交易中心和核桃仓储物流区、科研实训区、行政办公区、核桃文化体验旅游综合等7大功能于一体的现代农业示范园区，产业园已与云南省东方红生物科技有限公司等9家企业签订招商引资协议，现已入园企业4家，目前正重点引进云药股份、湖北骏马集团等国内知名企业入驻产业园；加工产品有核桃干果、核桃仁、核桃乳、核桃油、核桃工艺品、活性炭等系列产品；全县核桃年加工销售量在4万吨左右，初加工产值7亿元，每年解决近1.5万人的劳动力就业。

一、二、三产业融合发展基本情况：按照"核桃产业+特色生态旅游+乡村振兴"模式，立足生态环境资源优势，以生态振兴为基础，探索出乡村振兴"五五模式"。以光明村鸡茨坪自然村为中心，打造森林康养基地，建设"核桃小镇"，建成网红云上村庄农耕文化体验、民宿，推动乡村振兴。截至2020年，该村集体经济超过15万元，共有近40万人次到光明村体验核桃农耕文化。平坡镇"阿尼么半山007艺术农庄"特色乡村旅游景点，以及全县各类乡村核桃农耕文化主题的农家乐全力推进一、二、三产业的高度融合发展。"核桃产业+特色生态旅游+乡村振兴"模式为大理州甚至为全省巩固脱贫成果、推动乡村振兴树立了新模式和示范样板。

（三）凤庆

第一产业发展基本情况：凤庆是核桃原产地，种植历史悠久，有成熟的种植、管理技术，有核桃种植面积172万亩，2020年实现产量13.1万吨，面积、产量名列全省前茅。示范创建以来，核桃基地标准化管理进一步加强，绿色有机基地建设和认证全面推进，基地规模化已经全面形成。

第二产业发展基本情况：该县于2016年启动了培育千户初制加工小龙头行动计划，制定了核桃原料初加工工艺标准，推动原料初加工标准化发展。2016—2018年，建成核桃初制加工小龙头63家，示范创建以来，通过制定标准，龙头企业引领，采取新建和改扩建方式，建成核桃水洗果加工站54个，正在建设50个，核桃初加工体系逐步形成。通过进一步提升加工工艺，统一加工流程，统一水洗果标准，可确保全县优质壳果进入高端销售平台。

一、二、三产业融合发展基本情况：一是核桃产业园区平台搭建初具雏形。按照"一县一业""一园一特"的思路，提速核桃产业园区基础设施及重点项目建设。现已完成园区"六通一平"，征收土地近3000亩，其中完成工业建设用地报批800亩。围绕功能集成推进"核桃精深加工中心、核桃交易集散中心、核桃学术文化交流展示中心、核桃智能冷链仓储物流中心、核桃产品检验检测暨研发中心、核桃产业大数据暨信息化可视化中心、核桃初加工成套设备研发制造中心"7个项目建设。核桃精深加工中心统规统建12万平方米标准厂房已投用6.4万平方米，核桃产业园承载和孵化能力不断增强。二是核桃产业持续发力助推乡村振兴。全力推进核桃产业提质增效，采取"大龙头+小龙头+合作社+果农+基地"的联结机制，通过专业合作社，为企业建立稳定的原料基地，为果农建立稳定的销售渠道。把产业建设与乡村振兴紧密结合起来，通过做强做优核桃产业，创新经营模式，越来越多的果农与新型经营主体建立了稳固的利益联结机制，促进农民持续增收。2020年，农民人均核桃收入5000元以上，占农村常住居民人均可支配收入13034元的37.5%。

二、新疆维吾尔自治区核桃产业发展情况

（一）整体情况

新疆是世界六大果品生产带之一，也是我国核桃的重要主产区。新疆独特的气候特点和光热条件，有利于核桃多种营养成分和含油量的积累，生产出的核桃产品品质优良，是建设核桃基地的理想地区。立地条件好、完善的水利设施、工业污染少、病虫害发生轻、果品品质上乘、80%以上良种使用率等是新疆核桃优势。

截至2019年末，新疆核桃种植总面积583.70万亩，总产量101.29万吨。新疆核桃主栽地区包括和田、喀什、阿克苏，面积分别为220.94万亩、157.42万亩、174.16万亩，占全疆核桃总面积的94.7%。全疆核桃种植面积超过5万亩的县（市）有23个，产量超过5万吨的县（市）有21个。近年来，新疆核桃产业化水平逐年提高，核桃麻糖、核桃油、核桃乳等核桃加工品逐步占领市场。阿布丹牌核桃麻糖系列产品已通过有机食品和HACCP认证，阿克苏核桃、叶城核桃取得国家地理标志产品认证，"宝圆"牌核桃、"阿克苏"核桃获得新疆著名商标

称号。

新疆核桃通过良种审定的品种约有40个左右，经过多年生产实践与市场检验，目前逐步形成以'温185'+'新新2'、'扎343'+'新丰'为代表的两套主栽品种，约占全疆核桃总面积的70%，但缺乏分级销售和打造品牌效应等意识，使得品种混杂现象依然存在。核桃目前已成为南疆多个区域和县市的特色主导产业，832万人以核桃生产种植为主要经济来源，由于传统栽培区和耕地面积的限制，核桃主产区现有建园和间作两种种植模式。核桃的栽培管理及实用技术推广仍有很大进步空间，标准化、集约化栽培管理方式和技术推广将是未来的发展方向。

生产机械能够提升果园生产管理水平和管理效率，新疆的机械化整形修剪以及机械化采收方面发展速度相对缓慢，与高度机械化存在差距，在核桃施肥修剪采收等环节仍须投入大量劳力。根据新疆核桃种植模式及农艺特点设计集成与配套设备，实现新疆核桃的机械化采收，降低核桃采收生产成本，解放劳动力是有效措施。

精深加工可提高核桃的附加值，延伸产业链，推动新疆核桃加工业发展。目前新疆核桃加工还处于初级阶段，有规模的核桃加工企业较少，原料初加工率不足30%，精加工率不足10%。技术装备水平低、深加工工艺技术不成熟等制约了新疆核桃的发展，目前新疆境内核桃加工利用程度很低，以初加工为主。市场营销构建了新疆核桃从生产基地到内地密集消费市场高效、便捷的流转通道，在巩固和拓展新疆核桃传统营销渠道的同时，大力发展电子商务、连锁经营、现代物流等现代营销渠道建设，核桃的产业化经营水平显著提升，促进了核桃产业提质增效、农民持续增收。

（二）阿克苏

阿克苏是世界核桃起源地之一。阿克苏地区的核桃管理水平、集约化程度、良种化、单位面积产量均居全国第一。2016年以后，阿克苏地区核桃种植面积一直保持在13.33万公顷（200万亩）以上，产量超过30万吨，价格35元/千克。截至2020年底，阿克苏地区核桃面积15.92万公顷（238.76万亩），产量

49.09万吨，价格12元/千克，面积和产量均高于全疆平均值。

阿克苏核桃面积占其林果业总面积的近一半，已成为当地农民增收的主要来源之一。当下深化供给侧结构性改革，推进特色林果产业持续健康发展要着力于核桃"降本提质增效，提升加工能力"。建立林果业科学示范基地、提高防灾害水平和安全监测意识、加大机械化推广力度，走具有新疆特色的高质量绿色发展道路，促进产业融合，打造阿克苏林果品牌。

（三）和田

和田地区位于欧亚大陆腹地，帕米尔高原和天山屏障在其西、北侧，西伯利亚的冷空气不易进入；南部绵亘着的昆仑山、喀喇昆仑山，阻隔了来自印度洋的暖湿气流，形成了和田属暖温带内陆干旱荒漠气候。光照充足，无霜期长，昼夜温差大，灌溉条件优越，非常适合核桃的生长发育，为优质的核桃生长提供了理想的自然气候环境。

新疆和田是我国最早种植核桃的地区之一，2022年，核桃种植面积173.07万亩，挂果面积151.57万亩，总产量达29.78万吨，当地核桃皮薄仁厚，深受国内外销售市场的青睐。按照"公司+农户+龙头企业+基地"的模式提升和田核桃质量，为打开国际市场奠定了坚实基础。2022年和田开行的首趟核桃出国专列，为南疆特色林果产品走出国门搭建了新的运输通道，给"一带一路"建设注入新动力。出国专列的开行将进一步助力当地外贸企业发展壮大，加速当地特色林果产品走出国门。

（四）喀什

喀什是著名的"瓜果之乡"，是核桃重要产区。喀什地区核桃壳薄、质优、丰产，香味浓厚，深受广大消费者喜爱。截至2021年，喀什地区核桃总面积10.49万公顷（157.42万亩），结果面积9.73万公顷（145.92万亩），约占喀什地区林果总面积的1/3。

核桃产业作为新疆的支柱产业，大幅度地提高了本地就业率和人民生活水平。喀什光华现代农业有限公司吸纳就业人数200人，带动贫困户42人，工资待遇2000~10000元。喀什地区特色农产品资源丰富，但囿于展销渠道短缺，自然禀赋难以转化为经济效益。只有建立消费扶贫长效机制，搭建起特色优质农产品销售渠道和平台，才能促进受援地贫困户就业增收，巩固脱贫攻坚成果。深圳援疆协助光华现代农业公司开拓俄罗斯、土耳其等市场，通过中欧班列出口喀什核桃产品，带动了5000多种植户脱贫增收。光华公司也把核桃等特色农副产品深加工的卫星工厂，设到喀什乡村的田间地头，吸纳了上百名农村妇女务工。

三、四川省核桃产业发展情况

（一）整体发展概况

四川是我国核桃种植大省，除川西高原的一些高原县外，大部分的县区均有核桃分布，但主要分布于川西和川北山地区。据近20年的《中国林业统计年鉴》，四川省核桃种植面积多年居全国第二位，仅次于云南省，核桃坚果产量也多年居全国第三位，但产业水平明显落后于云南、新疆、陕西、河北、山西等省（自治区）。四川核桃种面积2015年底达82万公顷（四川核桃产业发展报告，2016），2016年底达116万公顷，2020年，干果总产量约为60.65万吨。核桃加工业缺乏统计数据。

2017年至今，随着核桃种植面积和产量的快速增加，全国核桃出现相对过剩，价格持续下跌，一些产地销售困难的情况。四川虽然是我国核桃的传统主产省份，但核桃育种起步晚，品种化过程走了弯路，坚果品质和市场竞争力明显弱于云南、新疆等其他核桃大省（自治区）。在这种持续低迷的产业形势下，四川核桃种植业迎来发展的寒冬。近几年，不少曾涉及核桃产业的企业纷纷退出，核桃林弃管、不采收，甚至被砍伐的现象较为常见。政府、企业和种植户对核桃产业的信心普遍不足。

（二）栽培区划分

四川核桃依自然地理和气候条件，可以划分为川西南山地区、川北低山区、川西高山峡谷区和四川盆地区4个相对独立的栽培区（见表4-2）。

表4-2 四川核桃栽培区划分

栽培区	栽培面积占比	地貌类型	气候类型	主要市州和区县	说明
川西南山地区	75%以上	高原山地	半湿润至半干旱气候	凉山州全部县市、攀枝花市（全部县市）、雅安（汉源、石棉）、乐山（峨边、马边、金口河区）	与云南产区连接
川北低山区	约10%	低山	湿润气候	广元（朝天、青川、平武、旺仓）、巴中（南江、通江）、达州（万源）	与陕西南部和甘肃东南部产区连接
川西高山峡谷区	约10%	高山峡谷	半湿润、半干旱至干旱气候	甘孜州（泸定、康定、九龙、雅江、稻城、乡城、得荣、巴塘）、阿坝州（汶川、茂县、黑水、马尔康、小金、丹巴、理县）、雅安（宝兴）	与藏南产区条件相似
四川盆地区	5%以下	低山丘陵	湿润气候	绵阳、德阳、遂宁、南充、内江、广安等	次适应区，核桃种植难度大

（三）种植业基本情况

四川核桃品种化栽培大体可以划分为3个阶段。第一个阶段是2000年以前，全省核桃以实生为主，品种化栽培未真正起步。第二个阶段是2001—2010年，其间以从北方引进的早实核桃品种为主，如'香玲'和'辽核'等为主。生产实践证明，这些引进的早实核桃品种对四川高温高湿气候的适应性差，抗病性低，病害严重，现已基本被淘汰。第三阶段是从2011年至今，此间核桃品种以四川省内选育的本地核桃品种为主。核桃品种本土化的实现，才使四川核桃种植业基本走上正轨。在众多的本地核桃品种中，'盐源早'是最突出、对四川核桃产业发展贡献最大的品种。该品种是从四川省凉山州盐源县实生核桃中选育的天然杂交早实核桃品种，具有丰产、抗性强、成熟早、果品好等优点，是四川栽培面积和产量都最大的核桃品种，也是我国最重要的鲜食核桃品种。在该品种的支撑下，四川核桃的品种化进程在过去10年得到了极大的发展。

当前，四川核桃种植业面临最大的问题就是主栽品种单一，品种升级困难。目前，全省主栽品种就只有'盐源早'和'硕星'。'盐源早'的种植面积和产量，占到全省品种核桃的80%以上；'硕星'核桃是川北核桃产区，尤其是广元的主栽品种。这两个品种虽然都比较好，也为四川核桃产业发展作了很大贡献，但在当前全国核桃品种格局中，也存在一些明显的不足。'盐源早'和'硕星'干果的壳都较厚，商品性状（外观和品质）和市场竞争力都不及占据全国核桃市场主导地位的'云南大麻子'等品种，且'盐源早'在一些海拔较高产地的空壳和不饱满率较高，而"硕星"的病害比较严重。川北地区的巴中和达州，以及川西高山峡谷区的甘孜州和阿坝州，目前仍无适宜的主栽品种。这是这些地方核桃产业发展面临的最大问题。

四川核桃产业发展的战略重点就是品种升级。当前四川省认定的核桃品种至少有30个，且以本地晚实核桃为主。这些品种中，不乏真正的好品种，但它们基本都只局限于很小的地方种植，没有被有效推广，未形成规模效应。这对核桃产业的升级发展极为不利。今后四川核桃种植业的重点是，通过进一步的调查和评价，从这些本地品种中筛选出适应性好、抗病虫能力强、果实品质有竞争力，且丰产的真正好品种进行推广，以加速品种和产业升级。

（四）加工业基本情况

据不完全调查和统计，四川核桃加工企业约50余家，其中初级加工企业或专业合作社30多家，精深加工企业20多家。加工企业主要分布于凉山州、广元市、攀枝花市和甘孜州的核桃产地，在四川盆地区也有6家核桃加工企业。在精深加工企业中，主要生产核桃油的企业有12家，主要生产核桃乳的企业有2家，主要生产核桃糖、核桃酥等核桃零食的企业有6家。

四川核桃加工业存在的主要问题是：初级加工不够，质量不高；精深加工产品销售不畅，缺乏知名品牌和有产业带动能力的规模企业。在核桃精深加工企业中，以核桃油加工企业最多，但几乎都存在产品销售不畅，产能不大，且产能过剩严重，发展困难等问题。今后，核桃油依然是四川核桃加工业发展的战略重点，关键是通过降低生产和营销成本来降低产品价格，通过降低价格来提高产品销量，通过提高销量来提高实际产能和工厂利用率。同时，政府应引导、鼓励和支持全省核桃产业重点县区，大力发展以核桃油为中心产品的轻简化综合加工业,使核桃产业在当地乡村振兴中发挥积极作用。

四、陕西省核桃产业发展情况

（一）核桃产业发展现状

1. 栽培分布

陕西省核桃栽培历史悠久,分布广泛,除杨凌示范区外,全省11个市均有核桃种植。根据栽培区气候和土壤特点,陕西核桃主要可划分为陕南秦巴山区、渭北旱塬区和关中平原区3个栽培区域。

核桃是陕西主要经济林树种之一,也是栽培面积最广和种植群众最多的经济林产业。截至2021年底,全省核桃栽培面积达1115.2万亩,年总产量38.65万吨,总产值61.11亿元。核桃种植面积、产量分别居全国第三和第四位。全省核桃基地县由2015年的59个发展到了67个,其中,商洛市和黄龙、宜君、镇平、洛南等县已先后被国家林业和草原局授予"中国核桃之都"和"中国核桃之乡"称号。

陕西省不同地市核桃产量及面积具体见图4-1。由图4-1可看出,位于陕南

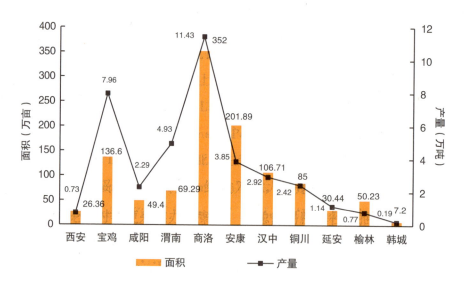

图4-1 陕西省不同地区核桃产量及栽培面积

注:统计数据由陕西省林业局提供。

秦巴山区的商洛市是陕西省核桃第一大市,全市栽培面积352万亩,产量11.43万吨,均位居全省各市首位,占比约为全省的1/3;安康市栽培面积居全省第二,产量位列全省第四;栽培面积超过20万亩的县(区)有汉滨、旬阳,其余各县区面积均在10万亩以上;宝鸡市核桃面积位列全省第三,产量居全省第二。

2. 陕西核桃主要栽培品种

陕西作为核桃的优质适生区域和传统栽培地区,目前主要栽培的核桃品种较多,普遍存在良种建园率低、品种混杂和商品优果率不高,成为制约陕西核桃产业效益提高的主要原因。目前仅有黄龙县首家实现了坚果按品种包装。

商洛市:主栽品种有'香玲''辽核1号''鲁光'等,近两年,新发展少量的特色核桃品种'红仁核桃',深受群众喜爱。

安康市主栽有'香玲''辽核1号''辽核4号''中林'系列、'清香'等品种,低海拔地区'香玲''辽核'系列品种丰产性强,高海拔地区'清香'优势稍明显、晚熟、味香。但大多数园区品种杂乱,良种率不高;以山地栽培为主,立地条件差,栽培管理水平低,病虫害较严重,单产低、效益差。

铜川市山地与平地均有核桃栽培,以'香玲''清香''辽核1号'等品种为主,品种较为混杂,加之立地条件和栽培管理水平一般,霜冻害、病虫害严重,核桃商品率低,栽培效益差。

延安市作为核桃传统栽培老区,平地、山地均有栽植,主栽品种有'香玲''辽核4号''辽核1号''维纳''强特勒'等。总体上核桃品种较纯正,栽培管理水平相对比较高,病虫害少,由于受霜冻害影响较大,近几年减产严重,效益不佳。

宝鸡市山地与平地均有栽培,立地条件尚可。干果品种主要是'香玲''辽核1号''辽核4号'为主,鲜食品种主要为'西林3号''清香'等为主。近几年,'西林3号'作为鲜食品种,深受当地群众欢迎。但是干果品种混杂,品质差距大,产量低;鲜食品种质量参差不齐,病虫害严重。全市核桃栽培管理成本高,霜冻害严重,产量低,栽培效益差。

渭南市自然条件优越，以平地栽培为主，立地条件较好，以'香玲''辽核4号''西扶2号'等品种为主。但品种混杂，建园密度较大，栽培管理水平一般，经济效益低，受坚果价格因素影响，群众栽培管理积极性不高。

咸阳市主栽品种有'香玲''辽核2号''鲁光'等。品种混杂，重栽轻管，商品价值低，栽培效益差；部分区域栽植过密，栽培管理粗放，霜冻害严重。

西安市主栽品种有'香玲''辽核1号''辽核4号''清香''西扶1号'等，表现均比较稳定，大、小年不明显，品质优良。但品种分布散乱，主栽品种杂而不明，且一个园内多个品种混栽，没有明显占优势的主栽品种；栽植密度过大、树形混乱、管理粗放，病虫害严重，栽培效益不高；产品加工落后，受坚果价格因素影响，群众管理积极性不高，单位面积产量低。

汉中市主栽品种有'香玲''辽核'系列、'中林'系列、'清香'等，其中'清香'适应性及抗性强，晚熟、果大、味香。但品种杂乱，质量参差不齐；以山地栽培为主，立地条件差，栽培管理水平落后，病虫害严重，单产低，栽培效益差。

榆林市主栽品种有'香玲''辽核1号''西扶1号''礼品1号'等。由于引入品种多而混杂，受气候因素影响，果实不饱满、有缩仁现象，产量低而不稳，栽培效益低。该区域基本不适宜核桃栽植，但在局部背风向阳处可少量栽植。

总体来看，陕西目前引进和培育的核桃品种达40多个，各地主栽品种仍然不明确，普遍存在盲目发展，多品种混栽，造成果品规格不统一、等级难以提升等行业共性问题。同时由于品种混杂、生育期不尽一致，致使栽培技术难以规范，影响了核桃产业标准化建设和规模化开发进程。

3. 近10年陕西核桃产业发展概况

2012—2021年陕西核桃栽培面积、产量及产值分别见表4-3和图4-2。

表4-3　2012—2021年全省核桃栽培面积、产量统计

年份	2012	2013	2014	2015	2016	2017	2018	2019	2020	2021
面积（万亩）	789.90	898.54	1024.23	1090.49	1144.30	1164.74	1190.10	1203.03	1162.01	1115.20
产量（万吨）	15.94	14.84	18.32	21.68	28.83	35.40	22.53	41.92	59.31	38.65

图4-2 2012—2021年陕西省核桃栽培面积、产量及产值变化趋势

从表4-3和图4-2中可以看出，2012—2021年，陕西省核桃种植面积呈先增后降趋势，2019年达到增长拐点。2012—2019年，陕西核桃发展处于稳步快速发展阶段。其中，2014年栽培面积增长最快，比2013年增加了14%，达1024.23万亩，之后增速逐渐降低，2019年全省核桃面积达最大值，为1203.03万亩，2020年开始逐年下降。核桃产量及产值增长情况，除2018年因遭受早春霜冻害影响，造成全省核桃减产60%，产量下降明显外，其余年份同栽培面积变化趋于一致。

（二）核桃产业发展的主要成就

陕西省委、省政府高度重视核桃产业在脱贫攻坚和乡村振兴中的支柱和骨干作用，坚持一张蓝图绘到底，把小核桃做成了大产业。经过多年发展，陕西形成了"北有黄龙、南有商洛"两个核桃产业高峰。

1.黄龙县

延安市黄龙县2001年被国家林业局命名为"中国核桃之乡"，后被国家市场监督管理总局批准为"国家矮化核桃标准化示范区"，2009年通过国家地理标志产品保护认证，黄龙核桃地理标志产品保护范围为延安市黄龙县现辖行政区域。优良的生态环境、没有工业污染，加之核桃病虫害非常少，整个生长季节不用打任何农药，黄龙核桃是纯天然绿色食品，赢得了"黄龙核桃甲天下"

的美誉。

核桃产业已经成为黄龙县的主导产业，目前黄龙全县核桃栽培面积超过20万亩，年产核桃2万吨以上，产值2亿元以上。黄龙核桃在标准化建园、规模化发展、良种化栽植、科学化管理等方面均处于国内领先水平，成为陕西核桃产业发展的一张靓丽的名片。

2. 商洛市

商洛核桃种植历史悠久，先后荣获"中国核桃之都""陕西省核桃产业发展强市""中国特色农产品优势区"等称号。商洛市核桃种植遍及7县（区）98个镇办，覆盖98%农户，2020年底，核桃栽植面积23.2万公顷（348.6万亩）。以'香玲''辽核1号''辽核3号''西扶1号''西洛3号'等品种为主，总产量16.1万吨，综合产值50亿元，面积和产量均居陕西省市级首位。共有核桃加工企业13家，加工产品主要有核桃油、核桃酱、琥珀桃仁、核桃软糖、核桃饮料等。

洛南县作为国家首批命名的中国核桃之乡和全国核桃十大基地县、中国核桃无公害科技示范县、中国绿色核桃十强县，洛南县年产核桃干果4万余吨、综合产值突破15亿元，产品搭乘中欧班列远销海外，建成了全国第一个以核桃价格指数发布等为一体的多功能全国核桃交易中心。洛南县规划建设了西北地区功能最完善、现代化程度最高、规模设施最大的西北核桃物流园区，打造全国首家以核桃单品大宗交易为主的线上线下交易平台。

商洛盛大实业股份有限公司于2019年审定核桃新品种——红仁核桃（*Juglans regia* Hongrenhetao），并示范推广面积15000亩。红仁核桃的引种和示范推广，不仅丰富了我国核桃品种资源，改变现有品种结构，满足消费者的高端需求，而且解决了我国核桃品种特色不明显、市场供过于求、产品同质化严重和价格低迷、经济效益不高的问题。

五、河北省核桃产业发展情况

（一）核桃产业整体情况

河北省是全国核桃主要产区之一，以西南部的太行山脉和东北部的燕山山脉区域着力发展核桃产业带为主，县域分布在邯郸涉县、武安，邢台市的临城、邢台县，石家庄市的赞皇、平山、行唐，保定市的易县、涞源、涞水，唐山遵化，秦皇岛卢龙县等地区。2021年，河北省核桃种植面积约15万公顷，核桃年产量18.22万吨，形成河北省的"国字号"核桃示范基地已达7个。河北省核桃主栽品种中，'辽宁1号'为栽种面积约占50%以上，以'香玲'和'绿岭'为主栽品种的面积约占25%，以'清香'为主栽品种的面积约10%以上，其他品种中，河北省内通过审定的良种'魁香''元宝''硕宝''西岭''赞美'等占总面积的5%。

近几年，河北省核桃加工产业依托人才和原料优势快速发展，已经建立起较完整的核桃加工集群。同时发展出一批代表性企业及代表性产业聚集区，成为国内较大的核桃加工省份。

核桃仁加工聚集区主要在石家庄市赞皇县及周边几个县，是我国北方较早的核桃仁加工出口聚集区，此区域有大小核桃仁加工企业200余家，核桃仁加工量占河北省核桃仁加工量的70%左右。其中，在行业内具有影响力的企业，如赞皇县利通商贸有限公司，是国内较大的核桃仁加工及存储企业，也是河北养元公司的核心供应商；又如石家庄丸京干果食品有限公司，一直从事核桃仁加工出口，并延伸到多味核桃仁加工、核桃油加工、核桃粉加工等。

核桃乳加工聚集区主要在衡水、承德、石家庄。衡水的河北养元公司是国内最大的核桃乳生产企业，同时也是国内最大的核桃仁需求客户，它的定价直接影响国内的核桃及核桃仁的每年的价格走势，承德的露露股份生产的核桃乳，在国内也占有不小的市场份额。

核桃油加工聚集区及代表企业，主要聚集在邯郸的涉县、邢台的临城、石家庄的赞皇。涉县原有核桃油生产加工企业7家，原来是北方的主要核桃油加工地，由于近几年市场竞争环境的变化，有些企业没有能够适应生存环境，仅有河北女娲食品有限公司等3家企业还在生产。邢台临城县是近几年发展较快核桃油生产聚集区，河北乐活植物油有限公司、河北绿岭食品有限公司、河北绿蕾农林科技有限公司等3家核桃油生产企业已初具规模。

除以上的产业聚集区和企业外，随着近几年餐饮及净干果市场快速发展，脱衣核桃仁也逐渐形成小型聚集区，这个产业主要集中在邢台南和区、保定定兴县，代表企业如河北嫣然农副产品有限公司和河北鼎辉食品有限公司等。

河北省核桃第三产业主要随着国内旅游及乡村服务业的快速发展而兴起，核桃产业特色旅游叠加乡村特色旅游在河北省逐渐发展起来。其中具有代表性的如邢台临城的绿岭核桃小镇，他们通过"种植+养殖+观光旅游+采摘+工业旅游"于一体的模式逐渐发展出自己的特色。但是，这种模式资金投入量大，持续投入时间长，对于中小投资者还是需要谨慎进入。

（二）典型区域情况

涉县：涉县地处太行山东麓，作为全国核桃最适生长区域之一，有2000多年栽培历史。截至2022年底，全县核桃栽培面积2.89万公顷，其中，散生核桃大树273万株，密植核桃园4.67万公顷，以'辽核1号'为全县密植丰产园的首选品种。全县8万余种植户中已有2/3接受过专业农技培训，基本形成生产稳定、技术过硬的生产经营队伍，通过实施提质增效工程，实行核桃园标准化生产，2021年，核桃年产量达到1.61万吨。涉县核桃于2005年即进入国家地理标志产品保护目录，是我国较早被纳入保护目录的核桃产品。河北省涉县林坻国家级核桃示范基地，核桃生产形成了"合作社+基地+农户"的产业化运行模式，有效促进了核桃产业发展。

临城县：临城县位于河北省邢台市西北部，是我国薄皮核桃产业龙头县，探索出一条薄皮核桃产业化发展道路，重点打造7家龙头企业，成立85家薄皮核桃专业合作社（合作开发266.67公顷），核桃种植总面积达到21267公顷，其中结果面积17200公顷，总产量1.15万吨，产值约达18亿元，辐射带动全县1.2万多农户脱贫致富，实现人均增收3100余元。河北省临城县有两家获得国家级核桃示范基地，分别是河北省临城县绿岭核桃示范基地和河北省临城县凤凰岭核桃示范基地，依托龙头企业发展核桃相关产品，为当地农户就业和脱贫致富提高了有力的保障。

赞皇县：赞皇县位于太行山深处，全县有林地面积125万亩，核桃树40万亩，全县农民人均2亩核桃，收入占农民人均可支配收入的20%以上，全县拥有

82家果品加工企业，核桃年加工交易量2.5万吨，增值5000万元，已成为全国核桃仁加工集散地之一。

六、山西省核桃产业发展情况

（一）核桃产业整体情况

山西省有2000多年的核桃栽种历史，核桃种植区主要集中在太行山、吕梁山、太岳山等丘陵区。2019年，山西省核桃种植面积54.58万公顷，核桃苗圃196个，面积619公顷，苗木产量9557万株。2021年，山西省核桃产量为39.66万吨，在全国排第四位，仅次于云南、新疆和陕西的核桃产量。山西省90多个县区种植核桃，目前主栽核桃以外引品种为主，如'清香''辽核''薄壳香'等，在良种推广上，山西省核桃栽培基本实现了品种化，主要栽培品种有20多个。

2011年以来，山西省政府因地制宜，合理布局核桃生产，分别在太行山、吕梁山、太岳山等丘陵区的汾阳、左权等54个县规划建设核桃经济林区。同时结合"退耕还林""一村一品""一县一业"等工程，大力发展核桃产业，推动集中连片地区核桃基地的规模化建设，促进了核桃产业发展，核桃成为山西省年出口创汇最高的农产品之一。在核桃品质认证方面，汾阳、左权、古县、黎城等市（县）被命名为"中国核桃之乡"，拥有"汾州核桃"、左权"绵核桃"等国家地理标志产品。2013年，汾阳市建成全国最大的集核桃技术研发、生产加工和销售为一体的中国汾州核桃交易中心，并成功举办了"第七届世界核桃大会"，有力地推动了吕梁市乃至全省核桃产业发展。

近年来，山西省统筹规划、合理布局核桃产业，在汾阳、孝义等地效果显著。针对山西省核桃产业整体较为分散的现状，山西省借助素有"全国最大的核桃生产基地"之称的汾州核桃交易中心，建造了汾州核桃产业综合示范园，为山西省核桃的种植管理建立样板，凭借"汾州核桃"的区域品牌效应，辐射并推动周边及全省核桃产业发展。目前，山西省拥有核桃加工企业100余家，年加工能力超过20万吨，其加工产品主要包括核桃露、以核桃仁为原料的休闲食品、核桃油等，2019年，规模以上核桃加工企业生产核桃油6333吨。但山西省级龙头企业存在产品种类单一，同质化竞争严重，精深加工能力不足，加工销售的产品知名度低等问题，多数产品仅限当地消费者购买食用。一方面，山西省核桃加工企业在外部引进和本土培育的机制方面缺少保障。另一方面，原有龙头企业在面临市场竞争变化而转型升级时遭遇挫折，缺乏支撑帮助。山西大寨饮品有限公司主打的"大寨核桃露"早年曾一度畅销国内外市场，成为核桃饮料市场第一品牌，而今遭遇技术壁垒及融资困难等问题，其产品是单一的核桃露类型，大都供当地（阳泉市）生产销售。

近年来，伴随地方政府对核桃产业的重视，山西省多地都加入核桃产业大潮中，核桃基地化建设不断取得进步，使以前的零星种植向规模化种植方向演变。山西省核桃种植规模在取得可喜成绩的同时，也为核桃产业末端的销售环节带来了巨大的压力。山西省核桃销售网络与流通市场体系不健全，除汾阳外，核桃产品专业流通市场较少，许多种植核桃的农户经常遭遇滞销情况，加上核桃加工及销售企业与农户联系不紧密，导致企业加工所需的原材料来源不足，而种植户的销售遇阻。

（二）典型区域情况

1. 山西古县

2022年，山西临汾古县核桃种植面积已达1.54万公顷，780万株，年产量达6000吨，核桃成为村民致富增收的重要产业之一。2010年，古县核桃获国家农产品地理标志，2012年成功申报了省级"核桃栽培标准化示范区"。近年来，古县县委、县政府围绕做强核桃主导产业，按照"抓管理、提质增效，抓加工、打造品牌"的工作思路，全力推进核桃产业化步伐，集中精力打造"古岳古树"核桃品牌，促进农民增收。同时，古县在核桃就地转化升值上做文章，进一步探索"互联网+特色农业"新模式，通过"核桃品评""古县核桃+电商"推介、培训活动，进一步提高果农的质量意识、品牌意识、互联网商品意识，加快电子商务与核桃产业的对接进程，提高古县核桃知名度和市场竞争力。

2. 山西汾西县

山西汾西县通过"统一提供苗木、统一栽植管理、统一管护补贴"的方式,鼓励核桃产业连片建设,促进核桃产业发展。全县核桃总面积20万亩,挂果8万亩,年产值6000万元,初步形成"市场牵龙头、龙头带基地、基地联农户"的产业化格局。核桃种植不仅直接带动了广大农民的脱贫增收,也催生了一批核桃加工企业,依托优质核桃资源生产核桃仁食品、核桃露、核桃油等产品,销往全国各地。通过核桃节期间组织举办核桃等优质农产品展销会,并通过"互联网+消费帮扶"方式,将农户和消费者连接起来,实现消费者与农户的"互联互通"。

3. 山西黎城县

山西长治黎城县核桃作为全国农产品地理标志之一,已有400年的栽培历史。目前黎城核桃企业数量不断增多,形成以龙头企业为引领、小企业不断增多、多元主体参与的产业发展格局,有效带动了核桃产业种植、产品研发、产品加工、核桃旅游等全方位发展。黎城县目前整合多方资源推动核桃产业与文化旅游、休闲度假等产业融合发展。黎城核桃产业公共环境良好,呈现积极向上的发展态势,产业发展模式日益多元。

七、甘肃省核桃产业发展情况

(一)核桃产业整体情况

核桃是甘肃省栽培面积最广的木本油料和干果经济林树种,也是甘肃省主产区农民增收致富的重要产业,并逐渐形成了陇南山地产业带、陇南丘陵产业区、陇东黄土高原产区和陇西南产区的发展格局,以集约经济型、生态经济型、地埂经营型及散生核桃大树等4种栽培模式为主。2019年,核桃种植面积492万亩,产量19.49万吨,全产业链产值47.5亿元,是甘肃产值排位第一的坚果和木本油料树种。

甘肃核桃种质资源丰富。南秦岭山地是野生核桃资源集中分布区,如文县有穗状核桃、花纹核桃、多仁色核桃;陇东南及北秦岭地区,核桃古树大树众多,如西和县珍珠核桃。2000年以后,经甘肃省审定的核桃品种有'陇薄香1号''陇薄香2号''陇薄香3号'和'陇南15''陇南755'等,均为本省地方核桃实生树中选出的优良品种。甘肃省主栽品种包括'清香''香玲''元林''辽宁1号''元丰'等。

甘肃全省34个县（市、区）核桃产业已基本形成了规模化栽培，其中栽培面积在30万亩以上的县（区）5个，13万亩以上的县（区）13个。全省核桃最集中的产区是陇南市，9县（区）栽培面积345万亩，占全省核桃总面积的71.0%，栽培面积居全国地级市第三位，其中，康县、成县、武都区核桃面积均超过50万亩。2021年，陇南市核桃产量7.4万吨（陇南市国民经济和社会发展统计公报，2021），农民人均核桃收入占农民人均可支配收入的1/7，核桃成为陇南山区农民脱贫致富的三大主导产业之一。

全省核桃采后加工能力较弱，以鲜果（青皮核桃）及干果（坚果）销售为主，占总量的80%以上。甘肃省内核桃产业在长期发展过程中形成了果农、龙头企业、销售市场、果农协会等为主的市场流通体系，目前有核桃加工企业24家，年加工能力超过1000吨的企业有5家。核桃主产区有初加工、包装、贮藏、营销、育苗等相关合作社140多家，已建成中小型批发市场、产地交易市场30多处，年交易量超过20万吨。成县建成了占地4000平方米的核桃专业交易中心，带动徽县江洛、西和县石峡、康县长坝形成了核桃贸易走廊，一批核桃乡镇集散地已经形成。近年来，陇南市打造探索"核电融合"的全国县域核桃电商帮扶模式，借助电商平台实现了销售过亿的佳绩。

在品牌效应方面，成县核桃是甘肃最响亮的核桃品牌，经过多年努力，已拥有"中国核桃之乡""国家级核桃标准化生产示范基地""全国核桃良种基地""国家地理标志保护产品""中国优质核桃基地重点县""国家林下经济示范县"等6张国家级名片，特色优势明显，品牌影响力持续扩大。此外，'康县核桃''麦积核桃''清水核桃''积石山纸皮核桃''华亭核桃''舟曲核桃'等获国家地理标志产品保护、绿色认证或公共区域品牌。

甘肃省核桃产业存在的问题和薄弱环节如下。一是建园起点低，目前全省主要规模化核桃基地大多依托退耕还林等林业重点工程建设，特点是低投入、山坡荒地建园，导致单产低、效益不高。二是产业链条短，以鲜果及坚果销售为主,占总量的80%以上,作为干果及木本油料的高附加值没能得以体现。三是标准化程度低,产品稳定性、均一性较差,企业自主创新意识差,影响市场接受度和甘肃核桃品牌的创立。

目前,全省各优势区核桃栽培面积已趋于饱和,核桃产业高质量发展重点将以提高产量、提升品质为主要增长点,以延长产业链、增加附加值为主要突破口。通过提质增效技术集成应用,提高现有核桃基地产量、提升品质;通过贮藏保鲜延长鲜果货架期;通过构建和应用质量标准体系,打通坚果销售渠道,解决产品同质化问题;通过提升精深加工能力,打造"甘味"核桃品牌,提高甘肃核桃市场接受度和品牌影响力。

(二)典型区域成县的核桃产业情况

成县是甘肃省核桃产业化发展较为完善的县,全县栽培面积51万亩,1100万株,户均200株,人均50株,实现了245个村全覆盖。2019年产核桃坚果1.10万吨(甘肃省成县国民经济和社会发展统计公报,2019)。作为"中国核桃之乡",成县有2家核桃加工龙头企业,年加工核桃5000吨,实现加工产值2亿元。成县核桃加工业主要产品为核桃仁,"六个核桃"在成县建有核桃储存基地,为成县核桃加工业的发展提供了保障。但现有加工企业少,与核桃种植户的联系弱,一、二产业有脱节发展趋势。核桃产业的产品仅局限于初级加工,没有形成品牌效应,核桃产业的产品附加值较低,产业链较短,与其他产业的融合有待进一步增强。

八、贵州省核桃产业发展情况

(一)整体情况

贵州省核桃发展具有悠久的历史。2001—2010年是贵州核桃发展的一个高峰期,以国家西部大开发和退耕还林、石漠化治理工程为契机,栽植核桃面积55万亩。到2010年,贵州省核桃栽培面积达到146万亩,核桃产量达到15356吨,在全国排名第十三。以2011年省人民政府办公厅下发的《贵州省核桃产业化扶贫建设规划(2011—2015)》(黔府办发〔2011〕89号)为标志,贵州核桃迎来了大发展时期。

在贵州核桃大发展时期，规划及要求以发展本地乡土核桃品种为主，但乡土品种占种植发展规模的比例不足1/3，多数是省外品种，'云新'系列种植面积最大，'漾濞大泡''娘青''清香''香玲'等品种皆有种植。通过2015—2017年贵州核桃遗传资源调查编目的野外调查发现，贵州原有划分的13个品种类型中个别被损毁，目前尚存的贵州核桃遗传资源农家品种类型主要包括穗状泡核桃、乌仁泡核桃、露仁核桃、纸皮（泡）核桃、细香泡核桃、珍珠泡核桃、光滑（泡）核桃、麻壳泡核桃、铁夹泡核桃和夹绵泡核桃等10个品种类型。依托贵州丰富的核桃遗传资源，全省认定的核桃良种有黔林核系列、黔核系列、黔普核系列等良种十余个。

截至"十三五"末，全省核桃核查保存面积约379万亩，全省9个州（市）均种植发展有（泡）核桃。其中种植面积较高的是毕节市（152.32万亩）、六盘水市（68.70万亩）、黔西南州（52.45万亩）和遵义市（42.18万亩）。此外，在黎平、荔波、播州等县市区种植约2万亩薄壳山核桃品种，主要栽植的品种包括'绍兴''金华''波尼'和'特贾斯'等。

（二）乌蒙山区

乌蒙山区主要覆盖毕节市的威宁彝族回族苗族自治县、赫章县、七星关区、大方县、纳雍县和织金县，六盘水市的盘州市、水城县、六枝特区和钟山区，黔西南州的普安县、晴隆县、兴义市和兴仁市。乌蒙山是金沙江和北盘江的分水岭，位于贵州高原西北部和滇东高原北部，海拔2000~2600米，平均海拔约2080米。本区的气候特点是夏无酷暑，冬无严寒，昼夜温差大，太阳辐射较强。年均温10.5℃~13.7℃，日较差9.8℃~12.8℃，≥10℃积温2567.9℃~4082.0℃，无霜期210~265天。大部分地区年降水量在900~1200毫米，属省内少雨区，雨季开展较迟，70%~80%的降水集中在5—10月，因而多数年份都有不同程度的冬春干旱发生。

独特的地理气候环境造就了乌蒙山区丰富的核桃种质资源，是贵州核桃的主产区和传统产区。2010年以前，威宁、盘州、赫章3县的核桃产量占全省的

50%以上，也是全国核桃重点生产县。该区域分布和栽培有泡核桃和核桃2个种，以泡核桃为主，涉及的农家品种类型多样，覆盖了贵州所有的10个核桃品种类型，以麻壳泡核桃资源最为丰富。由于适宜的气候土壤环境，近年来新栽植的核桃品种多数被保留下来，该地区核桃产量也逐年上升。

（三）苗岭山区

苗岭山区主要涵盖毕节市的黔西县，安顺市的全部，黔西南州的贞丰县、望谟县、册亨县、安龙县，贵阳市全域，黔南布依族苗族自治州全域，黔东南苗族侗族自治州的黄平县、凯里市、雷山县、台江县、麻江县、丹寨县、榕江县、从江县和黎平县。苗岭山区泛指西起六枝，东达锦屏、贵阳以南、独山以北的东西分水岭高地，因是苗族集中聚居区故名。苗岭海拔为1200～1600米，该地区山地岭谷起伏，峰密交错，长江、珠江水系在此山岭分水。苗岭山区属中亚热带湿润温暖气候区，冬无严寒，夏无酷暑，雨量充沛，雨日多，云量多，雨淞、冰雹时有发生，年均温14℃～16℃，≥10℃积温4000℃～5000℃，年降雨量1100～1300毫米。

苗岭山区是贵州核桃的一般产区，核桃种质资源以片状或零星分布为主，栽培种以泡核桃为主，品种类型以麻壳泡核桃数量最多，零星分布有露仁泡核桃、乌仁泡核桃和纸皮泡核桃等品种类型。近年新栽植的核桃品种多出现不挂果、落果现象，核桃病虫害（黑斑病、长足象、云斑天牛）也时有发生。此外，黎平县引种种植有1万余亩的薄壳山核桃，目前长势良好。

（四）娄山山区

娄山山区主要包括遵义市全域和毕节市的金沙县。大娄山系由三支并列的山脉组成：西支位于桐梓与习水之间，呈东北西南走向，南起四川古蔺，经贵州而北入重庆綦江，中支由仁怀经桐梓、松坎向北延伸至四川。娄山山脉海拔高差大，地域差异十分明显，东部及中部稍高，西部和南部较低。东、北、西部边缘及中部中山地区大部分海拔1200～1800米，山高谷深，地形破碎。娄山区属北亚热带温和湿润气候类型，冬无严寒，夏无酷暑，雨量多，日照少，空气湿润。年均温13℃～16℃，≥10℃积温4000℃～5000℃，年降雨量1100～1300

毫米。

娄山山区也是贵州核桃的一般产区，核桃种质资源以片状或零星分布为主，主要分布在房前屋后、田边地角，栽培种以泡核桃为主，品种类型以麻壳泡核桃数量最多，零星分布有露仁泡核桃、珍珠泡核桃等品种类型。该地区的核桃主要分布在遵义市的绥阳县、正安县、习水县、务川仡佬族苗族自治县、道真仡佬族苗族自治县、桐梓县和播州区。近年新栽植的核桃品种出现立地条件差、不挂果、落果等问题，部分结果品种取仁较困难，商品价值较低，一定程度上打击了种植户的产业发展热情。

（五）武陵山区

武陵山区主要指铜仁市全域，以及黔东南州的施秉县、三穗县、岑巩县、锦屏县、天柱县和剑河县。武陵山区山脉主体位于湖南省西北部，整条山脉呈东北—西南走向，为中国第二阶梯与第三阶梯过渡带，乌江、沅江和澧水分水岭。海拔1000米左右，武陵山脉在贵州境内，主峰梵净山。本区属中亚热带湿润温暖气候类型，气候特点是冬寒不剧，夏季炎热，四季分明，雨量充沛，空气常年湿润，夏旱时有发生。年均温16℃~17℃，≥10℃积温5000℃~6000℃，年降雨量1100~1300毫米。本地区沿河土家族自治县、德江县为核桃一般产区，其余为边缘产区，核桃主要分布在800~1300米的高寒山区，呈片状和零星分布。栽培种以泡核桃为主，零星栽植有核桃，核桃品种类型以麻壳泡核桃居多，还有部分露仁（泡）核桃、乌仁核桃等。由于武陵山区湿热的气候环境，核桃病虫害较为严重，尤其以蛀果害虫长足象危害严重。尽管当地采取的各种病虫害防控措施取得了一定的效果，但若疏于防控，虫口密度又会进一步上升，造成当地核桃大幅度减产，甚至绝产。

第二节 典型企业及发展情况

一、云南鲜意浓农业开发有限公司

云南鲜意浓农业开发有限公司位于云南鲁甸县,公司成立于2019年,总注册资金280万元,注册地址位于鲁甸县高原绿色特色食品产业园,公司法人赵元。现旗下有昭鲜笙(上海)农业科技发展有限公司、鲁甸县领硕核桃产业开发有限公司、鲁甸县果果椒花椒开发有限公司、鲁甸县宏旭传媒有限公司、鲁甸县隆轩商贸有限公司等5家子公司。

鲁甸县鲜意浓农业开发有限公司产品以自主研发为主,并不断巩固和扩大市场。公司自有核桃种植基地800余亩,托管核桃13000亩(昭阳区3000亩,文山州西畴县10000亩)。于2021年开始建设核桃精深加工项目,建设6300平方米的初加工、深加工厂房,产品类型包括核桃干果、脱衣核桃仁、休闲零食核桃果、浅粉核桃仁、核桃油等。现已启动核桃仁脱衣、核桃油生产2条生产线,平均年需核桃仁4020吨、核桃果3600吨。

该公司核桃精深加工项目预算约1800万元,其中东西部协作资金1000万元,自筹资金800万元。为确保项目的顺利进行,公司将采取分期、分段进行项目分解、工期目标分解,同时优化投资方案,优化配套机械设备。项目实施使鲁甸县核桃加工成本每斤降低0.6元,核桃干果单价每千克提升6元,可帮助解决核桃的收购及储存鲜果销售的时间差的问题,解决周边9个乡镇15个易返贫村3000余户农户核桃销售问题,同时为所涉及的1.9万户林农解决了市场销售问题。本项目预计年均收入3000万元,年均增值税108万元,年均利润总额558万元,年均所得税139万元。通过企业的入驻,可直接吸纳就业人数174人,间接带动当地上万人增收,具有良好的经济和社会效益。

核桃精深加工项目有多家协同单位参与,并建立了良好的协作和联动机制。其中,东西部协作上海援建项目专项资金1000万元采购的核桃产业深加工设备形成的固定资产归属于合作联社使用；每年返还设备投资的6%（共计60万元）归属于鲁甸县15个易返贫村集体经济所有，同时资金的使用审批情况必须上报鲁甸县委组织部审批；由县委组织部负责资金的审核，如未按要求使用资金，国家林业和草原局可以要求15个村整改，如果整改不到位则直接收回，按程序更换新的易返贫村。企业未按协议返还资金，国家林业和草原局与合作联社商议按章程重新选取新的企业运营。这些良好的协作和联动机制为保证项目的顺利实施、资金安全和项目有效服务当地集体经济奠定了基础。

二、新疆喀什光华现代农业有限公司

新疆喀什光华现代农业有限公司成立于2018年，注册资金1亿元，是北京大学光华管理学院校友为响应国家"一带一路"倡议、精准扶贫和乡村振兴相关政策号召，结合喀什当地优质核桃资源，出资筹建的援疆核桃深加工企业。企业在喀什当地拥有核桃初加工和深加工工厂各1座，德国进口全自动核桃油低温冷榨生产线3条，罐装和过滤生产线各1条，核桃酱研磨过滤生产线1条，核桃粉生产线1条，核桃休闲食品生产线1条。企业的产品主要包括核桃油、核桃粉、核桃酱及核桃休闲食品等核桃系列产品。设计产能年加工核桃量可达20000吨以上，年产核桃油3000吨，核桃蛋白2000吨，核桃酱1000吨，核桃休闲食品3000吨。截至2022年，企业已利用目前的研发成果申报核桃油加工发明专利1项、实用新型专利7项。

喀什光华现代农业有限公司经营模式是"设计+生产+销售"型。企业与北京大学等多家高校及科研单位开展有产学研合作项目，利用当地丰富的农业资源，带动种植户进行核桃育种、种植、加工与销售，为当地提供了就业机会，也扩大了核桃产业的规模。企业不断进行产品创新及优化，通过多次去高校、工厂考察先进生产设备及技术，开发出核桃油、核桃粉等核桃系列产品。企业的销售模式是以线下带动线上，线上推动线下，线上、线下相辅相成。线下以百果园、华润万家、专卖店等商超为主进行销售；线上通过京东、淘宝、天猫等作为平台，通过直播带货等方式进行线上销售及产品展示。

公司自2019年6月正式投产至2019年底，实现销售收入1922万元。2020年下半年起，开始进行出口业务，着重发展农业产品。2020年下半年，出口业务销售额人民币2500万元，2021年，国内销售额上半年已达到800万元，预计2023年底销售额将达到4000万元。

三、四川凉山现代林业科技有限公司

凉山州现代农林开发有限公司成立于2015年，公司注册资金300万元，法人陈明松，公司位于"四川核桃之乡"盐源县美丽的泸沽湖畔，这里离太阳更近，离城市更远，泸沽湖优美的自然风光被誉为"神仙居住的地方、香格里拉的源头"。公司秉承"立足农林、服务大众、绿色健康"的理念以遵循"团结拼搏、务实创新"的团队精神以"客户至上、诚实守信、质量第一"为宗旨，以发展"生态环保、大众满意、消费者放心的绿色、有机产品"为目标。构筑绿色生态核桃产业，打造核桃产业知名品牌。

公司现有"盐源早"核桃果穗两用园5000余亩，年产穗条600多万芽；苗木生产基地410亩、嫁接技术员300余人。现已形成了"公司+农户+专业团队"的生产经营模式，业务遍及省内凉山、攀枝花、雅安、乐山、遂宁、绵阳、泸州、资阳等州市和云南、贵州、重庆等地区，得到广大客户的认可和支持。

公司是第五批省级林草产业化重点龙头企业。公司主打核桃品种"盐源早"于2009年通过四川省林木品种委员会审定为良种，并于2021年成功申报为国家级良种。2014年5月通过国家商标局成功注册"盐源早核桃"地理标志集体商标，同时成功注册"箐西臻品"商标；2021年认定为"四川省林草产业化重点龙头企业"；公司2017年荣获全国质量服务信誉AAA级诚信示范企业、全省十佳优秀诚信品牌经营企业、优质诚信示范企业称号；2019年，盐源县首届核桃节的"核桃王子"评选中获得金奖；2019年，四川省林木种苗嫁接技能比赛中公司嫁接技术员获全省嫁接能手第一名；还是四川省林业产业联合会核桃产业创新联盟"副主席单位"。

现在公司已与多家企业签订供销协议，并引进先进工艺及设备，业务涵盖核桃保鲜贮藏、核桃去青皮、核桃烘干、分选、破壳取仁、核桃仁脱衣、核桃油压榨及产品包装销售等。公司将长期致力于盐源核桃产业的多元化发展，为助农增收致富、助力脱贫攻坚、夯实振兴当地的产业基础而努力奋斗。

四、四川横断山核桃有限公司

四川横断山核桃有限公司，是北京林业大学植物学博士、四川农业大学博士生导师万雪琴教授，为满足科技扶贫工作需要，于2019年4月创办的"科技扶贫产业化试点平台"。

万雪琴从2016年起在四川省凉山彝族自治州的雷波县开展核桃科技扶贫工作。当时核桃产业正由发展的高潮转入低谷，核桃价格开始明显下跌，卖核桃难的问题开始出现。在扶贫工作中，万雪琴时常感慨："漫山遍野的核桃树，不但不能致富一方，反而成为老乡们的心头痛！"

2018年3月，由四川省委组织部牵头的"深度贫困县科技扶贫万里行"活动启动。万雪琴作为"核桃专家服务团"首席专家，重点帮扶甘孜藏族自治州的核桃产业发展和科技扶贫工作。在深入调研之后，万雪琴认为，在严峻的产业形势之下，传统的帮扶措施无法解决群众"卖核桃难"的问题，于是就提出"依托市场，挖掘川藏高原核桃的优势，开发优质特色扶贫产品，走以产品促产业，以产业助扶贫的科技扶贫产业化之路"。

2019年1月，由万雪琴牵头的四川农业大学核桃课题组以甘孜藏族自治州和凉山彝族自治州的老核桃（非品种化的实生核桃）为原料，开发出"横断山·精选老核桃"和"横断山·鲜榨核桃油"两款特色扶贫产品。产品投放市场后，深受消费者的喜爱。同年4月，万雪琴创办"核桃科技扶贫产业化"试点平台——四川横断山核桃有限公司。公司位于四川省成都温江区，主营业务是：与川农大等单位共建"天府核桃研究中心"，开展新品种选育，高效栽培，新产品开发和产业化等全产业研发；以"横断山·核桃油"为战略产品的特色产品生产和销售；核桃产业振兴整体解决方案提供，配套支撑及科技服务。

经过近4年专业深耕，公司开发出"横断山"鲜榨核桃油、精选老核桃、核桃花椒油、核桃营养土、核桃有机肥、核桃饲料等特色产品；探索出用核桃有机肥在核桃林下种植黄精等中药材和其他经济作物，用核桃饲料在核桃林下饲养放养土鸡等跨界新模式；构建起以特级核桃油为中心的精简综合加工工艺、技术和模式；与四川农业大学共建"横断山核桃产业振兴示范基地和特级核桃油精简工艺中试生产线"。采用"横断山"特级核桃油精简工艺生产核桃油，不仅油品达到《特级核桃油》（T/CCOA 2—2019）标准，而且彻底解决核桃油易氧化、保质期短的瓶颈问题，使特级核桃油的保质期轻松达到1~2年，而且投入少，易操作，成本低，特别适应核桃产地中小企业或专合社新建或改造核桃油厂。横断山的创始人、产品和服务都深刻体现了"大道至简、纯朴归真"的企业文化。

公司采用"与众不同"的委托生产模式，生产"横断山·特级核桃油"，基本实现产业化。"与众不同"主要体现在：横断山公司采购原料，提供设备、工艺、技术和包装，并负责具体生产、质量控制、销售和售后服务；代工企业只提供厂房、非核心设备和生产资质。这种模式投资少，生产成本较低，产品质量完全自主可控。在销售上，主要与广州蜂群互联网科技有限公司合作，依托全国领先私域社交电商平台"远方好物"平台进行销售。过去3年，公司平均每年生产和销售核桃油约1万斤，老核桃约3000斤，销售额约60万元。2023年1月，公司将"横断山"核桃油的产品标准由国家标准（GB/T 22327—2019）一级，升级为更加严格的特级（T/CCOA 2—2019）。横断山核桃油是四川省内，也有可能是国内首款符合T/CCOA 2—2019标准的特级核桃油。

自成立以来，公司牢记"源于扶贫，忠于初心，为种植者增收，为消费者添福，为政府解忧"的初衷和使命，致力于探索以特级核桃油为中心的核桃产业振兴之路。公司已在甘孜藏族自治州和凉山彝族自治州建立"横断山核桃产业振兴试点村"10余个；在过去3年，以高于市场价1~2倍的高价收购或助销试点村滞销老核桃共计10万余斤，帮助村民变现核桃收入约60万元。

除"直接优价收购老乡滞销老核桃，生产和销售核桃油"的帮扶模式外，公司更加侧重于对"横断山模式"的推广。过去3年，公司免费指导和支持四川省内和省外5个企业或专业合作社，采用"横断山模式"新建和改建核桃油厂。其中的典型案例是甘孜藏族自治州稻城县吉呷镇核桃榨油农民专业合作社。该专合社采用"横断山工艺"，使榨油的劳动强度降低70%以上，生产成本降低70%以上，出油率提高1倍，油品大幅提升，年产值超100万元（《环球网》新闻报道），彻底解决了当地老核桃卖不脱的难题。

横断山，秉持"在实现社会价值前提下获取适当的经济效益"的品牌理念，致力于核桃油的推广和普及。目前市场上的进口和国产品牌核桃油的质量标准，几乎都是国家标准一级。在多数品牌将250毫升核桃油都卖到100多元的市场下，公司同"远方好物"深度合作，将标准更高、品质更好的"横断山·特级核桃油"500毫升的零售价定为99元。今后，公司将在保障特级品质的前提下，进一步降低生产成本和终端零售价，引导中国核桃油市场整体价格降至每500毫升50~100元的合理区间，让核桃油由"超高端极小众产品"，转变成"中高端新大众产品"，以促进核桃油的大众化消费。化解核桃产业发展困局（农民种的核桃很多很难卖，核桃油却贵得让人买不起），促进大众健康，保障国家食用油安全，实现"为消费者添福，为政府解忧"的初衷。

五、陕西商洛盛大实业股份有限公司

陕西商洛盛大实业股份有限公司位于华山之阳、秦岭东南的陕西省商洛市洛南县，成立于2018年10月，是由洛南县盛大农副产品发展有限公司经过多年发展壮大而成的一家股份制企业。公司具有近20年的核桃及核桃壳收购、深加工、销售经验的现代化企业，近年来主要开展红仁核桃引进研发和示范推广、核桃壳系列产品开发利用、核桃产品国际贸易等方面的业务。

公司旗下有核桃壳系列产品加工厂、维尔纳果业有限公司、出口食品社区工厂、洛南县盛鑫红仁核桃专业合作社，已成为集红仁核桃引进推广、核桃壳系列产品开发利用、核桃产品国际贸易为一体的科技型企业，初步形成了核桃生产、加工、国际贸易的全产业链格局。公司现有员工38人，季节性用工150人，其中中高级技术职称技术人员12人（包括外聘专家），各类管理人员20多人，并且公司建有技术团队和院士、专家工作站。目前，公司拥有核桃壳粉生产线3条，可生产核桃壳滤料、核桃壳磨料、核桃壳粉、核桃壳堵漏颗粒、核桃壳宠物床材等6大类23个系列产品，年生产能力1万吨，年实现产值2600万元。

2015年4月，盛大公司瞄准国内核桃市场，首次从美国加利福尼亚州引种特色红仁核桃，填补了国内空白。2019年通过陕西省林木品种审定委员会新品种审定准予推广。全国20个省（区、市）研究机构、种植企业及合作社合作研究或引种栽培，受到了各界广泛好评。目前，商洛及周边地区示范推广5.5万亩，4年挂果后，预期产值将达2.6亿元。不仅如此，公司1820亩的红仁核桃示范基地也取得了有机基地认证。商洛市把红仁核桃更新建园和嫁接改造作为实现商洛核桃产业提质增效转型发展的重要抓手，出台《商洛市大力发展红仁核桃特色产业的实施意见》计划，到2028年，商洛将建成红仁核桃高标准示范园100万亩，实现年产红仁核桃坚果20万吨，综合产值500亿元，成为中国红仁核桃产业发展高地。目前，公司承担有陕西省林科院创新项目"红仁核桃丰产栽培关键技术研究与示范"、陕西省科技厅重点研发计划"红仁核桃丰产栽培及深加工利用技术研究"、中央财政林业科技推广示范资金项目"红仁核桃良种繁育及丰产栽培技术示范推广"和与中国林科院联合开展"红仁核桃高抗砧木引种筛选研究"等5个科研项目，争取研究经费280万元。

公司通过核桃产品加工和发展红仁核桃吸纳贫困户务工、土地入股分红、技术培训，解决了当地99名贫困户实现脱贫、人均增收7917元。公司主动承担企业的社会责任和义务，先后为洛南县红十字会、县人大爱心基金会、商洛市消费扶贫协会抗击疫情和洛南"8·6""7·22"特大洪灾累计捐款捐物10万余元。公司董事长董兆斌认真履行人大、政协代表职责，提出促进商洛农业产业发展的建设性建议10余条，在科技创新和产业发展中作出了突出成绩，被国家林业和草原局和陕西省林业局分别授予"乡土专家"，取得商洛市"优秀生态卫士""'十三五'核桃产业提升增效助推脱贫攻坚工作示范标兵""产业扶贫先进工作者""脱贫攻坚产业致富带头人"等荣誉称号，为实现商洛核桃产业提质增效转型发展，推动地方经济建设，助力乡村振兴作出了突出贡献。

2021年以来，面对疫情的影响所带来的市场萎缩等不利因素，董兆斌迎难而上，砥砺前行，以优质产品和良好的服务开启了核桃西上的中欧专列，把中国的核桃产品销售到俄罗斯、意大利、哈萨克斯坦、吉尔吉斯斯坦、阿联酋、美国、加拿大、越南等20个国家和地区。共出口核桃2200多吨，销售额1.2亿元，创汇2100多万美元，产品质量受到外商的普遍好评。公司产品的出口在带动核桃产业发展的同时，也为地方经济建设和助力乡村振兴作出贡献。

六、河北乐活植物油有限公司

河北乐活植物油有限公司从事核桃油研发、生产和销售近20年，专业生产超10年，常备库存近千吨。公司于2021年7月在河北核桃主产区邢台临城兴建新厂区，占地15亩，建筑面积6000平方米，设计年生产能力核桃油4000吨、核桃蛋白粉3000吨。公司产品可作为大包装散油和小包装产品销售给大客户和终端客户，大客户公司包括多家国内大型油脂企业。

目前，公司主营的核桃油产品形成4大系列8大品牌："太行秀""爱吾友"系列，作为地方特产，"慧童""慧童1016""慧童1215""慧童1314"等主要针对孕婴、儿童和学生，"福美滋"，主要用于礼品、福利、团购，"乐活久久"，主要针对中老年人群体。每个产品在营养品质方面各有侧重，以适应不同人群的需求。公司品牌设计源于成长理念，讲述浪漫的太行山故事：年轻人的朝气和秀美，冠之以"太行秀"；情深意浓之时唤作"爱吾友"（I love you）；终成眷属共育"慧童"，从"慧童1016""慧童1215"到"慧童1314"，一生一世，幸"福美滋"滋，快乐活过九十九——"乐活久久"。品牌故事给产品注入"尽善尽美、聪明智慧、健康快乐"的美好寓意和正能量，多品牌演绎着善美人生路，体现了为"大脑加油，为健康护航，为美好生活助力"品牌愿景。

公司以国际认可的"乐活—LOHAS"——"健康、可持续发展"为指导思想，秉承"以善为本，以质为天"的理念，树立了"中国核桃油行业标杆"的公司愿景，尤为注重产品品质。

在原料品控方面，原料主要选自空气清新、水源洁净的河北太行山区，品种以老树野生绵核桃——'辽系''香玲'核桃为主,要求精选当年新鲜原料,自然晾干,不能烘烤和漂白,以保证原料质量。

在质量安全方面,核桃仁从取仁到榨成原油不超过30天,去除瘦瘪仁、霉烂仁、核桃夹皮等杂质,大小为二路以上,颜色浅白。整个制油过程不接触含塑化剂的塑料制品,避免塑化剂的引入,全程不使用任何化学助剂,以欧洲婴配植物油的标准严控产品中的各项污染有害物质,各项指标控制在国家有关标准的1/4以下。

在工艺控制方面,经高标准液压冷榨(温度低于27℃)制取原油,纯物理工艺精制,适度加工,不使用高温,保持了其原有的味道和养分,零反式脂肪酸,含有60%左右的亚油酸,10%以上的α-亚麻酸,天然符合《中国居民膳食营养素参考摄入量》中建议的$\omega-6:\omega-3$为$(4\sim6):1$的比值,且二者的含量之和高达70%以上,保证了油品的高营养品质。

公司董事长吴吉生研究生毕业,一直致力于核桃油和核桃膳食的研发工作,获得"核桃膳面及其制备方法"等国家发明专利2项。在核桃油液压冷榨制油工艺等方面做了大量研究工作并应用于实际生产,开发十几种核桃油及其相关产品,参与制定《核桃油质量安全生产技术规范》团体标准。

七、山西一果食品有限公司

山西一果食品有限公司,成立于2014年6月,位于山西省孝义市国家级农业科技园区,注册资本2000万元,总投资5亿元,设计年加工处理6万吨核桃,是山西省吕梁市立足延伸核桃产业链、做大做强核桃产业的标志性工程,为山西省省级重点项目。公司是一家集核桃种植、加工、国内外贸易及食品科研开发为一体的农业产业化现代企业,主要致力于核桃基地的培育及核桃系列产品的开发、生产、销售;主营业务以核桃种植、精深加工、经营为主,兼营其他干果产品和干鲜果及制品、蔬菜进出口,产品主要销往国内市场及中亚、中东、欧盟等地区和国家。公司占地260亩,建筑面积10余万平方米,建有办公楼、职工公寓楼、原料库及冷库、成品库、初加工车间、精加工车间、食用油脂车间、植物蛋白饮料车间等5个加工车间及核桃综合加工生产设施；公司现拥有核桃原果及原仁、脱衣核桃仁系列、核桃休闲食品、核桃油系列、混合坚果系列近40余种产品的多条自动生产线，全部采用进口和国内先进生产设备。其生产线设计及工艺与配方技术依托科研院所提供与公司研发创新结合而成，年可加工核桃原果60000吨及原仁15000吨，年产脱衣核桃仁系列产品10000吨、核桃休闲食品5000吨、核桃油系列产品3000吨、亚麻籽油2000吨、混合坚果1000吨。公司现有员工200余人，其中大专文凭以上150人。公司产能全部释放后，可实现年销售收入20亿元以上，年创利税2.5亿元以上，提供就业岗位1200余个。

公司以发展大健康产业为契机，实行定位高端、带动中端、提升低端的产品战略，将分步推出健康食品、营养功能食品和保健食品。目前，公司主要产品包括核桃原果及原仁、带衣核桃仁系列休闲食品、脱衣核桃仁系列休闲食品、核桃油系列、混合坚果系列等40余种产品，产品于2018年3月上市，2022年度营业收入达11000余万元。

公司注重产品研发与技术创新，逐步建立一支高素质技术研发队伍，建立以市场需求为导向的高效研发体系，拥有成熟的生产技术工艺、各类产品配方以及严格的产品质量管理体系。逐步确立在核桃深加工领域的技术优势，强化已有产品改进和新产品研发的工作，做到研发一代、生产一代、销售一代、储备一代。

公司注重知识产权保护工作，力求在技术上形成自己的标准，参与起草标准5项，其中国家标准2项、行业标准3项；注册获得"一果YIGUO""北纬四时""核萌萌""萌萌核""核叶淘""物华生""华核果农"等系列品类商标150个；拥有实用型、发明型专利24项。通过知识产权持续建设，加强知识产权规范管理，推动公司进步和创新的发展，进一步增强企业的市场竞争力。

公司销售网络遍布全国20个省（区、市），线下通过现代渠道、传统渠道、特通渠道到达10000余家终端，已覆盖华北、华中、华东、华南等区域，线上开通天猫旗舰店、京东旗舰店等多家直营渠道，形成了线上线下融合的营销网络体系；国际贸易业务方面，与"一带一路"国家及地区、欧盟、美国、加拿大等地客商达成了合作，目前已实现出口业务达500余万美元。

公司实行"龙头企业+研发机构+配套企业"的发展模式，新建和规划建设了4个标准化良种核桃示范基地，总面积2.68万亩，可带动农户1200余户，带动农民增收5000余万元。其中，有5000亩核桃种植基地获得了国家有机认证。

公司先后荣获"农业产业化省级重点龙头企业""新型农业经营主体先进标兵""吕梁市优秀企业"等荣誉称号。先后通过ISO9001质量管理体系认证、危害分析与关键控制点（HACCP）体系认证、食品安全管理体系认证、有机产品认证、HALAL清真认证、欧盟BRC与IFS双标认证、职业健康管理体系认证、知识产权管理体系认证，为公司树立了良好品牌形象，增强了公司在市场的竞争力，为公司赢得了优质客户群体。

公司发展得到了各级领导的关注、关怀、支持，对公司在诚信经营、科技创新、带动农民增收、促进山西核桃产业发展等方面所作出的努力给予高度评价。

公司始终秉承"科学、严谨、诚信、务实、创新"的企业发展理念，致力于为消费者提供"健康、营养、安全、美味"的食品。依托地处'汾州核桃'主产区的区位优势，把握我国大健康产业的发展趋势，围绕"核桃+"产业结构战略，坚持以市场需求为导向，坚持品牌发展战略，规划企业发展方向，努力成为国内最具竞争力的核桃食品企业，引领中国核桃加工行业发展方向，带动整个核桃产业升级、农民增收致富，同步将一果品牌打造成中国核桃健康食品的领先品牌。

八、山东费县沂蒙小调特色食品有限公司

山东费县沂蒙小调特色食品有限公司成立于2002年7月，从事核桃加工行业。位于山东临沂市费县城西工业园区，建筑面积6800平方米，建有3条现代化核桃制品生产线、2个标准化实验室，是山东省农业产业化重点龙头企业和全国放心粮油示范加工企业。

该公司位于国家核桃全产业链标准化示范区内，具有1000亩核桃种植基地，引进'秋香''鲁康1号''岱康2号'等抗病、避晚霜核桃新品种，不断改造提升芍药山万亩核桃低产园，实现当地优势产业的提质增效。其自主研发的"核桃黄衣脱涩"技术，有效解决了核桃加工的技术难点。该公司投资新建1000吨脱涩核桃休闲食品车间，新上巧克力核桃、枣蓉核桃、智首核桃仁等3条生产线，实现了核桃加工原料的优势互补，促进了核桃产业链条的有效扩张。公司致力于将脱涩核桃精深加工研究成果，转化新兴核桃休闲食品综合加工利用，着力推动核桃行业从"种子到餐桌"产业化经营。其年可加工转化核桃制品3200吨，产品涵盖核桃油、脱涩核桃制品等8大系列上百个品种。

沂蒙小调农业产业化联合体资产总额达到1.2亿元，下联2个农民专业合作社、7个家庭农场，产业分布在费城街道、马庄、朱田等3个乡镇9个行政村，涉及农户3270余户，经营核桃原料基地13000余亩，带动农户户均增收3800余元。该公司打造的"沂蒙小调"成为山东省知名品牌，品牌评估价值2.85亿元。

该公司与山东省农业科学院、山东省果树研究所联合组建沂蒙特色美食技术研究院和费县果品产业技术研究院，以培育壮大特色核桃产业为抓手，充分发挥品牌优势，立足产业兴农，推动万亩核桃基地品牌建设。通过产品收购、带动就业、技术培训等不同方式，带动当地核桃产业发展，打造集农业、文化、旅游、农产品加工、商贸、乡村生活体验"五位一体"的核桃风情体验园区。

九、甘肃成县九源农林产品开发有限公司

甘肃九源农林科技有限公司成立于2015年，注册资金1000万元，是一家核桃全产业链产品研发、精深加工、生产销售为一体的集团化企业。公司现已注册甘味九源、西狭甘露、嘉禾西狭等商标100多件，登记版权8项、发明专利2项、实用新型专利1项、外观专利3项。公司位于拥有甘肃省陇南市成县。核桃是覆盖陇南全域的特色优势产业，全市有195万农业人口（占全市农业总人口的

78.3%)种植核桃并从中受益。利用陇南440万亩核桃产业优势,结合核桃发展现状,公司致力于核桃全产业链综合开发,延伸农产品产业链,提升农产品附加价值。打造绿色环保、老少皆宜、健康营养的系列高端产品。

企业采取"公司+基地+合作社+种植户"的经营模式。公司在科研单位、大专院校及相关单位技术支持下,推广核桃产业化、规模化、集约化种植,积极与合作社和广大种植户合作,实现了订单种植,从根本上促进了农业产业结构的调整,强有力发展了成县及周边县区核桃种植规模。从2015年开始至今,企业用8年的时间,先后到全国各地核桃产品生产企业、相关设备生产厂家、科研单位、相关高校学习核桃精(深)加工设备和工艺技术。通过对考察知识进行碎片整理,绘制出核桃全产业链加工图。2019年下半年,企业研发出纯冷榨、不精炼的技术和设备:一套全自动封闭式连续液压榨油机组。该套设备采用全封闭式压榨工艺,压榨时间短,仅需20分钟即可压榨完成,压榨出油率达65%,压榨过程中核桃油处于密闭的环境中,避免了核桃油和空气的接触,极大地降低了核桃油氧化的风险。同时企业对核桃粕也进行了研究开发,对其副产品(核桃壳、分心木)的加工也有了思路,开始从核桃脱青皮、烘干、分级、破壳取仁、榨油、制粉、核桃小分子肽到副产品加工,形成一个完整的核桃加工全产业链。另外,为了使产品更好地面世,公司还自主进行产品包装设计,目前已完成婴幼儿款、私人定制款、礼品款等12款包装设计,受到了广大消费者的好评。目前企业开辟了(线下渠道、线上渠道)两类销售渠道,线下渠道以扶贫馆、专卖店、体验店、商超为主进行产品销售,还通过开设旅游特色馆、旅游中心等来吸引消费者进行消费。线上渠道主要是以电商平台、直播带货、店铺运行为主,以一些地方社区运营群、运行小程序为辅进行销售。

十、湖北十堰市科地农业设施推广开发有限公司

十堰市科地农业设施推广开发有限公司成立于2011年6月,注册资金2600万元,法人谭霖。公司设有管理层、业务部、基地部、科研部、财务部、销售部等部门。公司主要从事农业种植(包括中药材种植),养殖,农产品加工,农

业产业的科研、开发、推广应用、产业示范等专业性农业企业。公司流转林地54600余亩，拥有核桃基地10000余亩，中药材2000余亩，是十堰市农业产业化重点龙头企业，湖北省林业产业重点龙头企业。核桃种植基地被国家林业和草原局授予第二批"国家级核桃示范基地"。公司从成立11年以来，一直坚定于农业、农村、农民的"三农"政策宗旨，公司将以核桃油、核桃粉产品加工为使命，以核桃油、核桃粉产业为终身事业。

公司响应十堰市委、市政府的"千企进千村"的号召，以上津镇孙家湾村、香口乡白岩河村为公司扶贫对象，依法依规流转了郧西上津镇和香口乡8个行政村内20个规划林班3646公顷（54693亩）的林地。在西北农林科技大学刘朝斌专家的技术指导下，依据当地气候和土壤水肥条件，本着统一高标准化科学化规划，分步实施、按照综合利用的原则，高标准、高起点、严要求建设基地园。山地平整5米×6米梯带，梯带挖1米×1.5米的深沟填埋60厘米厚的腐殖肥，回填后种植核桃树，梯带边坎套种连翘等中药材，以保水固土护坡实现林地的综合利用，种植品种有'清香''辽核4号''香玲'。8年树龄'清香'亩产干果200斤，'辽核''香玲'表现也不错，亩产干果达180斤左右。

公司将基地周边村民纳入公司员工队伍建设，首先将单身汉、五保户集中供养，提供吃、住，根据园区现有面积划片由他们管护，安排工作岗位。二是将60个贫困户划为3个小组，将园区分片包干，定目标、定任务、定时间、定操作规程，定考核办法，奖惩兑现，使贫困户脱贫后人人有事做，月月有收入。三是将农户中有文化、有知识的中青年送出去，为园区的科学种植，栽培，科研，产品深加工，观光旅游培养人才，使他们人人掌握一门技术，为公司、为他们自己创业打下良好基础。

核桃是目前世界三大木本油料之一，我国核桃的生产规模和消费总量可观，是木本油料中产量最高、最有发展潜力的树种。目前，核桃油在市场上消费的占比很低，核桃油售价较高，市场需求较大，前景看好。

十一、湖北霖煜农科技有限公司

湖北霖煜农科技有限公司是丹江口市2013年重点招商引资企业，是专门从事推广优种核桃苗木、建设优种核桃生产基地和核桃加工销售为一体的核桃专业化公司。公司注册资金5000万元，是"核桃产业国家创新联盟副理事长单位"。公司先后被湖北省林业局认定为林业产业化省级重点龙头企业，被湖北省政府认定为省级农业产业化龙头企业。

公司法人孙红川，河北定州人，1992年毕业于河北农业大学园艺系果树专业，当年分配的定州市林业局工作。1998年走出机关，牵头成立了河北德胜农林科技有限公司，从2003年开始面向全国推广清香核桃。2013年从河北德胜公司带15人到十堰市的丹江口市创业，成立了湖北霖煜农科技有限公司。2014年被评为十堰市首批农业特色领军人才；2016年被评为第二批国家"万人计划"创业领军人才。2019年被评为河北省省管优秀专家，2020年被国家林业和草原局评为林草乡土专家。

公司坚持"立足十堰、面向秦巴山区、服务全国核桃产业"的市场定位，从种苗、农资、技术及核桃的销售等，多方位综合立体服务于核桃种植户、核桃种植企业和核桃产业。在丹江口市蒿坪镇以土地流转的形式，陆续流转土地4000多亩，建设了以王家岭村为核心的集中连片高标准核桃示范基地。2016年被国家林业局认定为"国家级核桃示范基地"、公司生产的清香核桃荣获农业部中国绿色食品发展中心颁发的绿色食品标志证书。公司成立了秦巴山区核桃职业技术培训中心，建筑面积3200平方米，设备齐全、功能完善，可年接待培训10000人次。

2016年，由公司发起成立了核桃产业联盟（合作社联社），首批成员由10家核桃专业合作社、4家家庭农场、3家核桃协会、25家核桃专业大户和5家核桃技术服务机构组成，注册资金2465.9万元，社员数量1427名，核桃经营面积近5万亩。核桃产业联盟（合作社联社）为了履行承诺，配备专用服务车，组建32人的专业技术服务队，签订技术服务合同1350份，为社员提供多层面全方位的技术和生产服务。核桃产业联盟（合作社联社）的成立，标志着丹江口市核桃产业化经营实现了一次新的飞跃，它从根本上改变了丹江口市域内核桃产业发展单打独斗、各自为政的局面，实现了企业、合作社、家庭农场和种植农户"联合共赢、抱团发展"。其间，公司注册有"霖煜农""果然好仁""核原力"等商标，其中"核原力"牌清香核桃在第十一届中国武汉农业博览会上被评为金奖农产品，并荣获农业部中国绿色食品发展中心颁发的绿色食品标志证书。

受核桃市场和新冠疫情双重影响，目前公司在丹江口市蒿坪镇保留核桃基地1000亩，并调整发展思路和现有的种植结构，逐步将核桃园的清香核桃调整成薄壳长山核桃。截至2022年，已引进薄壳长山核桃（碧根果）良种30多个，建成薄壳长山核桃资源圃50亩，建立薄壳长山核桃生产示范基地400亩。自2021年开始部分薄壳长山核桃树已经开始结果，市场前景非常乐观。通过公司多年观察和与薄壳长山核桃专家交流，十堰市是薄壳长山核桃的最适宜区之一，该产业很有希望成为十堰市的一个特色产业。公司也有信心通过3~5年的努力在十堰市推广薄壳长山核桃8万~10万亩，6年后碧根果的产值可达到5亿~8亿元，使其成为十堰市乡村振兴，农民增收的好产业。

第三节　典型企业一、二、三产业融合发展模式——以云南摩尔农庄生物科技开发有限公司为例

云南摩尔农庄生物科技开发有限公司在各级党委、政府和各部门的大力支持下，发展事业与广大农村，特别是山区农村的巩固脱贫攻坚和乡村振兴紧密结合，经过10余年的发展，目标定位清晰，科技创新研发基础扎实。在核桃全产业链打造过程中，在核桃产业领域基础研究、技术创新、产品开发、品牌创建、渠道整合方面做了大量卓有成效的工作。现已发展成为农业产业化国家重点龙头企业、国家级林业龙头企业、国家知识产权示范企业。是云南省内在核桃产业开发方面投入资金最大，科研成果最多，产业链条最长的一、二、三

产业融合发展企业,具备了带动云南核桃产业由"核桃大省"向"核桃强省"升级转变的科技基础。

摩尔农庄始终致力于发挥龙头企业引领作用,立足云南核桃特色资源,优化产业布局,完善利益联结机制,同种植核桃农户共担风险、共享利益,形成"绿色发展、产业主导"的乡村产业发展新理念,以引导标准化种植及烘烤、创新经营及就业模式、开展企社农协同联结等多种方式推动核桃产业发展壮大,让农户更多分享产业增值收益,主要以收购核桃和吸纳劳动力就业等方式带动农民增收。在经营过程中通过"公司+基地+合作社+农户+科技"的运作模式,在楚雄州楚雄市西舍路镇、树苴乡、八角镇、新村镇、南华县南街镇、保山市昌宁县温泉镇和耇街镇、玉溪市新平县者竜乡等地发展有机核桃基地20万亩,其中13.8万亩取得中国有机认证。首批1.5万亩核桃基地和核桃果、核桃仁、核桃油、核桃乳4个产品获欧盟、中国双有机认证。2019年以来,公司生产经营每年收购核桃干果近4万吨,带动农户8万户(其中脱贫户560户),户均增收0.48万元。

摩尔农庄在核桃行业摸索过程中得出以下四点。

第一,构建以市场为导向、企业为主体、科技成果转化生产力、产学研深度融合的云南核桃产业科技创新体系,抢占科技和产业制高点。

摩尔农庄已获批4个保健食品生产许可,另有5个保健食品批文正在审核;申请国家专利147件;公司在完成世界首例核桃基因破译、基因转录组破译、功能因子分析,对核桃的营养、功能、保健成分方向的基因研究,使核桃产业进入分子生物学时代的基础上。制定、参与制定国家粮标委、油标委《核桃油》《油用核桃》《核桃饼粕》《特级核桃油》等在内的27项国家、行业标准,参与中国航天员中心制定《航天级食品 核桃乳》《航天食品原料 压榨核桃油》2项航天级食品标准;经云南省发改委批准成为云南省核桃加工关键技术工程研究中心,经云南省科技厅批准建设新型研发机构——植物蛋白及植物油脂产业创新研究院,牵头组建了云南核桃产业技术创新战略联盟,经云南省知识产权局批准牵头成立云南省核桃产业知识产权战略联盟;获国家检验检测机构资质认定（CMA），取得检验检测机构资质认定证书，具备国家有关法律、行政法规规定的检验检测条件和能力。

公司还掌握了核桃油、核桃功能油脂、核桃蛋白、核桃肽等关键技术及制备标准，并参与出版了《核桃油加工技术》一书作为行业参考、高校教材。与全国粮油标准化技术委员会油料及油脂分技术委员会共同成立"核桃油系列国家标准验证联合实验室"，"核桃油系列国家标准验证联合实验室"的成立将致力于核桃油系列国家标准、行业标准的建立和完善，引领和规范核桃油行业及技术进步，大力推动核桃油行业的健康发展。与中粮联合推动成立"国家核桃油加工及核桃产业创新战略联盟"。基于摩尔农庄在核桃油产业发展等方面发展成为全国标杆，中国粮油学会决定命名并授予摩尔农庄所在地楚雄市为全国唯一"核桃油之乡"。

第二，科学综合开发利用核桃资源全产业链开发工业化产品，延伸核桃产业全链条，整体提高核桃产业加工水平，提升产业附加值，实现产业化、市场化、品牌化、规模化，提高产品附加值。

公司产品"摩尔农庄5A有机核桃乳"是全国唯一的双有机核桃乳；"聪滋牌核桃牛磺酸乳酸锌饮料"是全国唯一的健字号核桃乳（辅助改善记忆功能），也是国内第一个航天级核桃乳标准食品；"摩尔农庄双有机核桃油"是国内第一个航天食品原料·压榨核桃油。

目前，核桃油原料成本在逐步下降，技术研发已经成熟。公司将原本其他企业核桃榨油后剩余的仅能用于饲料、肥料生产的饼粕，创新发展将饼粕残留的蛋白开发出核桃蛋白粉、核桃功能蛋白肽、核桃抗冻肽等高技术产品，综合降低核桃油成本，增加附加值，将原来生产成本为40~50元/千克的核桃油降低为25元/千克。综合降低核桃油成本，大大增加附加值。

公司通过技术革新，还开发了核桃专用调配油、核桃养生食品、核桃青皮天然染发剂、核桃青皮天然除虫剂、核桃硬壳活性炭、核桃分心木保健酒、核桃膜衣抗衰保湿面膜等系列产品，申报核桃青皮相关专利12项。全面提高核桃附加值、拉长产业链条，向价值链高端进行延伸，实现了核桃全产业链发展。

公司建有符合GMP保健食品良好生产管理规范及四体系管理标准的年产3000吨有机核桃油、20万吨功能性饮料以及6万吨有机核桃果（仁）等智能化生产线。正在建设年产2万吨有机核桃油、1.5万吨脱脂核桃蛋白粉、5000吨分离蛋白、1000吨蛋白肽、100吨抗冻肽生产线。生产环境达到药品口服固体制剂10万级洁净级别。2022年3月，公司年产20万吨功能性饮料生产线被云南省工信厅评选为云南省产业互联网企业数字化转型示范项目。2022年11月，公司被云南省工信厅评选为云南省智能制造标杆企业。

第三，产业矩阵支撑发展格局，三大业务板块协同并进。

通过多年云南核桃产业深耕，摩尔农庄实践总结云南核桃产业破局思路建立统一核桃质量标准体系。通过精深加工提升产品附加值、延伸核桃全产业链，蓄势聚焦核桃乳功能饮料系列产品业务、B2B食品工业核桃原材料业务、核桃油业务。

核桃功能性饮料系列产品业务：摩尔农庄核桃乳目前在云贵川大本营核桃乳市场占有率持续走高。为扩大市场，公司积极拓展学生营养餐渠道，为满足学生奶小包装需求，调整生产线，以航天食品标准生产学生专用核桃乳及学生专用核桃牛奶。借助公司产品"健字号"优势以双品牌或品牌授权模式与全国十强连锁药店合作。在持续挖掘现有潜力的基础之上，公司聚力开拓华东、华南市场，于2021年1月分别在上海和深圳成立华东、华南营销运营中心，面对华东长三角地区市场及华南粤港澳大湾区渠道资源，推动摩尔农庄营销模式由区域性向全国战略驱动性转变。

双有机优质核桃果（仁）业务：摩尔农庄通过标准制定、技术创新，以先进的食品工业机械将核桃由目前的初级农产品升级为优质的食品工业原料，形成标准化加工产业链和适销对路的供应链。公司将核桃出厂的检项由常规的5项增加为19项，供应高标准优质优价核桃果仁产品。以公司与山姆会员店合作为例，山姆会员店作为全球高端会员制商店巨头，选品严苛，所售商品严选自全球30多个国家和地区高品质高价值明星产品，是全球高端商超标杆。公司欧盟、中国双有机核桃仁、核桃果、核桃油与沃尔玛山姆会员店达成合作。在做深、做透与山姆会员店合作的同时，通过山姆平台维护好核桃系列产品出口市场渠道，以标准促品质，以品质树品牌开展核桃原料大宗贸易，与国内外高端品牌企业达成深度合作。

核桃油及蛋白业务：核桃是优质木本油料，核桃油则是云南乃至全国核桃产业的重要支撑。摩尔农庄和中国粮油学会油脂分会共同研发出针对青少年、学生群体的以核桃为基油的黄金比例学生营养调和油，扩大市场份额；公司航天级、有机核桃油作为高端市场，拓展高端消费人群市场，树高端品牌形象；摩尔农庄核桃婴幼儿专用油、核桃孕妇专用油、核桃中老年专用油等功能性油脂通过中国粮油学会鉴定，属国家级科技新成果。通过特通渠道实现精准营销，传统经济条件下形成的经营方式已不适应新经济条件下的企业发展，企业专业化分工及消费者需求越来越细，最终导致企业内部结构发生变化，逐渐发展形成了新的经营业态。

第四，发挥龙头企业带动，向专精特新企业稳步发展，推进产业补链、延链、固链、强链。

在国家提出国内和国际大循环战略的背景下，光明食品（集团）"高蛋白产品战略"中核桃是植物蛋白基本功能食品原料资源方面的重要布局。基于摩尔农庄特有的科技优势、产品优势、品牌优势和全产业链发展优势，光明食品（集团）顺应市场规律与摩尔农庄合作，双方优势资源有机结合，全面整合产业资源。通过对摩尔农庄重点项目的股权投资，在调动资源、盘活存量资产、市场开拓、企业价值提升及资本运作等方面开展合作。联合光明集团旗下光明乳业合作核桃乳业务板块，联合光明粮油（意大利百年橄榄油品牌翡丽百瑞、上海海狮粮油）合作核桃油业务板块，联合蔬菜集团合作核桃果（仁）业务板块，做大摩尔农庄业务及企业规模，带动核桃产业发展。

同步实施建设楚雄生态植物蛋白产业创新基地，以摩尔农庄为主体，在云南建成集核桃油及植物蛋白产业科技技术研究、科技成果转化、生产流通技术创新为一体的中国最优、世界一流的全国核桃油及植物蛋白产业基地，将云南核桃产业板块打造成为一、二、三产业为一体的完整食品产业链。持续深化产学研融合,加强核桃产业链关键核心技术攻关,公司向专精特新企业稳步发展,产业向价值链高端迈进,形成覆盖上游原料资源、中间生产加工、下游流通渠道的大格局,努力实现以云南为基地、面向全国,发起具有强大市场竞争力和行业影响力的大型食品产业集团。发挥龙头企业作为产业链主、链长在培育壮大云南核桃产业化发展的生力军作用,推进产业补链、延链、固链、强链,增强云南核桃产业链供应链竞争力。

核桃产业发展预测及投资机会分析

第一节　核桃产业未来发展趋势与预测分析

一、核桃绿色高产高效种植技术发展趋势分析

（一）核桃品种选育方向

我国核桃未来的育种方向主要有以下几个方面：在优质丰产基础上的多抗品种选育，以满足各核桃产区缺少优质丰产多抗良种之急需；具有某一优异或特异性状专用品种选育，以满足市场的多样化需求，如"红瓤核桃"选育；鲜食品质优良的鲜食品种选育，以满足日益扩大的鲜食核桃需求；具有某一或综合加工性优良的加工品种选育，如"高油品种"选育；综合性状优良、能改善主栽品种缺陷的砧木品种选育。

（二）核桃种植区域发展趋势分析

核桃在我国栽培区域广、栽培面积大（2020年全国种植面积1.17亿亩），2021年总产量达到540.35万吨（《中国林业和草原统计年鉴（2021）》），较2020年提高60.76万吨。尽管人均核桃占有量仅为3.8千克，但市场已出现了相对过剩，部分区域甚至出现卖果难问题。基于此，我国核桃应以发展优势栽培区为主，在政策引导和市场调节下，气候和立地条件次适宜区可适度减少不适品种，或缩减低产低效园的种植规模，真正做到良种的最适区域化栽培。

（三）核桃高效栽培模式与修剪技术发展趋势分析

核桃栽培模式以纯园式栽培为主，适宜林、农间作或有间作传统的区域可进行林农间作。为了更适于机械化管理，栽植的株行距可根据立地条件、品种特性、技术水平等条件进行密株、宽行栽培。易发生涝害的区域可采用起垄栽培。

树形根据不同的栽培密度、品种特性及管理要求可选择"疏散分层形""高位开心形""纺锤形""主干形"等高光效树形。以行为单位进行整体管理，构建科学、简化的树体结构，使单株和果园整体保持良好的通风透光条件和果

园环境。

矮化树体、简化树体结构和修剪流程，树体结构弱化或取消侧枝级次，在主干或主枝上直接培养结果枝组。其简单流程如下：根据树形培养主干和主枝；在主干或主枝上直接培养结果枝组；适时适度更新结果枝组，以持续维持健壮均衡的树势；及时回缩超过树高和冠幅的延长枝，使行间保持1.0~1.5米的空间，以利于行间机械作业和创造良好的果园小环境。

（四）核桃土肥水管理趋势分析

"生草制"将是未来核桃园土壤管理的主要形式。通过行间自然生草或轮换种植黑麦草、白三叶等，以构建果园良好的小生态环境，并为土壤提供优质的有机质来源，实现果园自身的生态小循环。修剪下的枝条和落叶、青皮、果壳等废弃物经粉碎处理，结合施用有机肥和含有土壤益生菌的土壤改良剂或生物菌剂，进行就地还田，实现果园的生态化补肥和土壤的持续改良。为实现节水保墒和便于管理，行内可覆草或园艺地布。水肥一体化是未来核桃园浇水和追肥的主要方式，也是最易实现智慧化管理的重要环节，通过数字化、信息化等技术，收集土壤水肥信息和必要的树体信息，通过智慧化管理平台实现精准的自动化水肥管理。

（五）核桃病虫害绿色防控发展趋势

以农业防治为基础，根据病虫害发生规律，科学运用生物、物理、化学等防治措施实现核桃病虫害的绿色生态化防控。首先，通过种植抗病的品种，加强树体管理，提高树体自身抗病虫能力，创建果园良好的生态环境，及时处理病虫枝叶，控制病虫害源等措施，减少病虫害的发生。其次，根据害虫生物学特性，利用杀虫灯、粘虫板、树干涂粘虫环带等物理方法诱杀害虫；利用昆虫天敌、病原微生物、昆虫激素、植物源农药防控病虫害。

未来，随着打药机械设备的自动化、智能化水平和作业效率的提高，智能打药机、喷药无人机等将会更广泛应用。基于此，结合叶面喷肥，具有抗虫、抗病作用的单种或复合的植保菌剂将在核桃病虫害防控得到更好应用。由于菌剂发挥作用较慢，必须及时多次喷施菌剂才能达到良好的防治效果，由此逐步构建起果园良好的微生物生态环境，最大程度减少化学农药的使用，从而实现果园病虫害的绿色生态化防控。

（六）核桃农艺农机融合发展趋势

随着我国综合国力的增强和人口老龄化的发展趋势，核桃生产的全程机械化、智能化是未来发展的必然趋势。为了更适于机械化作业和智能化管理，核桃必须进行矮化、密株、宽行栽培或改造。随着政策引导和机械科技水平的提高，性能优、自动化程度高的果园管理通用机械设备将在核桃生产中也得到了更广泛应用，如喷药用的打药机、除草用的割灌机、土壤管理使用的旋耕机及肥水一体化设备等。在核桃的修剪和采收及采后处理机械方面，也将不断地更新、改进，并逐步用于生产，如"智能修剪碎枝一体机""智能脱皮清洗机"等。

二、核桃营养健康产品发展规模分析

（一）坚果、核桃仁产量和供需分析

休闲食品行业发展顺应人们对健康生活的向往，而坚果作为休闲食品的新兴品类，符合人们健康饮食的理念。近年来，我国休闲食品的市场规模呈现显著增长态势。2021年，我国休闲食品的市场规模为1.45万亿元，较2020年同比增长11.68%，据此可推算2022年我国休闲食品的市场规模约为1.62万亿元。相比传统的单品坚果类休闲食品，现如今人们更青睐于口味多、营养价值高的混合坚果。2017—2021年，我国混合坚果行业市场规模呈现逐年增长态势，2021年，我国混合坚果市场规模为115亿元，较2020年同比增长16.16%，推算2022年我国混合坚果市场规模约为133.58亿元。而在坚果消费者中，有近76%的消费者更偏爱于混合坚果，23%的消费者偏爱单品坚果。

从坚果细分产品的进出口方面看，坚果产品种类繁多，包括核桃仁、松子仁、开心果、夏威夷果等。核桃以及核桃休闲食品市场需求主要集中在华东、华南、华北等经济较发达地区，这些地区分布着较多的一、二线城市，城市人口相对密集，居民的人均收入较高，有较强的购买能力和购买欲望，核桃及核桃休闲食品市场需求量较大,但是行业市场集中度较低,市场竞争激烈。因此,企业要想扩大市场份额,须提高自己的生产技术,扩大自己的市场规模,创新符合消费者需求的大品牌。

(二)核桃油产量和供需分析

随着核桃油储存技术、产业化技术的提升,预计我国核桃油产业将进一步发展。结合我国核桃油产量年均增速以及价格增速,核桃行业的年均增长率为10%,预计到2027年,我国核桃油行业市场规模可达到364亿元。近年来,虽然由于核桃油营养价值较高市场得以快速发展,但由于成本高且产量少,仍只是属于食用油中小众消费品。随着核桃油储存技术、产业化生产技术、包装技术等提升,我国核桃油市场将持续明显增长。根据目前市场现状,针对孕婴特殊人群的冷榨核桃油小包装产品销量增长明显且仍将持续热销,主要源于新生代消费者对于科学育儿的需求和婴幼儿食物品质的追求。产品进出口方面,我国核桃油仍受限于生产加工技术。目前我国核桃油制备过程中难以避免高温加热,导致核桃油中不饱和脂肪酸降低或产生危害物,从而影响核桃油品质,阻碍了我国核桃油的国际市场竞争力,因此我国核桃油行业仍处于起步至成长阶段。未来随着核桃油生产技术的提升,生产成本下降,将吸引更多食用油行业企业布局核桃油业务,预计部分成果已达到技术领先水平的企业有望占据较大的市场份额。同时,企业研发将不断推进,以降低生产成本,提升产品竞争力。此外,一些企业或布局采用特殊工艺制备中高端品质核桃油,以满足特定群体对食用油品营养价值的差异化需求。核桃油的开发还处于起步阶段,开发生产核桃营养保健油,将改善人们生活、促进人民身体健康、拓展对外贸易,对出口创汇具有良好的经济和社会效益。核桃油作为一种很有发展前途的新型营养保健食品,市场广阔,在国内及国际市场上有很大的竞争力。

(三)核桃蛋白产品产量和供需分析

随着人口的增长,预计2050年蛋白需求增加30%~50%,传统蛋白质的生产方式不仅无法满足人们未来生活需求,而且难以实现环境友好和资源节约。蛋白质资源紧缺是一个世界性的问题,而中国由于人口众多,资源有限,短缺尤为严重。这种情况下，植物蛋白可以解决此问题。植物蛋白中核桃蛋白由于营养价值高、成本低、功能特性好等优点，已成为人们关注的重点植物蛋白资源。由核桃蛋白开发出的核桃生物活性肽和核桃乳具有很大的发展潜力。

目前，消费者对核桃生物活性肽与健康正相关的认识在不断提高，全球市场对核桃生物活性肽的需求一直在稳步增长，因此核桃肽产品的市场前景广阔。以核桃生物活性肽为原料进一步开发的功能性食品、保健食品和药品，在广泛投放市场后产生更大的经济效益。根据我国核桃乳行业发展优势解读显示，2022年，中国核桃乳市场规模达123.16亿元，年增长率为15.36%，预计到2026年达217.95亿元。核桃乳市场快速发展，主要得益于该产品营养丰富、口感细腻，并且具有益智益脑等保健功能。如今，越来越多的人在高压环境下依然需要保持良好的精神状态，脑健康已成为用脑较多的白领、程序员、游戏玩家、运动员、学生、老年人等消费群体日常关注的重点，这为益智健脑类功能性产品创造了发展空间。未来，针对脑健康的饮料会成为功能性饮品的一个重要细分品类，为功能性饮料行业带来新的机遇和增长点。

（四）其他新产品产量和供需分析

核桃作为一种营养价值极高的作物，其营养健康新产品存在着极大的发展空间，现有的如核桃酱油和核桃分心木饮料等。核桃蛋白质含量高且蛋白品质优良，香味浓郁，是替代大豆生产高品质功能酱油的良好材料。1吨核桃粕大约能生产5~5.5吨酱油，原材料成本是大豆酱油的4倍左右。但是现在人们对于食品保健功能需求日益增加，核桃酱油仍有着良好的市场前景。核桃分心木作为一种具有较高开发价值的传统中药材而受到重视。目前已被开发出多种形式的核桃分心木饮料，如核桃分心木袋泡饮料、以分心木为主要原料的复合植物凉茶饮料及核桃分心木速溶茶产品等。以上核桃分心木饮料由于其原材料来源广泛，营养丰富，绿色安全，被认为具有广阔的市场前景。

三、核桃副产物的综合利用发展趋势分析

（一）核桃青皮综合利用趋势分析

核桃青皮又称为青龙衣，为核桃未成熟的外果皮，是核桃生产加工过程中的主要副产品，其产量高于干果产量。据《本草纲目》，胡桃青皮苦、涩、无毒，乌髭发，还可治疗痒风、白癜风、嵌甲等。现代研究表明，核桃青皮含有丰富的活性成分，包括黄酮、多糖、多酚、醌、色素等，具有抗氧化、抗肿瘤、抑菌、消炎等多种生理功能，其加工提取物可广泛应用于医药、食品、化工等领域。近年来，我国核桃产业发展迅速，每年产生的青皮多达数百万吨，但多被随意丢弃在田间和路边，造成了极大的资源浪费。因而，如何实现核桃青皮的有效开发利用，是推动核桃产业发展的重要话题。

在农业领域，核桃青皮在动物饲料、生物农药等方面均有良好的应用前景。核桃青皮中含有多种生物活性成分，用作饲料时，不仅价格低廉，还可起到抑菌、降脂、预防感染性疾病等作用。同时其次生物质种类多样，具有较好的农药活性，其提取物不仅可杀灭部分微生物，还可对部分植物种子的萌发和幼苗生长有不同程度的他感作用。

在医学领域，核桃青皮中含有的胡桃醌、粗萘醌、鞣花酸、核桃多糖等多种活性成分均可发挥药理作用，具有抗肿瘤、抑菌消炎、镇痛等多种生物活性，在医学领域有很高的研究和应用价值。张硕稳等的研究表明，核桃青皮提取物可通过抑制EGFR/ MAPK信号通路对乳腺癌MCF-7细胞发挥抑制其增殖、促进其凋亡的作用，并可能与调控增殖、凋亡相关蛋白有关，为乳腺癌的预防和治疗提供了新的思路。柴丽华等也发现，核桃青皮乙醇提取物的乙酸乙酯萃取物和二氯甲烷萃取物对H_2O_2氧化损伤的A375细胞具有明显的保护作用，可用于治疗白癜风等疾病。

在食品领域，核桃青皮主要用于天然食用色素的提取和利用。以核桃青皮为原料提取天然食用色素，不仅产率高、成本低，且色素着附力强，安全无毒，具备良好的开发应用价值。吕俊芳等从晾干的核桃青皮中提取得到的褐色素

浸膏,不仅水溶性好,耐热性和耐光性较好,且蔗糖、金属离子对色素的色泽无不良影响,可用于软糖、果冻、蛋糕等食品的着色。此外,棕黄色的核桃青皮色素稀溶液加入少量乙醇后,还可形成诱人的深酒红色,适合用于色酒酿造。

在化工领域,核桃青皮除可作为优良的染色剂外,也可用于制备结构紧密的复合膜,符合新时代绿色、可持续发展的理念,减少现有化学材料对环境的污染。吕丽华等对青核桃皮用于毛织物的染色性能进行了研究,通过对染色织物耐水洗及耐摩擦、色牢度的检测得出,核桃青皮上染毛织物色牢度优良,直接染色和媒染染色均达到3级以上。贾淑平等以核桃青皮多酚、壳聚糖、明胶为原料,制备的核桃青皮多酚改性壳聚糖-明胶复合膜,结构致密,相容性良好,其中青皮多酚能改善复合膜内部的结构并提升其综合性能。除此之外,核桃青皮还可用于高级染发剂,具有柔软、光亮、不脱色等优势。

（二）核桃壳综合利用趋势分析

2020年,我国核桃产量约为480万吨,可产生约200万吨核桃壳,这些核桃壳如不加以利用,则会导致巨大的资源浪费,同时也会对环境造成一定污染。核桃壳是一种化学惰性、无毒、可生物降解的硬质有机磨料,主要由纤维素、半纤维素、木质素等高分子化合物组成。同时含有酚类、苷类、苯丙酸类、酯类、黄酮类等多种化合物,兼具抗氧化、抗肿瘤、抗菌等多重功效,在食品、医药、化工等方面均有应用。

在食品领域,核桃壳可用于提取棕色素、栽培食用菌、提取木糖等。以核桃壳为原料提取天然食用棕色素,既避免了核桃壳资源的浪费,又满足了人们对健康、安全的天然色素的需求。现代研究也表明,核桃壳棕色素为水溶性色素,具有良好的耐热、抗氧化等性能,对低浓度的常用食品添加剂较稳定,是一种廉价安全的天然色素。由于传统食用菌培养基质如棉籽壳、玉米芯、杂木屑、麦麸等价格的不断上涨,核桃壳作为一种廉价的新型栽培基质被加以研究利用。有学者研究发现,核桃壳部分或全部代替常用培养料,对栽培刺芹侧耳、金针菇、平菇均具有良好的实用性,效果理想。核桃壳半纤维素经酸解制备木糖可大幅度提高核桃壳的资源利用度。余筱洁等研究了山核桃壳酸解制备木糖的反应历程，建立了酸解反应的动力学模型与验证，确定了反应速率常数与反应活化能，为今后以核桃壳制备木糖的研究奠定了一定的理论基础。

在医药领域，核桃壳在腹泻、白内障、口腔溃疡等病症的缓解和治疗中均有一定效果。现代研究表明，食用核桃壳炭沫的严重腹泻患者在主要症状改善方面明显优于对照组。核桃壳含有丰富的钙、磷、铁等微量元素及胡萝卜素、核黄素、维生素E等，将其经中药浸泡后，扣在病眼上，用艾条隔核桃壳灸，可疏通眼部经气，达明目退翳之功；核桃壳含有的胡桃醌、苷类、鞣质、没食子酸、挥发油等，具有导火下泻、消炎、解毒、收敛、生肌等作用，煮水服用，可有效治疗复发性口腔溃疡。此外，也有报道称核桃壳提取物对急性心肌缺血也有明显的保护作用。

在化工领域，核桃壳可用作活性炭、重金属脱除剂、有机稀释肥、抗氧化剂等。核桃壳材质坚硬，含碳量较高，成分接近于木材，且内部通道多，化学性质稳定，表面含有大量的含氧官能团，是一种优质的活性炭生产原料，在适宜的工艺条件下，核桃壳活性炭的比表面积和吸附性能足以同商业活性炭相媲美。有学者研究发现，核桃壳活性炭对啤酒、纺织等工业废水的处理效果均能达到相应排放标准，且与市售活性炭无显著性差异。核桃壳富含的纤维素可在酸的作用下水解成带有醇羟基的单糖，醇羟基上的氢原子具有活泼性，因而核桃壳具有脱除重金属离子的能力，某些纤维素还具有螯合金属离子的作用。相关研究也表明，核桃壳对铬、铅等重金属都有较为理想的脱除效果。核桃壳是天然木质素材料，在氧化剂的参与和一定温度条件下，核桃壳木质素可以与氨水发生反应形成氨化木质素，作为有机稀释肥应用于农业。此外，核桃壳提取物还可有效地抑制亚油酸的脂质过氧化，其中以正己烷和乙酸己酯提取物的抑制效果为好，可与同浓度的茶多酚相媲美。

核桃壳的深入研究，必将促进整个核桃产业的发展，为我国经济发展作出贡献。但现有的研究表明，针对核桃壳的研究大多停留在研究阶段。因此，结合各地实际情况和市场行情，开发经济、简便、二次污染少或无二次污染的多层次多途径综合利用方式，加快推动核桃壳综合利用技术的推广应用将是未来工作的重点。

（三）核桃分心木综合利用趋势分析

核桃分心木即核桃仁内隔膜，又称胡桃衣、胡桃夹、胡桃隔等，是夹在两瓣核桃仁之间的木质小薄片，颜色呈棕色至浅棕褐色，有光泽，边缘不整齐，体轻、质脆、易折断。经统计，核桃分心木约占核桃总质量的4%~5%，其中含有许多的有效成分，如挥发油、生物碱、黄酮、多酚、有机酸、糖类、氨基酸、蛋白质等多种活性物质，有抗氧化、抗菌、补肾、抗肿瘤、抗炎等作用。作为核桃不可食用部分，分心木在核桃加工过程中未能得到充分开发与利用，往往作为废弃物丢弃，未得到有效利用。未来应在明确分心木的化学成分组成的基础上，尽快开发分心木的食用、药用价值。

在医学领域，分心木提取物具有良好的抗氧化、抗肿瘤、降血糖、抗菌、抗炎、镇静催眠等作用，对其总提取物或单体提取物生物活性的研究，具有重要的医用价值。现代研究证明，分心木中的芦丁、槲皮素等黄酮类成分具有抗Ⅱ型糖尿病的作用，槲皮素还可有效抑制炎症因子NO的释放，分心木提取物总皂苷可减轻心肌缺血—再灌注中产生的自由基对家兔心肌细胞的损伤。此外，还有学者建立了液质联用分析核桃分心木水提液化学成分的新方法，证明了分心木水提物的体外抗肿瘤活性。

在食品领域，可利用分心木浸提液制作茶饮料和保健酒，也可研磨成分心木粉加入面粉中作为辅料，增加营养性和风味。何爱民等将核桃分心木与枸杞、红枣、酸枣仁等食药两用原料进行配伍，研制出了一款核桃分心木保健酒；张妍等以核桃分心木为主要原料，通过添加助干剂进行喷雾干燥工艺，制备出具有溶解性强、流动性好的核桃分心木速溶茶产品；徐涵等以云南核桃分心木粉为主要添加辅料，以蛋糕的感官特性及质构性能为评价指标，研制出一款具有独特香味的云南核桃分心木蛋糕。

在化工领域，蒋红芝等以乙醇为溶剂、采用超声波辅助提取核桃分心木中的单宁，用浓缩液对羊毛染色。结果表明，以乙醇为溶剂，超声波辅助提取核桃分心木中的单宁，具有高效、安全的特点，且提取液易保存、易浓缩。

四、核桃进出口贸易预测分析

（一）核桃进口预测分析

我国是全球最大的核桃生产国，产量约占全球近一半。2021年末，我国实有核桃种植面积为1.17亿亩。预计我国核桃种植面积增加会有所放缓，但由于核桃结果周期问题，核桃产量增加会延后，因此，核桃的总产量预计在未来几年中仍将继续保持增长。随着我国核桃自身产量增加和品质的提高，对核桃的进口需求量将在一定程度上受到抑制。

（二）核桃出口预测分析

我国核桃主要出口对象以中亚和中东地区国家为主。新疆作为我国现阶段核桃增产的主要地区，对于中亚、西亚市场出口具有明显优势，新疆核桃通过中欧班列到达西亚和欧洲的时间大概为18～20天，比海运节省了一半时长，核桃品质也得到较好的保证。同时在"一带一路"倡议的不断深化下，未来中欧班列的常态化运营有望推动更多中国核桃进入欧洲市场，预计未来核桃出口市场在需求推动下仍有持续上涨空间。

第二节　核桃未来发展策略分析

一、产品创新战略分析

产品创新即利用现有技术进行组合创新，或者对技术难题进行技术攻关，或者针对产品的生产制造工艺进行改进，以保证产品的生产能够有较低的成本、较高的效率、稳定的质量。技术创新是关键技术、共性技术、平台技术、标准技术的创新，工艺创新则是配套技术、局部工艺要素改进。通过技术与工艺改进可提高产品耐用性能，从而满足产品创新需求，必将创造全新的生产工艺、生产方法，形成新的资本品，不易于被模仿并拥有自主知识产权。

案例分析一：以"六个核桃"为例：

作为植物蛋白饮品的领军品牌，"六个核桃"自成立以来，一直致力于用科技创新为消费者提供健康、营养、美味的产品。近年来，"六个核桃"不断加大科研投入，夯实品牌发展底层逻辑，用科技赋能产品创新，占领消费者视野。数据显示，2018—2020年，养元饮品的研发费用分别是2146.31万元、5660.09万元和5919.99万元，领先于同时期A股市场中其他软饮料品牌。这些研发投入主要用于大力推进产学研深度融合，寻求与高校合作，发挥外部力量与企业内部相结合的产学研一体化优势，强化科研创新转化能力。

目前，"六个核桃"拥有多套行业领先的生产工艺，包括"5328"生产工艺、全核桃CET冷萃技术、先进的全豆生产工艺等。"5328"工艺，即由"5项专利、3项独特技术、28道工序"组成，成功解决了核桃乳"苦、涩、腻、营养浪费"的行业难题。全核桃CET冷萃技术，是通过独创的靶向脱离工艺，在解决核桃乳涩、腻的同时，最大程度保留了核桃仁的营养。此外，"六个核桃"自主研制的出灌装罐电子监测设备，能够在线探测罐内异物，将异常罐及时剔除，确保产品质量。此项技术获得"河北省科学技术奖二等奖"。目前，"六个核桃"拥有22条国际先进的连续式无篮高温杀菌线，增加杀菌锅无纸记录仪，与杀菌锅显示屏曲线对应，能够保存长达3个月的杀菌温度压力曲线，误差小，利于对产品杀菌效果的追溯。2021年3月，养元饮品推出了功能性新品"六个核桃2430"。该新品的研发灵感来自中国疾控中心营养与健康所中心实验室的一项试验研究。六个核桃2430在配方上坚持"国民智慧营养健康"理念，以精简配方——0香精、0胆固醇、0反式脂肪、0糖，以及"五重细化研磨工艺"等创新工艺，实现口感和营养进一步升级，做到了好喝易吸收、天然无负担，深受"Z世代"消费者青睐。

案例分析二：以摩尔农庄为例

在云南省委、省政府"大产业+新主体+新平台"发展思路引领下，在沪滇对口帮扶、沪滇产业深度融合、企业互动发展的契机下，基于摩尔农庄前期所做的科技创新、品牌打造、产业链布局等一系列工作，打造了摩尔农庄特有的科技优势、产品优势、品牌优势和全产业链发展优势。楚雄州委、州政府贯彻落实省委、省政府打造世界一流"三张牌"战略部署，充分依托楚雄州及云南省内丰富的核桃资源以及植物蛋白资源，促成国内最大的食品制造企业、世界五百强企业光明食品（集团）与摩尔农庄合作。以整合摩尔农庄产业板块为切入点，在楚雄高新区建设楚雄生态植物蛋白产业基地，设立核桃产业发展基金，投资整合30亿元。其中一期基金10亿元（光明福瑞投资3亿元，楚雄州政府投资平台州国投2亿元，争取省级基金5亿元），二期资金20亿元由光明福瑞投资及社会资本投资，以"3+1"（3个产业生态+1个产业配套）模式实施建设楚雄生态植物蛋白产业创新基地。即植物蛋白科技创新中心、核桃油及植物蛋白超级工厂、核桃云大数据平台及云南核桃国际交易中心（现代化冷链物流集散枢纽项目），以及产业服务配套区。

二、品牌建设战略分析

中国种植核桃历史悠久，铸就了众多品牌。现有核桃坚果知名品牌三只松鼠、百草味、洽洽、好想你、良品铺子、姚生记等；核桃乳品牌有六个核桃、摩尔农庄、多上、漾宝等；核桃粉知名品牌有西麦、益汇坊、老金魔方、智力、五谷磨房等。近年来，依托电子商务、直播带货等营销手段，核桃品牌建设取得了较好成效。核桃品牌建设战略要点有以下几点：

（一）提升核桃品牌核心竞争力和公信力

第一，要强化核桃产品的质量。高质量的产品能够树立更好的品牌形象，能带来更高的效益，更具有核心竞争力，所以要加快实施标准化的战略，完善提升核桃产品质量的标准体系。第二，要推进核桃产业结构调整。要加快核桃产业向二、三产业的延伸，拓展延伸产业链着力提高精深加工能力，增加产品的附加值，带动产业结构的调整和提档升级。同时要加深企业的产品品质的重视程度，提升优质产品供给的有效性。

（二）保证核桃品质的稳定性

第一，加强对核桃生产环节全过程的监管。政府要不断加强对产品生产质量的安全认证，加强对生产过程的质量监管，制定统一的核桃生产标准体系。

核桃加工企业要强调把产品质量放在首位，用高质量的产品打造最好的品牌。第二，提高产品质量，建立产品区域品牌产业集群。扩大核桃企业的生产规模，推动区域内企业相互合作，形成产品区域品牌的产业集群和规模效应。充分利用区域内的资源，提高生产技术，加强企业间的相互合作形成区域品牌集群化生产与发展。

（三）加强核桃品牌的文化内涵建设，提升品牌形象

品牌战略必须要有它的精神源泉和支柱——品牌文化。从某种意义上讲，名牌产品的生产厂家推出的并不单单是产品，而是同时包含着某种文化内涵和精神理念。名牌产品以自己的创牌理念，以自己的文化底蕴，唤醒消费者的潜在消费意识，吸引消费者的现实消费需求。所以，有文化内涵的品牌才更具生命力和竞争力。因此，核桃品牌建设要善于利用品牌的文化优势，将无形的文化价值转化为有形的品牌价值，使品牌的文化内涵带给品牌更高的附加值和市场价值，使品牌文化为品牌注入神奇的活力。

（四）进一步加大核桃品牌建设的政策和资金扶持力度

品牌建设需要一定的政策支持以及资金投入，核桃产业发展过程中存在着综合竞争力不强、产品质量不稳定、产业结构单一等问题，这些问题是品牌建设的阻碍。所以，政府要加大优惠政策和资金的投入力度，为核桃品牌建设提供良好的基础，营造良好的品牌建设氛围，不断提升核桃在国内市场的认知度和国外市场的知名度。

案例分析：以"六个核桃"为例

近年来，"六个核桃"始终立足年轻人审美喜好，持续贯彻时尚化品牌策略。通过借势热门综艺、创意广告投放、代言人策略等多种营销模式，塑造差异化时尚品牌形象，并根植于目标人群心智空间。如今，"六个核桃"已俨然成为快消品领域成功升级、蜕变的时尚品牌。"六个核桃"曾重磅推出"狂烧脑为闪耀"主题宣传片，该广告片以年轻人推崇的电子竞技为题材，并结合当下流行的嘻哈音乐元素，直击年轻人痛点，以时尚化、个性化内容基调彰显了其"永葆青春"的品牌内涵，让受众充分感知到"六个核桃"带来的活力与激情。创新是品牌取得跨越

式发展的重要引擎,而品牌的打造同样离不开权威优质传播平台的助力。在行业竞争日趋激烈的时代背景下,"六个核桃"以创新理念投身于品牌建设,并已取得令人瞩目的成就。

三、市场营销创新战略分析

市场营销是一种专业性强、业务性高的社会活动,不能片面地理解为推销产品。它可解决生产和消费矛盾,满足生活消费和生产消费的需求,避免社会资源和企业资源的浪费、最大限度满足客户需求等职能。对于核桃产业,不同客户面对不同的产品加工需求是不同的,不同客户由于其实力不同等原因对不同企业、产品的选择也是不同,因此在市场营销战略上要突出其优势和特点。在传统核桃产品和销售模式的基础上,突出核桃生态产品特性,发挥核桃油不饱和脂肪酸、亚麻酸、亚油酸含量高,脂肪酸组态近似母乳,易消化吸收,对大脑和视网膜的发育有益等突出特点,积极拓展孕婴用油、冷餐用油、营养餐用油、调配用油市场,引导培育新型消费群体,促进核桃油品消费。扩展销售渠道,将核桃产品纳入消费帮扶,积极推进核桃产品进机关、进校园、进社区。大力推广应用电子商务,开展线上与线下销售,通过直播带货,全方位、多渠道拓展核桃交易新业态,形成核桃产品销售矩阵。深耕国际市场,进一步扩大核桃仁出口规模。

在社会上突出核桃绿色、安全、健康特点,全方位、多渠道推送核桃油公益性广告、品牌广告和形象标识,传播健康用油的膳食理念,积极开拓核桃油及其系列产品消费市场。引导企业通过走出去参展营销,聚焦重点市场、优质市场,积极开拓新兴市场、海外市场,邀请采购商来原产地采购、巩固销售渠道。同时,要建立企业营销队伍,建立一支品质好、能力强、业务精、责任感强的营销队伍,加大核桃产品的营销。

案例分析:以核桃油新兴品牌"御福年"为例

2020年6月7日,御福年核桃油硬核发布会在线上举办,御福年品牌正式上市,同时在抖音上以平台公益身份联动9位明星站台造势;2020年12月,御福年品牌登陆央视CCTV的10个频道黄金时间档强势刷屏，同步亮相于美国纽约时代广场；自2021年5月起，御福年在全国各个机场大牌、市区LED灯箱投放户外广告，现已累计上刊100多天，触达27座城市，以便覆盖到更多的目标客户人群。除此之外，御福年在渠道上的优势也非常突出，线上布局和线下陈列都做得很好。御福年品牌创始人在谈到关于渠道选择标准的问题时表示："线上渠道是以天猫、京东为战略制高点，辐射全网；线下以高端连锁超市、母婴渠道、礼品渠道为战略制高点，辐射到全国的商超和有影响力的母婴、糕点和礼品专卖店。"截至2022年，御福年核桃油特通渠道已布局入驻贝贝熊、苏宁红孩子、皇冠幸福里、仟吉西饼、品诺福利、嘉铭桐辰、绿滋肴等全国母婴店、蛋糕店和礼品门店等超3000家，并且即将入驻孩子王、爱婴室等全国销售门店。

四、企业管理创新战略分析

企业管理创新战略是一个企业能否实现长期发展的根本，为了谋求生存与更好的发展，企业必须不断通过优化战略管理来调整决策目标和行为。全国核桃产业拥有数量庞大的中小企业，全国核桃种植相关企业的注册量整体呈正增长态势。截至2022年10月19日，我国共有近7万家（68979家）正常经营状态的核桃种植相关企业，从地区分布来看，云南省、四川省、陕西省位列前三。全国核桃加工相关企业的注册量整体呈正增长态势，截至2022年10月19日，我国共有约2万家（22552家）核桃加工相关企业，从地区分布来看，云南、山西、陕西位列前三。

在经济全球化背景下，核桃产业已经从原有的粗放增长模式朝着资源整合方向发展。加上核桃产业事关林业产业的发展和粮油安全，国家出台了一系列税收优惠政策。核桃企业要想在竞争激烈的环境中谋生存，必须通过创新创业的形式为行业注入新鲜血液，从而提高核桃企业的竞争能力。创新创业精神与创业能力是经济发展和科技进步的动力，而国内核桃企业在经历行业洗牌和经济下行压力后，要想实现企业的可持续发展，就必须鼓励大学生进入这一行业，用创新精神来改变原有的经营策略，构建更新型的经营模式。特别是在职场环境和就业形势发生变化的当下，核桃企业为了能吸引人才，为企业经营注入新活力，就应给大学生创造良好的就业环境，力求通过人才引进的方式带动核桃产品质量的提高。从创新创业角度看，核桃企业可从以下两方面入手，提高企业市场竞争力。一是在经营管理中落实创新创业。创新创业的目的在于帮助核桃企业改善经营困境，因此，核桃企业可以从自身实际情况出发，通过创新经营方式，优化生产资料配置，革新生产工艺等措施来不断提升核桃产品的品质。而要达成这一目标需要从产业链角度入手，让核桃产品避免同质化，改善核桃企业的市场竞争环境，让核桃企业能不断创新经营战略。二是做好创新创业保障。创新创业虽然能为核桃企业带来更好的发展空间，但其中也蕴含风险，只有做好创新创业保障，才能让更多的人才参与到创新创业中。而创新创业的保障主要包含三部分的内容。一是政策支持。政策支持是创新创业的基础，如核桃林地流转制度的完善是为了保障核桃企业的合理化种植，而资金支持是为了给创新创业者创造资源条件，让刚进入核桃产业的大学生有更足的底气，以此提高企业创新创业的积极性。二是线上营销渠道建设。线上营销符合时代的发展方向，特别是对大学生而言，其对线上营销这一模式更加熟悉，因此，从创新创业角度看，线上营销渠道成熟与否关系到大学生愿不愿意进入到核桃行业。三是互联网融资渠道。其主要是利用互联网背景实现中小型企业的创新融资模式，在创业过程中，创业者可以利用互联网获取少量资金，是帮助创业者解决创业资金问题的重要方式。综上所述，在创新创业背景下，核桃企业有了大学生的加入，能为企业注入新的活力。而核桃产业作为林草业的前沿产业，在日趋激烈的市场竞争中不仅要保证产品质量，还要不断提升企业竞争能力。因此，核桃企业支持和鼓励大学生创新创业的这一过程往往是适应市场竞争和不断优化经营模式的直接表现，从而实现核桃企业的可持续发展。

案例分析：三门峡华阳食品有限公司"小核桃的 72 变"

为了确保企业始终沿着高质量发展的轨道前行，三门峡华阳食品有限公司专门把河北养元智汇饮品股份有限公司作为对标企业，制定了多项具体整改措施。

在战略管理方面，该公司谋划出了主攻方向和业务结构，制定了核桃仁出口主业规划及扩大内贸市场和核桃深加工产品的份额；在财务管理方面，该公司加强资金集中统一管理，提高资金使用效率，完善全面预算管理和财务信息化建设，实现了财务信息贯通和管控落地，充分挖掘、有效利用财务的各种资源，加强了业务过程管控，优化了资产结构；在科技创新方面，该公司及时谋划下游领域前瞻性布局，加大研发投入力度，全力提升知识产权管理水平，打造长板优势，完善科技创新体系建设，发挥工程技术研究中心等研发平台功能作用，加快突破一批关键核心技术。

近年来，该公司依托卢氏核桃的资源优势，不断在小核桃上做长、做深、做精产业链条，在增加劳动就业的同时有效扩大出口创汇，带动了全市特色林果业的发展。该公司获得省级"核桃深加工工程技术研究中心"认定，每年均顺利通过SGS机构"BRC"欧盟（食品安全全球标准）认证，产品远销德国、英国、西班牙、俄罗斯、澳大利亚、新西兰、日本、巴西等20个国家和地区。

五、对乡村振兴的影响

截至2021年，我国核桃产业取得了长足的发展，产量连年增加，不仅名列我国木本油料之首，同时稳居全球核桃产量之冠。以"绿水青山就是金山银山"为发展理念，在脱贫攻坚中，采取"支部引领、大户带动、农户参与"等方式，把"小核桃"当作"大产业"来抓，把核桃产业作为特色优势产业，与精准扶贫、生态建设、农业结构调整、经济转型升级结合起来，念好"山"字经，打好"绿"色牌，抱团发展，从而为村民修建了一座长期稳定的"绿色银行"。

此处以云南省为例说明核桃产业在乡村振兴中的作用。为深入践行"绿水青山就是金山银山"理念，大力挖掘核桃深加工潜力，主动将核桃油生产融入国家粮油安全战略，促进核桃产业结构优化升级，提升产业发展质量、效益和竞争力，把云南核桃产业打造成为重要的富民产业、生态产业、优势产业，打通"绿水青山"向"金山银山"的转换通道，助推乡村振兴。近期，中共云南省委农村工作领导小组办公室、云南省林业和草原局、云南省工业和信息化厅、云南省农业农村厅联合印发《云南省核桃产业高质量发展三年行动方案（2023—2025年）》，到2025年，核桃产业逐渐实现从"大"向"强"的转变，产业化水平大幅提高，产品加工能力和水平显著增强，产业集聚程度明显提高。核桃种植面积稳定在4300万亩左右，核桃干果年产量300万吨以上，核桃油产能10万吨以上，核桃全产业链产值达1000亿元以上，实现翻番，主产区农村人口年均从核桃产业中获得收入超过3000元。核桃产业已成为云南覆盖面最广、汇集群众最多、助力脱贫攻坚作用最大、生态效益显著、持续发展潜力最大的高原特色林草产业之一。

案例分析：摩尔农庄"兴企为民，带动群众脱贫致富"

摩尔农庄按照"公司+基地+协会+农户+科技"的运作模式，同农户风险共担、利益共享，实现了农民增收、企业增效。把有机核桃原料基地作为加工生产的第一车间来建设，在楚雄、保山等地发展有机核桃基地，首批1.5万亩核桃基地和核桃果、核桃仁、核桃油、核桃乳4个产品获日本、欧盟、中国有机认证，13.8万亩核桃基地取得中国有机认证。摩尔农庄自成立之初就一直开展公益活动，2013年3月18日，公司与云南省青少年基金会合作创立"摩尔农庄公益基金"，致力于助学、助贫、助困等公益项目，建设摩尔农庄希望小学，为旱区修建水窖，开展帮助贫困大学生圆梦、百万基金助力中高考、六一儿童节活动及摩尔农庄杯云南省青少年英语口语大赛等活动。截至2021年底，摩尔农庄公益基金累计捐赠已超过2500万元。

第三节　核桃产业投资及风险分析

一、投资环境考察

（一）政策环境

近年来，我国政府对核桃产业的发展越加重视。国家层面看，2008年，《中共中央 国务院关于全面推进集体林权制度改革的意见》中规定，对森林抚育、木本粮油、生物质能源林、珍贵树种及大径材培育给予扶持。同年11月，国务院发布《国家粮食安全中长期规划纲要（2008—2020年）》提出，合理利用山区资源，大力发展木本粮油产业，加快提高油茶、油橄榄、核桃、板栗等木本粮油品种的品质和单产水平，增加木本粮油供给。2010年，中央一号文件指出，大力发展油料生产，加快优质油菜、花生生产基地县建设，积极发展油茶、核桃等木本油料。2011年，财政部《关于整合和统筹资金支持木本油料产业发展的意见》中明确指出，为促进油茶、核桃、油橄榄等木本油料产业发展，提高中国食用植物油生产能力，决定从2011年起整合和统筹资金支持木本油料产业发展。2014年，国务院办公厅印发了《关于加快木本油料产业发展的意见》，第一次从国家层面对我国木本油料产业发展作出了全面系统的部署，充分体现了党中央、国务院对发展坚果产业、维护国家粮油安全的高度重视。2020年，国家十部委印发了《关于科学利用林地资源促进木本粮油和林下经济高质量发展的意见》，指出发展木本粮油和林下经济产业是丰富农产品供给结构，助力国家粮油安全，促进林区山区群众稳定增收，实现资源永续利用的重要举措，并鼓励在适宜地区积极推广核桃等特色木本粮油树种。

从省级层面看，以我国核桃产量最高的云南为例，云南省委、省政府出台了《加快核桃产业发展意见》，仅2008—2009年财政就投入2.7亿元，并明确今后每年省财政投入核桃产业1.3亿元专项资金。2017年，云南省人民政府出台了《云南省高原特色农业现代化建设总体规划（2016—2020年）》和《云南省高原特色现代农业产业发展规划（2016—2020年）》。2018年初，云南省人民政府提出了全力打造世界一流的"绿色能源""绿色食品""健康生活目的地"三张牌的战略部署，为跨越式发展的云南注入了绿色高质量发展的新动能。2020年12月、2021年4月，省林草局连续发文，推动云南省打造具有强劲竞争力的核桃产业体系，提出云南省核桃产业提质增效三年行动方案。在脱贫攻坚阶段，多地基层政府将核桃产业作为重要的扶贫产业。目前，云南省对重点领域有优惠鼓励政策，积极构建良好的营商环境，着力引进实力企业和人才入滇投资和就业。

另据了解，中央财政整合和统筹安排现代农业生产发展、财政扶贫、农业综合开发、林木良种补贴示范、巩固退耕还林成果专项、造林补贴试点、林业科技推广示范、国家水土保持重点建设工程补助专项、林业贷款中央财政贴息和农业保险保费补贴等10项资金，重点用于扶持木本油料优质种苗培育、基地建设（新造、抚育和低产林改造）、新品种和新技术推广、龙头企业种植加工及金融支持等环节，补助方向中就包括核桃。

由此可见，核桃产业符合国家绿色发展、乡村振兴、粮食安全等战略部署，符合国家的宏观政策和发展方向，具有良好的政策发展环境。

（二）经济和市场环境

随着社会经济的发展，居民生活水平日益提高，消费结构不断升级，营养、健康饮食习惯不断深入人心，以核桃为代表的坚果类食品原料及健康食品正迎来新的发展期。

从全国居民人均可支配收入看，居民消费能力显著提升，2021年，全国居民人均可支配收入达到35128元，比上年名义增长9.1%，扣除价格因素，实际增长8.1%（见图5-1）。

图5-1　2017—2021年全国居民人均可支配收入及其增长速度

数据来源：国家统计局，光明福瑞绘制。

从消费者结构看，根据艾瑞调研数据，26～45岁消费人群是坚果的主要消费群体，占比达到80.9%。这类人群是近年来逐渐崛起的中产阶级，对食品的健康化、多元化、安全性有较高的要求，特别关注营养标签及食品原料来源。根据CBNData发布的《2022线上休闲零食白皮书》，与健康概念相关的零食销售额增速远高于普通休闲食品，近六成的消费者有高频食用坚果的习惯，坚果炒货的线上销售逐年增长，整体规模已超200亿元。核桃是最重要的树坚果之一，据研究公司Mordor Intelligence报告，全球近50%核桃用于零售消费，约42%作为坚果酱、烘焙产品、糖果和其他类似产品的原料用于食品加工业中，约8%被添加到甜点、菜肴等餐饮行业中，由此可见，核桃的应用场景非常多元。同时，由于其营养价值，全球人均核桃消费量稳步上升，中国的人均核桃消费量在过去的21年里增长了10.5倍，这说明核桃原料及以核桃为基础的产品越来越受到消费者的喜爱，这将带动核桃市场的发展。

从核桃消费市场看，据Mordor Intelligence数据，亚太地区是核桃消费的最大市场，在全世界占比近36%。2019年新冠疫情影响了核桃生产，造成进出口市场、分销、包装和供应链物流中断，销售渠道的中断影响了市场上核桃类终端产品，从而对核桃类产品的销售额增长产生了负面影响。根据观研天下数据，2018—2022年，我国核桃产量一直保持稳步增长，然而价格却有逐年下降的趋势。随着新冠疫情的结束，核桃产品的产销通路将恢复畅通，因此，在量增价降的趋势下，当下是进入以核桃为基础的产品市场的好机会。

二、投资产品方向

（一）核桃种植

随着核桃类产品市场的发展，对核桃坚果的需求不断增加，在政策和市场的推动下，越来越多的企业进入核桃种植领域，这将推动核桃产业，特别是核桃种植环节的提质增效。以云南省为例，截至2020年底，根据云南省林草局发布的《云南省核桃产业提质增效三年行动方案（2021—2023年）》和《云南省核桃产业高质量发展三年行动方案（2023—2025年）》，云南省不再扩大种植面积,而是将核桃产业发展的重点放在以科技手段引领的品种改良、初加工机械化、数字技术应用,加强组织化、强化基地建设和人员培训上。由此可见,企业如果进入核桃种植行业,必须带着关键技术、种植管理、人员培训等综合种植提升方案,才能在做大做强产业的同时增强自身在行业中的竞争力,从而在助力产业可持续发展的同时获得投资回报。此外,从生态效益角度看,根据中国社会科学院研究,核桃是发展山区经济的重要树种,也是一种能改善生态环境的优良树种。该研究以云南省大姚县为例对生态效益进行计量和分析,结果表明,2014年云南省大姚县核桃种植的生态效益为64.15亿元,是其经济效益的9倍多,其中涵养水源效益9.60亿元、固土保肥效益37.65亿元、固碳释氧效益7.45亿元、净化环境质量效益1.83亿元、调节区域气候效益2.46亿元、生物多样性保护效益5.16亿元。综上,发展高质量核桃种植是一项符合国家绿色可持续发展战略、政府大力支持的行业。

(二)核桃类休闲食品

核桃类休闲食品包括核桃果、核桃果仁、核桃粉、核桃乳饮料、干果、风味核桃仁、分心木养生茶等。休闲食品市场规模主要由需求端拉动,不断开发符合不同消费者需求的产品是关键,消费者对核桃类休闲食品的需求主要体现了其对健康化、多元化饮食的需求。根据LINCHPIN发布的2023年健康食品前景趋势,核桃类产品由于富含天然抗氧化剂和优质脂肪酸、饱腹感强等优势而广受全球消费者喜爱,越来越多地被添加到日常饮食中。通过洞察消费者动机不难发现,原料品质好、生产质量把控严,适应不同场景与不同人群,具备不同形态的产品是核桃类休闲食品能脱颖而出的关键。与此同时,销售渠道的打通和品牌影响力的打造也是不可或缺的成功因素,这要求核桃类休闲食品企业在具备消费者洞察和产品创新能力的同时,锻造自身的产业融合能力,这可能是企业在竞争激烈的环境下取得长期增长效益的必然选择。

(三)核桃油

根据国家粮油信息中心数据,2020—2021年,我国食用油的食用消费量为3708万吨,其中,以大豆油、棕榈油、菜籽油、花生油为主要原料的植物油传统消费占总消费量的近90%，小品种食用油占比较低。可以看出，我国食用油行业存在品种结构不均衡、小品种食用油产品和市场开发严重不足的问题。与此同时，消费者更偏好终端产品细分程度更高、品质更高端，同时功能性、专用性更突出的健康植物油。食用油是保障我国粮食安全的重要基础资料之一，我国在多份文件中提出要大力发展木本油料，而核桃的油脂含量高达65%~70%，居所有木本油料之首，所以，核桃油是最重要的木本油料之一。近几年，我国核桃油企业上马较多，年产量增加较快。据前瞻产业研究院数据，预计行业年均增长率达10%，2021年，我国核桃油行业市场规模为206亿元，2027年将达到364.9亿元。核桃油中不饱和脂肪酸约占脂肪酸总量的90%，其中亚油酸含量为普通菜籽油含量的3~4倍，而亚油酸对降低胆固醇、保护心脑血管作用显著，因此，核桃油除了作为食用油外，还可开发成多种保健类产品。随着产品的逐渐成熟和市场营销投入的逐渐加大，核桃油的多场景应用将对核桃油行业发展起到积极的促进作用。

（四）核桃副产物

核桃叶、核桃壳以及核桃蛋白肽等是近年来受到较多关注的核桃类副产品。核桃叶中含有丰富的生物活性物质，具有抗氧化性、抗肿瘤活性，从核桃叶中提取的挥发油可以作为食品的抗氧化剂、农业的植物生长调节剂等。核桃壳占整个核桃坚果重量的1/2左右，目前的处理方式主要是丢弃或焚烧，这是极大的浪费。核桃壳中含有有效活性成分，研究显示核桃青皮提取物具有抗氧化、抗菌等效果，核桃壳还可以用于天然色素提取，提取后的残渣可用于活性炭生产。如果能综合开发果仁、果壳、果叶相关产品，将大大提升核桃的利用率。核桃蛋白由4种蛋白质构成，它们是清蛋白、球蛋白、醇溶谷蛋白和谷蛋白，其中谷蛋白占核桃蛋白总量约70%。根据姜莉等的研究，核桃肽有良好的溶解性并具有高浓度低黏度的功能特性，是生产高蛋白流体食品很好的原料。核桃肽具有易消化吸收、促进微生物发酵、抗氧化活性等生理活性，可以作为酸奶、火腿、风味酒等发酵食品的原料或添加剂，也可用作功能性食品基料，且具有生产成本低、产量大、速度快等优点，特别适合工业化生产。

三、投资风险分析

（一）核桃种植投资风险分析

我国的核桃种植已具有相当大的规模，但是存在许多问题。农业种植的第一风险是自然灾害。近年来，全球气候变化导致多地出现极端天气现象，如强降雨、冻害、严重干旱等极端天气及病虫害等都会对核桃的种植产生不良影响。除了自然因素，我国核桃种植长期存在管理粗放、标准化程度低、机械化程度低等问题，从而导致优果率低、果品质量参差不齐、需要大量人力等，这需要进入种植领域的企业既做好企业管理又精通农业管理。此外，核桃种植从栽种到结实快则1~3年，但为了树的健康生长，一般要等树长势比较好后才让它挂果，之后逐步进入丰产期、盛产期。因此，投资核桃种植环节需要有稳定的资金链，要做好长期投资准备。

（二）核桃坚果、核桃仁投资风险分析

核桃坚果、核桃仁类休闲食品的上游行业主要是食品添加剂、农产品等，下游主要是线上线下各类销售渠道及消费者。一方面，食品安全是休闲食品行业的头等大事，核桃食品的供应链比较长，同时受到采购、加工、包装、物流的影响，食品安全尤其需要多加重视，在供应链的各个环节严格把关，杜绝食品安全事件对企业的毁灭性打击。另一方面，休闲食品是一个竞争激烈的行业，行业比较分散、产品同质化严重、重营销轻产品，而随着经济的发展，消费者生活水平的提高，消费者越来越重视产品的品牌和品质，核桃食品要保持长期发展，需要建立"供应链管控+产品研发+品牌"相平衡的体系。

（三）核桃油投资风险分析

近年来，核桃油市场快速发展，虽然核桃油营养价值较高，但由于成本高、产量少等原因，核桃油作为食用油中的小众消费品类情况仍将持续。不过，随着核桃油储存技术、产业化生产技术的提升，我国核桃油市场保持增长态势，且预计增速较明显。从发展态势看，近年针对孕婴特殊人群的冷榨核桃油小包装产品销量增长明显，主要得益于新生代消费者对科学育儿的需求和婴

幼儿食物品质的追求，而这种趋势在未来仍将持续。此外，市场也出现诸如核桃油药物制剂及保健品、核桃油化妆品、按摩油等新产品，新兴产品的出现将带动核桃油市场出现一定增长。企业研发将不断推进，以降低生产成本，提升产品竞争力。此外，一些企业或布局采用特殊工艺的中高端品质核桃油产品，以满足特定群体对食用油品营养价值的差异化需求。

（四）核桃副产物投资风险分析

我国对农业副产物综合利用的研究和开发尚处于早期阶段，相配套的技术、市场、资金等都需要投入和发展，核桃副产物的综合开发利用尤其如此。以核桃肽为例，核桃肽是由核桃蛋白经水解而获得的具有生物活性功能的一类物质，据郝云涛等研究，核桃肽类物质在抗氧化性、抗疲劳、调节血压、提高学习记忆等方面表现出显著功效，但我国目前对植物蛋白肽的研究多集中在大豆蛋白、玉米蛋白，对核桃蛋白及蛋白肽的应用性研究还比较少，工业性生产还有待开发。由此可见，核桃副产物的开发利用还需要在生产研究、市场开拓等环节大量投入，投资者需要做好长期投资的准备。

（五）核桃进出口投资风险分析

核桃的进出口品种分为核桃仁和未去壳核桃。中国海关总署数据显示，2016年以前，中国核桃出口以核桃仁为主，2017年开始，未去壳核桃出口占据主要地位。2020年，中国未去壳核桃出口量约7.2万吨，核桃仁出口量约2.3万吨（见图5-2、图5-3）。从出口国来看，中国未去壳核桃主要出口哈萨克斯坦、巴基斯坦、土耳其等国家；核桃仁主要出口到吉尔吉斯斯坦、哈萨克斯坦、俄罗斯、德国、日本、英国等国家。相对而言，2020年，我国核桃产量超过400万吨，这说明我国核桃以内销为主，需要扩大国外市场，促进外贸发展。

图5-2 中国核桃出口量变化（2009—2020年）

数据来源：中国海关总署，光明福瑞绘制。

图5-3 中国核桃出口额变化（2009—2020年）

数据来源：中国海关总署，光明福瑞绘制。

四、市场竞争风险

（一）核桃仁产品在休闲食品领域的市场竞争

休闲干核桃是休闲食品之首，从消费量和消费增速来看，未来仍有较大的增长空间，目前国民食用核桃以休闲干核桃消费方式为主。企业想在这一领域出类拔萃，除抓住原料本身的品质优势之外，还需要标新立异，追求产品和品牌个性。例如，山西核桃以区别于新疆核桃的软香口感深受消费者青睐，在产品设计和品牌营销方面应着重强调山西核桃的口感优势及老核桃树有别于新疆核桃的生长周期和历史文化标签。

目前，国内销量较好的核桃仁品牌包括恒康食品、秋滋叶、三只松鼠、詹氏、百草味、裕源等。其中原料产自浙江的品牌，因其依托临安山核桃仁的知名度，普遍价格较高，2016年，三只松鼠的原味山核桃89元/斤，秋滋叶的原味山核桃135元/斤，山核桃产量变化相对较小，价格下降幅度相对较小。而产自山西、云南、新疆的纸皮、铁核桃仁的价格则偏低，2016年，新疆核桃仁30元/斤（生），河北绿岭的原味烤核桃仁95元/斤，全国产量大幅增加后，导致价格降幅普遍超过10%，2020年，河北绿岭的原味烤核桃仁降为75～80元/斤。

核桃干果类产品的情况同核桃仁类似，恒康、天喔、华味亨等原料选用浙江临安山核桃，詹氏选用安徽山核桃，这些品牌的价格较高，均高于40元/斤，而选用陕西、云南和国外美国核桃产品的价格偏低，均低于15元/斤。

核桃枣起源于山西，但是山西本地品牌化较低，多是小型工厂代加工或家庭小作坊加工，市场销售的核桃枣多采用新疆枣和新疆核桃为原材料，像好想你、西域美农、楼兰丝路，选用山西核桃的品牌有晋善晋美、新农哥。由于枣和核桃的价格参差不齐，且所夹核桃量不同，导致核桃枣的价格差别也较大，价格高的达60元/斤，价格低的只有20元/斤。

（二）核桃油产品在植物油领域的市场竞争

核桃油属于高端食用油，主要面向孕婴群体，其价格的高低主要由原料、品牌、加工工艺及包装决定。目前国内售价较高的纯核桃油多以云南核桃为原料，高达300元/500毫升，像香格里拉印象和舒达。市场上也有低至约100元/500毫升的核桃油，像招财鱼、均衡小站和丝路晨光。核桃调和油的价格则较低，像招财鱼的核桃调和油价格在20元/500毫升左右，而畲乡油翁、融氏的核桃油多在10元/毫升左右。核桃油市场持续培育多年，但受成本及消费者认知因素影响,市场容量仍偏小,处于培养阶段,新品牌仍有发展潜力。

(三)核桃蛋白及其相关产品在植物蛋白领域的市场竞争

核桃饮品仍是现在将核桃深加工产品附加值发挥最淋漓尽致的产品之一,是核桃类产品销售额规模占比最大的品类。以河北养元为首,国内核桃饮品发展迅速,该品类产品虽然拥有快消饮品的优势,但企业介入需要慎重考虑。目前核桃露、核桃乳等品牌集中度较高,在80%以上,新品牌介入和建立有些困难,如能在产品功能定位上与头部企业错位竞争,或能占据市场一席之地。核桃果茶类饮品市场仍未完全打开,以核桃仁与桂圆或山楂等制作的核桃果茶类饮品,具有开胃健脾、益血安神的养生功效。但新品类食品对品质和配方要求严格,需要经过严格的食品安全检测流程才能上市,企业仍须考虑产品的上市周期及新品类营销成本等,兼具挑战和机遇。

核桃粉销售市场同核桃饮品类似,在核桃类产品的销售额比重也仅次于核桃露和核桃干果,达到20%左右,但不同的是核桃粉行业品牌集中度较低,只有60%左右,给企业介入带来机会。但是核桃粉对品质和配方要求严格,需要经过严格的食品质量检测才能上市,企业仍须要考虑产品上市周期。核桃粉近年来销售有所下降,除整体经济下行之外,也与人们担忧食品质量安全有密切关联。企业可以考虑将这一品类作为发展壮大后产品多元化战略的产品品类计划之一。核桃粉目前在国内大多作为一种保健品或是代餐品食用,多是无糖或低糖,且无添加,适合各类人群,目前中老年的市场较大。纯核桃粉目前市场上较少,虽然也有较高的营养价值,但产品优势单一。

(四)核桃副产物产品在副产物综合利用领域的市场竞争

我国始终重视农产品及加工副产品的综合利用,2015年,农业部发文支持开展农产品及加工副产物综合利用试点,并指出方向——向工业产品转化的循环利用、加工副产物的高值利用、加工废弃物的梯次利用。核桃副产物主要来自核桃壳、核桃青皮、核桃仁榨油后的油粕等,副产物的利用偏向于向工业产品转化和高值利用,例如,制作成饲料、活性炭、提取营养和活性物质等。以核桃为代表的树坚果类大多会产生壳、青皮、油粕等副产物原料,因此,核桃作为树坚果类产量第二的品类，其在副产物原料量上可能具有一定的优势。市场竞争主要体现在核桃副产品与其他替代品的市场争夺上。

（五）核桃进出口贸易在油料进出口贸易领域的市场竞争

我国的油料产需缺口大，对进口依赖大。国家粮油信息中心预测，2023年底，我国食用植物油食用消费量预计为3610万吨，进口量为926万吨，进口量占消费量比例的近26%。我国进口油料中，大豆占九成以上，在小品种油料中，我国主要进口芝麻及花生，其他品种的占比非常小。

我国有越来越多企业布局核桃油产品，但我国核桃油行业仍需要逐步成长。我国核桃油生产技术正处于不断提升中，随着技术的进步，我国核桃油品质将逐步提升、生产成本逐步降低，这将促使我国核桃油产品更具竞争力，逐步参与到国际竞争中。据前瞻产业研究院数据，我国已有部分企业参与到国际竞争中，如云南东方红生物科技有限公司已有18个核桃加工设备专利，累计向36个国家出口单机设备超过15万台，榨油产品遍及全国，远销欧洲、美洲、亚洲、非洲等地，菏泽中禾健元生物科技有限公司则拥有独立进出口权，产品远销欧、美、日、韩、东南亚等多个国家和地区。

核桃适生区分布表

核桃适生区划分表

适生区名称	适生区产地及品种	适生区气候因素
云贵高原深纹核桃适生区	该适生区包括云南全境、贵州西北部、四川西南部、广西北部，沿怒江、澜沧江、金沙江、岷江等流域，垂直分布在海拔300～3300米的山坡或沟谷地区，以海拔1600～2500米生长较好，最适宜海拔1700～2200米。形成以'漾濞泡核桃''大姚三台核桃''昌宁细香核桃'等品种为主体的深纹核桃生产体系	适于亚热带气候条件下生长，耐湿热，适应气温范围为–2℃～35℃，年平均气温10.6℃～17.1℃，最冷月平均气温4℃～10℃，极端最低温–5.8℃，年降水量971.4～1042.6毫米，无霜期206.4～260.2天，年日照时数1796.7～2421.8小时
新疆绿洲核桃适生区	新疆核桃主要分布在塔里木盆地的周边绿洲，垂直分布在海拔1000～1500米范围内，包括西南边缘和北缘地区，适生地区如阿克苏、温宿、叶城、库车、和田、喀什等县市。核桃种植在可灌溉的农耕地上或散生。主要栽培品种皆始于昆仑山、天山的野核桃种质，混生早、晚实两种性状的核桃类群。主栽品种包括'温185''新新2号''新早丰''温179''扎343'等	新疆属大陆性干旱半干旱区域，光热资源丰富，塔里木盆地属于暖温带气候，年均温10.6℃～12.1℃，≥10℃积温2870℃～3006℃，年平均降水量25.0～35.0毫米，无霜期200～230天，年日照时数2694.7～3156.6小时
秦巴山区核桃适生区	该适生区分布在陕西南部的汉中、安康、商洛，湖北襄樊、十堰、荆门、随州、神农架林区，四川东北部的达州、巴中，甘肃陇南，重庆万州及河南南阳等地市。秦巴山区的核桃多种植在半高山或浅山丘陵的坡麓耕地边埂或'四旁'，垂直分布在海拔500～2000米之间。主栽品种包括'盐源早''辽核''中林''香玲''鲁光'等品种	该区呈现典型的季风气候特点，降水明显，湿度较同纬度地区相对偏高，冬季温暖湿润，年均温11.6℃～15.7℃，年降水量779.6～910.3毫米，无霜期200～230天，年日照时数1789.6～1831.7小时
东部近海核桃适生区	该适生区包括河北、北京、辽宁、天津、山东、河南、安徽等地。该区核桃垂直分布在10～1000米，最高可达1560米。主要在燕山、太行山、泰山、蒙山等山地，开阔台地或山丘间平地及沟洼地带。主栽品种包括'岱香''鲁光''香玲'等品种	该区四季分明，降水偏少，夏季炎热多雨，冬季寒冷干燥，春、秋短促，年平均气温8.4℃～15.1℃。年降水493.6～892.7毫米，无霜期在169～210天，日照时数年均2072.8～2916.2小时

适生区名称	适生区产地及品种	适生区气候因素
西北黄土丘陵适生区	该适生区包括山西、陕西、甘肃、青海（湟水河流域的民和乐都，黄河流域的循化、尖扎、化隆、贵德等温暖地区）、宁夏等省份，该区核桃垂直分布在200~2500米，以黄土丘陵区为主。主栽品种包括'香玲''鲁光''元丰''丰辉'等早实核桃品种，'晋龙''西洛3号'等晚实核桃品种	该区降水稀少，气候较干旱，年均温7.9℃~13.4℃，年降水量371.7~563.7毫米，无霜期183.8~202.8天，年日照时数2256.1~2636.3小时
川藏高山峡谷核桃适生区	该适生区兼有核桃和深纹核桃分布，核桃多数种植在包括雅鲁藏布江沿岸自日喀则到林芝，川西的高山峡谷区主要包括岷江、大渡河、雅砻江、金沙江沿岸地区，包括四川甘孜、阿坝州等地区，栽培核桃的垂直分布为海拔800~3500米。引种品种包括'薄壳香'和'晋龙1号'等品种	该区气温低，太阳辐射强，日照时间长，年平均气温南部高、北部低。由于西藏高原海拔高，气温比同纬度的长江流域地区低得多，且日较差大，一般每年10月至次 年4月为干季，5—9月为雨季。年均温4.7℃~8.5℃，年降水量295.8~654.1毫米，无霜期117.4~175.9天，年日照时数1978.3~3172.3 小时

参考文献

[1] 敖贵艳、刘强、续竞秦等：《采收技术、销售模式与非木质林产品生产效率》，《农业技术经济》2020年第1期，第120—129页。

[2] 曹维等：《特殊人群专用食用油的研制》，《食品工业》2014年第9期，第27—30页。

[3] 曹亚龙：《新时期我国核桃产业发展现状、问题及对策》，河南农业大学2022年硕士学位论文。

[4] 曹彦清：《我国核桃产业发展现状分析》，《山西果树》2014年第5期，第46—49页。

[5] 曹卓等：《温宿县核桃产业发展现状与展望》，《农业展望》2022年第5期，第72—76页。

[6] 曾宪浩、刘永翔、李俊等：《贵州核桃产业现状与发展战略分析》，《贵州农业科学》2022年第12期，第114—121页。

[7] 曾宪浩等：《贵州核桃产业现状与发展战略分析》，《贵州农业科学》2022年第12期，第114—121页。

[8] 柴丽华等：《核桃青皮醇提物体外抗氧化活性研究》，《粮食与油脂》2022年第12期，第141—145、第150页。

[9] 常明阳、彭齐欢、胡珂松等：《推进甘肃成县核桃产业融合发展的分析思考》，《现代营销（下旬刊）》2020年第1期，第112—113页。

[10] 陈朝银等：《核桃初加工工艺设备现状研究》，《包装与食品机械》2021年第2期，第45—51页。

[11] 陈翠芹等：《水酶法提取核桃油工艺研究及卫生指标检测》，《食品工程》2017年第2期，第22—25页。

[12] 陈海涛：《产品创新战略》，《中国中小企业》2007年第7期，第56页。

[13] 陈佳怡：《2022年中国核桃油市场竞争格局及发展趋势分析企业或布局中高端品质产品》，前瞻产业研究院，2022年2月18日。

[14] 陈佳怡：《2022年中国核桃油行业市场现状及发展趋势分析产业化、自动化生产或为行业发展方向》，前瞻产业研究院，2022年2月8日。

[15] 陈琳：《核桃肽在制备增强大脑发育的儿童保健品或饮品中的用途》，2012年，中国：CN115363219A。

[16] 陈梦瑶等：《文玩核桃：从文玩到核桃 北京文玩核桃市场的变迁与未来》，《绿化与生活》2017年第11期，第46—49页。

[17] 陈永浩等：《核桃抗氧化作用研究进展》，《食品工业科技》2012年第17期。

[18] 成静等：《核桃肽制备工艺的优化及其改善记忆功能研究》，《食品工业科技》2021年第11期，第135—141页。

[19] 成县统计局、国家统计局成县调查队：《成县国民经济和社会发展统计公报》，2019年。

[20] 程艳刚等：《分心木总黄酮体外抗氧化活性及对α-葡萄糖苷酶和α-淀粉酶抑制作用研究》，《辽宁中医药大学学报》2018年第8期，第22—25页。

[21] 程艳刚等：《响应面法优化分心木总黄酮提取工艺》，《辽宁中医药大学学报》2018年第2期，第40—43页。

[22] 崔莉、葛文光：《核桃蛋白质功能性质的研究》，《食品科学》2000年第1期，第13—16页。

[23] 邓金堂等：《核心技术——产品创新战略及其政策含义》，《经济问题探索》2009年第6期，第101—106页。

[24] 邓立宝等：《广西核桃产业现状及发展对策》，《南方林业科学》2019年第2期，第46—49页。

[25] 邓秀山、艾则孜·吐尔逊：《阿克苏核桃产业发展现状及对策》，《新疆林业》2021年第2期，第27—30页。

[26] 刁凡超：《专访|郭素萍代表：建议从全产业链角度支持核桃产业发展》，澎湃新闻，2021年3月2日。

[27] 董兆斌、王根宪、王英宏：《洛南县美国红仁核桃引种初报》，《陕西林业科技》2017年第1期，第25—28页。

[28] 董枳君：《京东生鲜坚持全链路严把控提高产品质量推动行业标准化规范化》，证券日报网，2021年10月29日。

[29] 段心妍：《核桃肽对雄性大鼠抗疲劳作用的研究》，太原理工大学2014年硕士学位论文。

[30] 樊素贞、江红霞：《核桃清园和施肥技术》，《河北果树》2022年第1期，第35—36页。

[31] 范学辉等：《核桃油对小鼠体内抗氧化酶活性及总抗氧化能力的影响》，《西北农林科技大学学报（自然科学版）》2004年第11期，第122—124页。

[32] 冯攀等：《超声波辅助提取山核桃油工艺的研究》，《食品安全导刊》2021年第26期，第120—132页。

[33] 冯雪等：《甘肃省核桃产业发展的思考》，《林业与生态科学》2023年第1期，第25—30页。

[34] 傅本重等：《中国核桃生产现状与发展思路》，《江苏农业科学》2018年第18期，第5—8页。

[35] 高盼：《我国核桃油的组成特征及其抗氧化和降胆固醇功效评估》，江南大学2019年博士学位论文。

[36] 高盼等：《脱脂核桃蛋白粉制备工艺优化及其氨基酸组成》，《中国油脂》2022年9期，第50—54页。

[37] 观研报告网：《2022年中国核桃市场现状分析报告：产业规模现状与发展趋势预测》，2020年。

[38] 观研报告网：《中国核桃油市场发展趋势分析与投资前景预测报告（2022—2029年）》，2022年2月18日。

[39] 郭沛、张成鹏、李梦琪：《电商助农：运作实践、增收机理、创新绩效和优化

　　　路径》，《中共云南省委党校学报》2021年第5期，第2页、第151—160页。

[40] 国家林业和草原局：《中国林业和草原统计年鉴》，中国林业出版社2019
　　　年版。

[41] 国家林业和草原局：《中国林业和草原统计年鉴》，中国林业出版社2021年版。

[42] 国家林业和草原局：《中国林业统计年鉴》，中国林业出版社2020年版。

[43] 国家统计局：《中国统计年鉴》，中国统计出版社2021年版。

[44] 国家统计局：《中国统计年鉴》，中国统计出版社2022年版。

[45] 郝常艳：《核桃多肽的制备条件优化及其抗氧化活性研究》，山西大学2014
　　　年硕士学位论文。

[46] 郝光明：《山西灵石核桃产量将突破1200万公斤带动农民人均增收1500
　　　元》，《山西经济日报》，2022年9月26日。

[47] 何爱民等：《核桃分心木食药价值及其在养生酒上应用研究》，《食品工程》
　　　2021年第2期，第52—54、第62页。

[48] 何丹妮：《六个核桃战略升级 以创新理念铸就民族品牌》，http://1118.
　　　cctv.com/2018/01/04/ARtIS5Xz5v3h9LEyNGerXCuv180104. shtml，
　　　2018—01—04。

[49] 何薇等：《超高压提取核桃分心木总黄酮工艺及动力学模型研究》，《食品
　　　工业科技》2017年第21期，第186—191页。

[50] 黑宏伟：《疆企创新路丨浙疆果业：顶尖专家驻企把脉核桃生产》，http://
　　　xj.china.com.cn/2022—07/15/content_42036701.htm，2022—07—15。

[51] 红星资本局：《2022年中国休闲零食行业研究报告》，2022年7月。

[52] 侯立群：《中国核桃产业发展报告》，中国林业出版社2008年版。

[53] 侯鹏云：《小核桃的"七十二变"》，https://baijiahao.baidu.com/s?id=17534
　　　21158091313411&wfr=spider&for =pc，2022—12—28。

[54] 胡伯凯等：《核桃雄花研究进展综述》，《四川农业科技》2018年第10期，第
　　　74—76页。

[55] 胡东宇、高健、黄力平等：《南疆四地州核桃产业现状与发展思路》，《北方

园艺》2021年第13期，第148—154页。

[56] 胡东宇等：《促进新疆林果业机械化发展的对策研究》，《中国农机化学报》2021年第4期，第211—216页。

[57] 胡东宇等：《南疆四地州核桃产业现状与发展思路》，《北方园艺》2021年第13期，第148—154页。

[58] 纪朋涛、周宏宇、赵雄伟等：《基于SWOT分析的临城县核桃产业发展现状分析》，《中国农机化学报》2018年第8期，第108—111页。

[59] 贾淑平等：《核桃青皮多酚改性壳聚糖—明胶复合膜的制备及其性能》，《精细化工》2017年第8期，第919—924页。

[60] 蒋红芝等：《核桃分心木单宁提取及其对羊毛的染色工艺》，《毛纺科技》2022年第7期，第31—36页。

[61] 金银春、向荣华、肖千文等：《核桃新品种'硕星'》，《果农之友》2014年第4期，第7页。

[62] 李好先等：《鲜食核桃新品种'中核4号'》，《园艺学报》2015年第8期，第1619—1620页。

[63] 李昊轩、张淑华、李慧媛：《新疆和田核桃乘专列出口国际市场》，央广网，2022—12—29。

[64] 李杰等：《核桃青皮果蔬酵素的成分组成及体外抗氧化活性研究》，《食品工业科技》2016年第10期，第117—122页。

[65] 李明昆、李新涛：《和田核桃产业概况及地缘优势与产业发展策略》，《中国林业经济》2019年第2期，第89—90页。

[66] 李平：《核桃分心木水提液化学成分及抗肿瘤活性分析》，山西大学2017年硕士学位论文。

[67] 李全宏等：《灵石：核桃产业铺就百姓致富路》，《山西日报》，2021年12月6日。

[68] 李瑞等：《响应面法优化云南核桃分心木多酚提取工艺》，《西南林业大学学报（自然科学）》2021年第2期，第159—165页。

[69] 李维莉等：《核桃壳棕色素的提取及性质研究》，《食品科学》2008年第12期，第339—341页。

[70] 李晓玲：《深圳援疆：推进喀什全面脱贫与乡村振兴有机衔接》，《经济参考报》，2021年2月9日。

[71] 李永洲等：《UPLC测定红瓤核桃中花青苷类物质》，《食品科学》2018年第6期，第207页。

[72] 李玉琴等：《核桃分心木提取总皂苷对家兔心肌缺血——再灌注损伤的影响》，《考试周刊》2017年第32期，第145—146页。

[73] 李源、马文强、朱占江等：《新疆核桃产业发展现状及对策建议》，《农学学报》2019年第7期，第80—86页。

[74] 李源等：《新疆核桃产业发展现状及对策建议》，《农学学报》2019年第7期，第80—86页。

[75] 李忠新等：《中国核桃产业发展研究》，《中国农机化学报》2013年第4期，第23—28页。

[76] 梁萍：《共同富裕视域下云南核桃产业发展探析》，《当代县域经济》2022年第9期，第14—16页。

[77] 刘斌：《商洛市核桃病虫害现状及防治对策》，西北农林科技大学2018年硕士学位论文。

[78] 刘丹丹等：《核桃蛋白营养评价及其对DSS诱导小鼠急性结肠炎的改善作用》，《食品工业科技》2022年第20期，第372—379页。

[79] 刘建军：《成县：百年老核桃树下的乡村振兴新图景》，大西北网，2022年8月18日。

[80] 刘金哲、王东晨、梁义春：《甘肃、四川两省核桃生产情况调研》，《河北林业》2017年第11期，第24—26页。

[81] 刘丽艳：《分心木中没食子酸的提取工艺研究》，《广东化工》2018年第2期，第42—43页。

[82] 刘小勇、任静、韩富军等：《甘肃核桃栽培现状及主要共性问题分析》，《甘

肃农业科技》2019年第4期，第59—65页。

[83] 刘小勇等：《甘肃核桃栽培现状及主要共性问题分析》，《甘肃农业科技》2019年第4期，第59—65页。

[84] 柳青等：《响应面法优化核桃营养代餐粉配方的研究》，《沈阳农业大学学报》2021年第1期，第8—16页。

[85] 陇南市统计局、国家统计局陇南调查队：《陇南市国民经济和社会发展统计公报》，2021年。

[86] 吕俊芳等：《核桃外果皮中棕褐色色素的提取及性质测试》，《化学研究与应用》2001年第4期，第387—390页。

[87] 吕丽华等：《青核桃皮在毛织物染色中的应用》，《毛纺科技》2011年第3期，第14—17页。

[88] 吕秋菊：《改革开放40年山核桃产业发展阶段识别——基于产业生命周期视角》，《江西农业学报》2018年第11期，第115—119页。

[89] 吕秋菊等：《山核桃产业的发展过程、动因及展望》，《浙江农林大学学报》2012年第1期，第97—103页。

[90] 马莉：《南疆特色林果种植户安全生产行为研究》，塔里木大学2020年硕士学位论文。

[91] 马庆国等：《新中国果树科学研究70年——核桃》，《果树学报》2019年第10期，第1360—1368页。

[92] 毛晓英、华欲飞：《不同提取工艺制备的核桃蛋白的组成与结构特征》，《江苏大学学报(自然科学版)》2011年第6期，第631—635页。

[93] 孟佳：《我国核桃产业发展现状、问题与建议》，《中国油脂》2023年第1期，第84—86页。

[94] 缪福俊等：《核桃蛋白(肽)粉生产工艺实践》，《中国油脂》2019年第3期，第138—140页。

[95] 宁德鲁：《云南核桃全产业链关键技术创新与应用》，云南省林业科学院，2018年4月22日。

[96] 农小蜂：《农小蜂：2022年中国核桃产业数据分析报告》，《唯恒农业》，2022年10月27日。

[97] 裴东、郭宝光、李丕军等：《我国核桃市场与产业调查分析报告》，《中国农业监测预警》，2020年10月10日。

[98] 裴东等：《我国核桃市场与产业调查分析报告》，《农产品市场》2021年第19期，第54—56页。

[99] 裴东等：《中国核桃种质资源》，中国林业出版社2011年版。

[100] 裴学胜：《从创新层次谈新产品开发战略》，《国际工业设计研讨会暨第十八届全国工业设计学术年会论文集》2013年，第127—130页。

[101] 彭睿：《新疆经济林果业高质量发展驱动力及实现路径研究》，中国林业科学研究院2020年博士学位论文。

[102] 任欢等：《中国核桃进出口贸易问题与对策研究》，《中国林业经济》2015年第1期，第50—53页。

[103] 沙玉欢等：《超声波辅助碱液提取核桃分心木黄酮及其抗氧化活性的研究》，《农产品加工》2020年第18期，第25—31页。

[104] 山西省统计局：《山西统计年鉴》，中国统计出版社2020年版。

[105] 邵海鹏：《千万人返乡创业：乡村振兴下的弄潮儿》，《第一财经》，2022年7月13日。

[106] 邵义、李长虹：《核桃壳活性炭对工业废水中锌离子的吸附研究》，《新疆环境保护》2021年第4期，第30—36页。

[107] 涉县统计局：《涉县2021年国民经济和社会发展统计公报》，2022年。

[108] 沈旭等：《核桃的营养价值及功效》，《食品安全导刊》2015年第23期，第76—78页。

[109] 石鑫：《林业产业｜新疆林果业"一区三带"大格局形成》，《新疆日报》，2020年7月15日。

[110] 史宏艺等：《核桃青皮中色素的染色性能及成分分析》，《天然产物研究与开发》2017年第1期，第40—45页。

[111] 司晋华:《山西长治黎城核桃产业融合发展与产业链重构》,《食品研究与开发》2022年第9期,第229—230页。

[112] 四川省地方志工作办公室:《四川年鉴》,四川年鉴社2021年版。

[113] 宋晨歌:《河北省核桃种质资源调查与分析》,河北农业大学2015年硕士学位论文。

[114] 宋开艳:《喀什地区核桃提质增效关键管理技术》,《新疆林业》2022年第4期,第12—13页。

[115] 孙海燕:《中国企业品牌建设战略初探》,《商场现代化》2009年第9期,第144页。

[116] 孙建昌:《贵州优良核桃单株》,贵州科技出版社2019年版。

[117] 孙琳:《发展木本食用油产业 为粮食安全加"油"》,《人民政协报》,2022年8月19日。

[118] 孙树杰等:《核桃营养价值及功能活性研究进展》,《中国食物与营养》2013年第5期,第72—74页。

[119] 孙宜莉:《核桃文化及其休闲农业开发研究》,南京农业大学2012年硕士学位论文。

[120] 汤睿等:《中国核桃嫁接繁殖技术研究进展》,《农学学报》2017年第8期,第60—65页。

[121] 唐小翠:《特色农产品品牌建设与乡村振兴战略》,《广西师范学院学报》2019年第3期,第104—108页。

[122] 汪淑娟、李建红、张生春:《学习考察河北核桃产业的几点思考》,《甘肃林业》2016年第3期,第16—18页。

[123] 汪文科:《核桃的经济价值及用途》,《中国果菜》2017年第2期,第11—14页。

[124] 王斌:《美丽乡村行|走进核桃之乡 大姚三台》,云南楚雄网,2022年4月7日。

[125] 王丹等:《核桃分心木化学成分及抗炎活性研究》,《天然产物研究与开

发》2018年第9期，第1548—1553页、第1607页。

[126] 王丰俊等：《核桃肽钙螯合物及其制备方法》，2019年，中国：CN110693033B。

[127] 王贵、张彩红、武静：《核桃/特色经济林丰产栽培技术丛书》，中国林业出版社2020年版。

[128] 王鸿飞等：《山核桃油改善小鼠记忆功能的研究》，《中国粮油学报》2012年第7期，第63—66页。

[129] 王磊、黄海：《新疆果品市场销售分析及对策建议》，《新疆林业》2022年第2期，第28—31页。

[130] 王磊等：《国内外核桃品种选育研究进展》，《果树学报》2022年第12期，第2406—2417页。

[131] 王秋萍：《对山西省核桃产业发展的战略思考》，《果农之友》2016年第7期，第32—33页。

[132] 王秋萍：《山西：汾西核桃产业发展提档升级》，《中国果业信息》2019年第12期，第41页。

[133] 王秋萍：《山西：古县核桃迎来丰收季》，《中国果业信息》2022年第9期，第59页。

[134] 王瑞元：《认真研究解决核桃产业发展中的问题，促进核桃产业健康发展——在2022年国家核桃油及核桃加工产业创新战略联盟第三届年会暨助推云南核桃产业高质量战略发展论坛上的发言》，《中国油脂》2022年第11期，第1—7页。

[135] 王瑞元：《认真研究解决核桃产业发展中的问题，促进核桃产业健康发展——在国家核桃油及核桃加工产业创新战略联盟第三届年会上的发言》，《中国油脂》2022年第11期，第13—14页。

[136] 王潇雅：《基于产业链优化的左权核桃产业发展研究》，山西农业大学2020年硕士学位论文。

[137] 王晓芹：《新疆薄皮核桃实生后代部分性状研究》，塔里木大学2016年硕士

学位论文。

[138] 唯恒农小蜂:《2022年中国核桃产业数据分析简报》,2022年10月。

[139] 吴陆牧:《重庆城口县大力发展核桃产业——绿满巴山富万家》,《经济日报》,2022年12月3日。

[140] 吴娜:《三团8万亩薄皮核桃获生态经济"双赢"》,兵团新闻网,2022年9月18日。

[141] 吴彤:《核桃降血糖活性肽的分离纯化、结构鉴定及降血糖作用机理研究》,吉林农业大学2020年硕士学位论文。

[142] 武万兴等:《固态发酵核桃粕制备活性肽及其抗氧化活性的研究》,《食品工业科技》2013年第16期,第266—271页。

[143] 郗荣庭等:《中国果树志·核桃卷》,中国林业出版社1996年版。

[144] 肖永银等:《核桃壳活性炭颗粒在卷烟滤嘴中的应用研究》,《湖北农业科学》2021年第1期,第223—225页。

[145] 熊君等:《漾濞县核桃产业协会联盟:助核桃产业大发展》,云南网,2021年3月24日。

[146] 徐飞等:《核桃油中脂肪酸和内源抗氧化物质含量及其氧化稳定性相关性分析》,《中国粮油学报》2016年第3期。

[147] 徐涵等:《云南核桃分心木蛋糕加工工艺研究》,《福建农业科技》2020年第10期,第43—48页。

[148] 许华东等:《中国坚果产业现状和发展趋势分析》,《农业开发与装备》2021年第11期,第54—56页。

[149] 严茂林等:《我国木本油料发展现状分析与供需问题的研究》,《中国油脂》2021年第4期,第1—6页。

[150] 杨德祥等:《大姚县推动核桃产业高质量发展》,《云南经济日报》,2022年12月12日。

[151] 杨明府等:《广元市核桃栽培存在的问题及对策》,《农业科技与信息》2022年第13期,第62—64页。

[152] 杨亚东、罗其友、伦闰琪等：《乡村优势特色产业发展动力机制研究——基于系统分析的视角》，《农业经济问题》2020年第12期，第61—73页。

[153] 姚斐等：《乡村振兴背景下农产品网络营销研究——以临安山核桃产业为例商展经济》，《商展经济》2022年第16期，第35—37页。

[154] 余红红：《云南省核桃产业发展策略研究》，《林业经济问题》2019年第4期，第427—434页。

[155] 余红红等：《消费者对核桃产品的需求意愿及影响因素分析——基于云南省昆明市1115份消费者调查数据》，《林业经济》2019年第10期，第62—69页。

[156] 余琼粉等：《核桃壳活性炭的制备及其在环境保护中的应用》，《化学工业与工程》2011年第6期，第63—67、第73页。

[157] 余筱洁等：《山核桃壳酸解制备木糖工艺与动力学》，《农业机械学报》2011年第6期，第138—142页。

[158] 原双进：《陕西核桃产业发展思考与建议》，《陕西林业科技》2015年第1期，第7—9页。

[159] 张春香、杨波、邵鹏等：《陕西商洛核桃产业现状、存在问题及发展建议》，《落叶果树》2022年第3期，第44—46页。

[160] 张春香等：《陕西商洛核桃产业现状、存在问题及发展建议》，《落叶果树》2022年第3期，第44—46页。

[161] 张捷华：《云南省咖啡品牌建设战略探析》，《商场现代化》2019年第21期，第26—27页。

[162] 张晶：《硕世生物科技有限公司创新战略管理研究》，南京理工大学2017年硕士学位论文。

[163] 张俊丽等：《国内核桃雄花序开发利用研究进展》，《农学学报》2018年第11期，第54—57页。

[164] 张明月等：《农村电商助推乡村产业振兴的实现路径研究——以贵州省纳雍县核桃产业为例》，《经济师》2022年第5期，第156—157页。

[165] 张庆等：《响应面优化亚临界萃取核桃油工艺及品质评价》，《食品工业》2019年第9期，第44—47页。

[166] 张硕稳等：《核桃青皮提取物对乳腺癌MCF-7细胞增殖、凋亡及EGFR/MAPK信号通路的影响》，《中国医院用药评价与分析》2022年第6期，第684—689、第695页。

[167] 张晓瑶：《山西省与云南省核桃产业对比分析》，《山西农经》2019年第10期，第1—4页。

[168] 张旭等：《核桃壳的化学成分及其功能活性研究进展》，《食品研究与开发》2015年第14期，第143—147页。

[169] 张妍等：《核桃分心木速溶茶的研制》，《农产品加工（下半月）》2016年第6期，第1—4、第9页。

[170] 张有林等：《基于中国核桃发展战略的核桃加工业的分析与思考》，《农业工程学报》2015年第21期，第1—8页。

[171] 张志华：《我国核桃产业发展思考》，载商洛市林业局主编：《商洛核桃高端论坛论文集》，陕内资图批字（2008）HS.33号，2008年，第70—74页。

[172] 张志华等：《核桃学》，中国农业出版社2018年版。

[173] 赵延松等：《云南省核桃产业发展现状调查与问题分析》，《林业科技通讯》2016年第7期，第76—77页。

[174] 郑书童：《新疆核桃生产机械化现状及发展对策》，新疆石河子大学2016年硕士学位论文。

[175] 中商产业研究院：《2021年中国休闲食品行业产业链上中下游市场及企业剖析》，2021年。

[176] 仲山民等：《超临界CO_2流体技术萃取山核桃油的工艺研究》，《中国粮油学报》2013年第8期，第37—40页。

[177] 左力翔等：《核桃青皮主要功能成分变化规律》，《山西农业科学》2021年第7期，第839—843页。

[178] Akça. et al., *VII International Scientific Agriculture Symposium*,

University of East Sarajevo, Faculty of Agriculture, 2016, 514-519.

[179] Arranz S. et al.," Antioxidant capacity of walnut (Juglans regia L.): contribution of oil and defatted matter", *European Food Research & technology*, 2008, 227(2): 425-431.

[180] Batirel S. et al., "Antitumor and antimetastatic effects of walnut oil in esophageal adenocarcinoma cells", *Clinical Nutrition*, 2018, 37(6): 2166-2171.

[181] Bernard A. et al.," Walnut: past and future of genetic improvement", *Tree Genetics & Genomes*, 2018, 14(1): 1-28.

[182] Bornsek S. M. et al.," Bilberry and blueberry anthocyanins act as powerful intracellular an tioxidants in mammalian cells", *Food Chemistry,* 2012, 134(4):1878-1884.

[183] Bujdoso G. et al.," the Persian (English) walnut (Juglans regia L.) assortment of Hungary: Nut characteristics and origin", *Scientia horticulturae*, 2021, 283: 110035.

[184] FAO, Value of Agricultural Production, http://www.fao.org/faostat/en/#data/ QC, 2022-12-23.

[185] Hassani D. et al.," Situation and recent trends on cultivation and breeding of Persian walnut in Iran", *Scientia Horticulturae*, 2020, 270: 109369.

[186] Hendricks L. C. et al., *Selection of Varieties. In: Ramos D E. (Ed.) Walnut Production Manual*, University of California, Division of Agriculture and Natural Resources, Publication 1998, 3373: 84-89.

[187] Iva et al.," Mineral composition of elements in walnuts and walnut oils", *International Journal of Environmental Research & Public Health*, 2018, 5(12),2674.

[188] Kim H. et al., "TRAMP Prostate tumor Growth Is Slowed by Walnut

Diets through Altered IGF−1 Levels, Energy Pathways, and Cholesterol Metabolism" , *Journal of Medicinal Food*, 2014, 17(12): 1281−1286.

[189] Li X. et al.," Bioactive Peptides from Walnut Residue Protein ", *Molecules*, 2020, 25(6),1285.

[190] Lit L et al., "Application of Protein Hydrolysates from Defatted Walnut Meal in High−Gravity Brewing to Improve Fermentation Performance of Lager Yeast", *Applied Biochemistry and Biotechnology*, 2020, 190(2): 360−372.

[191] Liu M C et al., "A simple and convenient method for the preparation of antioxidant peptides from walnut (Juglans regia L.) protein hydrolysates", *Chemistry Central Journal*, 2016, 10: 39.

[192] Liu R et al., "Identification and Quantification of Bioactive Compounds in Diaphragma juglandis Fructus by UHPLC−Q− Orbitrap HRMS and UHPLC−MS/MS", *Journal of Agricultural and Food Chemistry*, 2019, 67(13): 3811−3825.

[193] Lv S Y et al.,"Effects of Ultrasonic−Assisted Extraction on the Physicochemical Properties of Different Walnut Proteins", *Molecules*, 2019, 24: 4260.

[194] Ma S. et al., "Isolation of a novel bio−peptide from walnut residual protein inducing apoptosis and autophagy on cancer cells",*BMC Complement Altern Med*, 2015, 15: 413.

[195] Meng Q et al., "Polysaccharides from Diaphragma juglandis fructus: Extraction optimization, antitumor, and immune− enhancement effects", *International Journal of Biological Macromolecules*, 2018, 115: 835−845.

[196] Pan G. et al.," Comparative study of chemical compositions and antioxidant capacities of oils obtained from two species of walnut:

Juglans regia and Juglans sigillata", *Food Chemistry*, 2019, 279, 279−287.

[197] Pan G. et al.," Key chemical composition of walnut (Juglans regia. L) Oils generated with different processing methods and their cholesterol-lowering effects in HepG2 cells", *Food Bioscience*, 2021, 45: 101436.

[198] Salehi−Amiri S. et al.," Designing a sustainable closed−loop supply chain network for walnut industry", *Renewable and Sustainable Energy Reviews*, 2021, 141(1): 110821.

[199] Sun Q. et al.," Structural characteristics and functional properties of walnut glutelin as hydrolyzed: effect of enzymatic modification ", *International Journal of Food Properties*, 2019, 22(1): 265−279.

[200] Sze−tao K. et al., "Walnuts (Juglans regia L): proximate composition, protein solubility, protein amino acid composition and protein in vitro digestibility", *Journal of the Science of Food and Agriculture*, 2000, 80(9): 1393−1401.

[201] Tang H. K. et al., "Novel angiotensin I−converting enzyme (ACE) inhibitory peptides from walnut protein isolate: Separation, identification and molecular docking study", *Journal of Food Biochemistry*, 2022, 46(12):14411.

[202] Tulecke W. et al.," Regeneration by somatic embryogenesis of triploid plant from endosperm of walnut, Juglans regia", *Plant Cell reports*,1988, 20 (7):301−304.

[203] Wang J. et al., "Characterization of structural, functional and antioxidant properties and amino acid composition of pepsin− derived glutelin−1 hydrolysate from walnut processing by−products", *Rsc Advances*, 2021, 11(31): 19158−19168.

[204] Wang J. et al., "Novel Angiotensin−Converting Enzyme Inhibitory Peptides Identified from Walnut Glutelin−1 Hydrolysates: Molecular

Interaction, Stability, and Antihypertensive Effects", *Nutrients*, 2021, 14(1):151.

[205] Wang J. et al., "Structure identification of walnut peptides and evaluation of cellular antioxidant activity", *Food Chemistry*, 2022, 388: 132943.

[206] Wang L. M. et al., "Walnut oil improves spatial memory in rats and increases the expression of acid−sensing ion channel genes Asic2a and Asic4", *Food Science & Nutrition*, 2019, 7(1): 293−301.

[207] Wang M. et al., "Characterization and analysis of antioxidant activity ofwalnut−derived pentapeptide PW5 via nuclear magnetic resonance spectroscopy", *Food Chemistry*, 2021, 339: 128047.

[208] Wang S. G. et al., "Arginine−Containing Peptides Derived from Walnut Protein Against Cognitive and Memory Impairment in Scopolamine−Induced Zebrafish: Design, Release, and Neuroprotection", *Journal of agricultural and food chemistry*, 2022, 70(37): 11579−11590.

[209] Yang F. et al.," Walnut shell supported nanoscale Fe−0 for the removal of Cu(II) and Ni(II) ions from water", *Journal of Applied Polymer Science*, 2016, 133(16):43304.

[210] Zibaeenezhad M. et al., "The Effect of Walnut Oil Consumption on Blood Sugar in Patients With Diabetes Mellitus type 2", *International journal of endocrinology and metabolism*, 2016, 14(3):34889.

[211] Zibaeenezhad M. J. et al., "Effects of walnut oil on lipid profiles in hyperlipidemic type 2 diabetic patients: a randomized, double−blind, placebo−controlled trial", *Nutrition & Dlabetes*, 2017, 7: 259.

后 记

  为贯彻落实党的二十大精神，全面推进乡村振兴，中国乡村发展志愿服务促进会在农业农村部国家乡村振兴局及有关部委指导下，聚合社会力量、组织协调对接功能，联合地方政府、行业协会、龙头企业、科研院所、金融机构等共同开展"乡村振兴特色优势产业培育工程"，遴选出产品有特色、发展有空间、带富效果好的九大产业开展产业促进帮扶。乡村振兴最根本、最关键的是产业振兴。中国乡村发展志愿服务促进会将核桃产业作为重要的乡村振兴特色优势产业，通过搭建产业发展平台，实施以产业推动为前提、以模式推广为载体、与市场需求相结合的产业发展举措，培养一批成长性好，一、二、三产业融合度高，盈利能力强，带富机制好的龙头企业，促进地方经济可持续发展，为全面推进乡村振兴再立新功。

  核桃具有重要的经济和生态价值，大力发展核桃产业，既能打造绿水青山，又能有效缓解粮油进口压力，还能增加农民收入，助推地方特色经济发展，为产业带动乡村振兴提供有力支撑。近年来，我国核桃产业发展迅速，核桃产量约占世界的60%，年产量超过500万吨，是世界上核桃产量最大和核桃消费量最高的国家。核桃是我国木本油料高发展潜力的树种，因核桃不与农争地、不与人争粮，具有既能直接食用又能榨油和获取蛋白等综合优势，可有效缓解粮油供需矛盾和进口压力，保障我国粮油供给安全。

  编写《中国核桃产业发展蓝皮书（2022）》是落实国家产业高质量发展战略的重要实践，是践行"绿水青山就是金山银山"的务实举措，是发挥乡村振兴优势的具体探索。我们编写本书的目的就是要争取更加全面、准确地掌握核桃产业发展的急难愁盼问题，把握发展的基本面，从而形成对产业发展现状的系统认知，提出在发展过程中引领产业新时代的对策建议，使其成为决策参谋研究的重要载体。《中国核桃产业发展蓝皮书（2022）》分析产业存在的问题，国内外产业发展的研究成果，探索核桃产业发展的规律，探讨我国核桃产业健康发展的路径与方法，为保障我国食用油安全、促进产业发展和推进乡村振兴助力。

本蓝皮书由国际食品科学院院士、中国农业科学院农产品加工研究所王强研究员总体设计撰写方案，全程指导撰写工作并对全书提出修改意见，陈永浩、安骏、郭芹对本蓝皮书目录和章节分工进行细化并具体对接和推进，陈永浩负责全书统稿。本蓝皮书各章具体撰写人员如下：

第一章：张俊佩（中国林业科学研究院林业研究所研究员、中国经济林协会核桃分会副会长兼秘书长），郝艳宾（北京市农林科学院林业果树研究所研究员、中国经济林协会文玩核桃分会副会长兼秘书长），王强（中国农业科学院农产品加工研究所研究员，国际食品科学院院士、博士生导师），郭芹（中国农业科学院农产品加工研究所副研究员），张强（新疆林业科学院经济林研究所研究员、新疆核桃产业体系首席科学家），张赟齐（北京市农林科学院林业果树研究所助理研究员），陈永浩（北京市农林科学院林业果树研究所副研究员），焦博（中国农业科学院农产品加工研究所副研究员），屈阳、李甜（中国农业科学院农产品加工研究所博士研究生），梁蔓竹、秦晶晶、吴必聪（中国农业科学院农产品加工研究所硕士研究生），姬新颖、郑旭、李敖（中国林业科学研究院林业研究所硕士研究生），王陈艳、徐梦婷（长江大学生命科学学院硕士研究生）。

第二章：郝艳宾，宁德鲁（云南省林业和草原科学院副院长，研究员），张强，杨洁（北京字节跳动公益基金会副理事长），鲁海龙（《中国油脂》杂志社社长），安骏，朱振宝（陕西科技大学食品科学与工程学院教授、博士生导师），张跃进（云南摩尔农庄生物科技开发有限公司董事长、国家"万人计划"领军人才、国家标准化委员会油脂、油料技术委员会委员），孙翔（麦肯锡公司执行董事）。

第三章：齐建勋（北京市农林科学院林业果树研究所核桃研究室主任、副研究员、中国经济林协会文玩核桃分会副秘书长），焦博，马晓杰（中国农业科学院农产品加工研究所助理研究员），胡晖（中国农业科学院农产品加工研究所副研究员），石爱民（中国农业科学院农产品加工研究所研究员），吴必聪、李闪闪、黑雪、胡润润、吴超、张鑫煜、雷珍（中国农业科学院农产品加工研究所硕士研究生），郭芹。

第四章：宁德鲁，张强，万雪琴（四川农业大学林学院教授、博士生导师），朱振宝，吴吉生（河北乐活植物油有限公司董事长），陈永浩，耿阳阳（贵州省核桃研究所副研究员），郭芹，张跃进，黄雪港（中国农业科学院农产品加工研究所硕士研究生），王陈艳，安骏。

第五章：齐建勋，郭芹，马晓杰，张强，宁德鲁，屈阳，李甜，梁蔓竹，秦晶晶，陈永浩。

本书在数据采集、调研等工作中，得到"十三五"国家重点研发计划课题（2019YFD1001603）、"十四五"国家重点研发计划课题（2022YFD2200402）、新疆维吾尔自治区重点研发计划项目（2022B02048）、云南省重大科技专项计划（202202AE090007）、北京市农林科学院科技创新能力建设项目（KJCX20210406）等项目的支持。在撰写过程中，王瑞元（中国粮油学会首席专家，中国粮油学会油脂分会名誉会长，教授级高工）、冯纪福［中国林科院亚热带林业研究所特聘研究员，中国林业产业联合会木本油料团体标准制（修）订专家组长，国家林草局木本油料专家，教授］、何东平（中国粮油学会油脂分会会长，全国粮油标准化技术委员会油料及油脂分技术委员会主任委员）、闵志东［光明福瑞投资管理（上海）有限公司董事，总经理］、张建国（中国林业科学研究院林业研究所所长，研究员，博士生导师）、王兴国（江南大学教授）、孙建昌（贵州省核桃研究所研究员）给予相关指导，云南省林业和草原科学院马婷副研究员、刘娇副研究员、肖良俊副研究员在核桃加工业市场现状、云南核桃产业概况等部分的资料收集、调研和撰写中做了大量工作，陕西省林业科技推广与国际项目管理中心王锐（副主任、正高级工程师）、李红娟（工程师）在陕西核桃产业概况的撰写中给予大力支持和帮助，麦肯锡公司咨询顾问詹丹丹和贾芸菲在文献整理和专家访谈中做了部分工作,国家核桃油及核桃加工产业创新战略联盟、《中国油脂》杂志社在文献数据采集过程中给予帮助,河北农业大学食品学院硕士研究生孟盟盟在文献查阅整理过程中也做了部分工作,各省核桃相关产业的典型企业也积极参与编写工作。本书由编委会主任刘永富审核。此外中国出版集团及研究出版社也对本书给予了高度的重视和热情的支持,在时间紧、任务重、要求高的情况下为本书的出版付出了大量的精力和心血,在此一并表示衷心的谢意!

希望《中国核桃产业发展蓝皮书(2022)》的发布,让更多人了解和关注核桃产业的发展,获得各级政府更多支持,吸引更多产业链企业加大核桃产业布局,推动主要设备研制更新,协调科研和资本投入,促进核桃产业积极健康发展。由于编者水平有限,书中缺点和不足之处难免,真诚欢迎专家学者和广大读者批评指正。

本书编写组

2023年6月